荷风传韵

新媒介环境下的课堂教学实践与探究

王冰·主编

上海社会科学院出版社

图书在版编目(CIP)数据

荷风传韵：新媒介环境下的课堂教学实践与探究／王冰主编．—上海：上海社会科学院出版社，2020
ISBN 978-7-5520-3272-7

Ⅰ.①荷… Ⅱ.①王… Ⅲ.①多媒体技术—应用—课堂教学—教学研究—中学 Ⅳ.①G632.421

中国版本图书馆 CIP 数据核字(2020)第 130004 号

荷风传韵：新媒介环境下的课堂教学实践与探究

主　　编：王　冰
责任编辑：杜颖颖
封面设计：黄婧昉
出版发行：上海社会科学院出版社
　　　　　上海顺昌路 622 号　邮编 200025
　　　　　电话总机 021-63315947　销售热线 021-53063735
　　　　　http://www.sassp.cn　E-mail:sassp@sassp.cn
排　　版：南京展望文化发展有限公司
印　　刷：上海新文印刷厂
开　　本：710 毫米×1010 毫米　1/16
印　　张：20.75
字　　数：330 千字
版　　次：2020 年 8 月第 1 版　2020 年 8 月第 1 次印刷

ISBN 978-7-5520-3272-7/G·969　　　　定价：79.80 元

版权所有　翻印必究

前　言

德富路中学建校已有 5 年了。

我和老师们一起见证了校舍拔地而起，一起感受着校园日新月异的变化，老师们心中充溢着职业的成就感和幸福感。每天我都会不断问自己，作为校长，我能为这所学校，为老师们做些什么？

《荷风传韵：新媒介环境下的课堂教学实践与探究》的付梓，也许是一个最好的回答。

随着教育综合改革的持续深入推进，学校始终将教师队伍建设作为教育教学发展的重中之重，创新推出"德富荷风工程"。一个充满诗意而又朴实的名字，喻指着教师的专业成长像小荷尖尖般的清新而华丽。

5 年来，我们多策并举，将实习期教师推荐至市、区优质学校进行"浸润式实习"，为见习期教师安排校内外师徒带教，聘请资深学科专家对特色教师进行一对一带教。我们开设了"D&T 创新实践课程"、以"无人机""科创"等跨学科融合为主的"E‐IF 项目"等，使德富路中学的教师们在专业上获得长足的发展，收获一个又一个成功的惊喜。

当今，新媒介环境下的新媒体、新技术层出不穷，并越来越多地应用于课堂教学领域，打破了学校、课堂的地域范围，使学生的学习与教育前沿信息实现有效互动。为适应"互联网＋背景"新媒介环境的全新变革，我校全体学科教师围绕"新媒介环境"这一核心词，以课堂教学为载体、以学生为主体，充分发挥新媒体功能，从多元维度，大胆尝试、探究课堂教学的新模式、新方法。

《荷风传韵：新媒介环境下的课堂教学实践与探究》，形象体现了教师们结合学生实际，精于教学设计、实于教学过程、勇于总结经验、反思改进策略，在新媒介环境下，着实为学生创设了形象生动的教学意境，丰富了学生的感性认识,开阔了学生的知识视野,使我们的课堂教学更加精彩纷呈。

　　《荷风传韵:新媒介环境下的课堂教学实践与探究》,既记录了教师群体的教育智慧,也展现了教师的入职初心,更是祝愿"德富荷风工程"滋润下的教师们,尽情展示自己的才华,与学校一起奋力铸造更加美好的明天!

初遇见,
清韵盈莲塘。
芙蓉出水微红弄,
翠盖临风新露扬。
散作满园香。

上海市嘉定区德富路中学校长 王冰
2020 年 4 月

目 录

前言 1

新媒介环境下的教学改进 .... 王　冰　1
基于"钉钉"环境下语文阅读教学的几点思考
　　——以《不懂事的孩子》为例 .... 常丽晓　17
激发学生语文学习兴趣的"互联网式"策略探究 .... 何沁忆　24
作为文化环境的新媒介与语文阅读教学 .... 秦芳艳　33
网络环境下经典名著阅读教学策略的实践研究 .... 王　会　40
新媒介环境下部编版初中语文作文教学之初探 .... 徐幸迪　44
基于 STEAM 教育的初中数学 e 课堂的实践研究 ..... 张　赠　50
新媒介数据在数学学科教学中的支持功能 .... 陈一帆　60
"几何画板"在初中数学教学中的功能运用 .... 蒋　澜　66
新媒介在初中英语语法教学中的应用研究 .... 左一鸣　108
浅析"互联网＋"背景下信息技术在初中英语听说教学中的
　　应用 .... 顾思翼　112
新媒介背景下英语听说教学的差异化评价
　　——以"来了 100APP"多功能学习软件为例 ...... 须烨琛　117
创建有氧生活情境　打造高效听说课堂
　　——以上海版初中牛津英语 6A U8 The food we eat 为例
　　... 王丽娟　123
微视频在初中物理实验教学中的应用实践 .... 郭金霞　131
基于二维码技术的初中化学作业设计 .... 王　静　139
新媒介直播手段在初中科学学科教学中的应用 .... 陈惟肖　147

篇目	作者	页码
新媒介在《道德与法治》课堂教学中的运用探究	韩银环	154
新媒介环境下影视资源在历史学科教学中的应用	唐逸飞	161
基于iPad学习环境的初中历史教与学的探究	斯丹梅	170
新媒介在初中地理地图教学中的应用研究		
——以"制作新型冠状病毒肺炎疫情分布图"为例	浦德杰	183
浅析新媒介在初中生物—地理跨学科融合教学中的有效应用		
——以"长江"为例	浦德杰	191
新媒介环境下教学方式的转型探究		
——以信息科技学科教学为例	刘 凡	198
浅谈中学生乐队排练的新媒介应用策略	王 萍	206
新媒介环境下初中音乐课堂教学的挑战与思考	黄旭婧	212
多媒体技术在中学体育教学的实践研究	许东雪	217
新媒介环境下初中美术构图教学策略的实践研究	陆 剑	226
基于教学有效性的新媒介运用研究	吴雨吉	233
新媒介环境下教研活动面临的挑战及对策思考	张小妹	238
新媒介环境下提高教研组听评课实效性的研究	须纯佳	244
网络环境下初中语文阅读教学对学科教师成长的促进研究	常丽晓	252
从作业单到协同导学单		
——六年级数学在线教学导学单的设计与应用初探	江 佳	259
基于微视频提升英语教师反思能力的教研组活动策略研究	须纯佳	272
新媒介环境下的教研		
——初中科学类学科课堂"学习流程再造"的实践研究	刘晓伟	279
基于新媒介的初中化学作业设计与研究	张小妹	285
新媒介环境助力基于学生视角的初中历史教研		
——以《汉武帝巩固大一统王朝》一课教研为例	斯丹梅	305
新媒介环境下借助教研活动确立社会实践活动主题和形式	主学清	311
浅谈新媒介环境下教师专业发展评价机制的完善	张 猛	317
后 记		325

新媒介环境下的教学改进

王 冰

摘　要：课堂改进是教学现代化的重要体现，促进课堂教学的转变，培养学生的思维品质是教学现代化亟须破解的问题。本文针对初中教学改进中面临的实际问题，基于学校的学生构成和教师素养，以新媒介环境下的教学模式为突破口，探寻初中课堂改进的有效路径，旨在为初中教学改进提供新的思路和借鉴。

关键词：新媒介环境　教学改进

教育是民族振兴、国家兴旺富强的基石，是促进人的全面发展、提高人的素质的重要方法。《上海市中长期教育改革和发展规划纲要（2010—2020年）》指出：到2020年，上海要率先实现教育现代化，率先基本建成学习型社会，努力使每一个人的发展潜能得到激发，教育发展和人力资源开发水平迈入世界先进行列。

教育正发生全新的变革。在"互联网＋"背景下，新媒介环境不仅仅是现代设备、信息技术、互联网技术在教育上的应用，还涵盖了教育利用互联网技术建立的各种教育和学习平台。"互联网＋教育"，即利用网络技术、多媒体技术等现代手段，建立于现代电子信息通信技术基础上的教育，它以学习者为主体，学生和教师之间主要运用多种媒体和多种交互手段进行系统教育和通信联系。这样的全新教育形态带来了教育思维方式、学习方式、课程教学模式等方面的全面改革与挑战。

一、新媒介环境特征与教学的关联性

（一）新媒介环境的特征

1. 直观性

新媒介能将抽象的知识点通过图片、文字、声音、影像等方式，直观地展示给学生，让学生从视觉、听觉等方位感受到刺激，留下深刻印象。同时有利于调动学生的学习兴趣、吸引他们的注意力，帮助他们更好地掌握知识点，能在动态中全方位地调动学生学习的积极性。

2. 交互性

新媒介环境下的教学能够很好地实现师生互动，并且使互动的过程更加灵活。"互联网＋教学"，通过人机交互模式、人工智能等，使师生由线上分离变为线上互动结合，问答交流的体验得以实现，新颖的教学形式能更好地吸引学生兴趣，让学生主动、积极参与学习过程。

3. 模拟性

新媒介环境下，教师可以事先设计一个模型，通过模拟将在现实中无法实现的实验进行模拟操作。这样，不仅可以让学生更加直观地看到丰富多样的实验操作，且安全性也得到极大提高。在扩充知识的同时，既解决了现实中无法实现的问题，又培养了学生的探究精神和创造能力。

4. 针对性

很多网络课程体现为不同的内容、难度，学生可以根据自己的实际水平选择适合自己的学习内容，不再是让所有的学生接受同样的学习内容。新媒介环境能更广泛地关注每一个学生，把学习内容呈现得更具针对性，更合乎学生的学习需要。学生的主体地位及创造性特征更能得到充分表现，学习方式也更加个性化、细微化，使学习过程变得无处不在、无所不能。而作为教师来说，更应是学生的引导者、指导者，并成为学生人生道路的启迪者。

5. 再现性

"互联网＋教育"环境下，学习课件可以反复播放，学生对于自己不懂的内容，或者较难的重点内容可以进行重复观看，有利于帮助学生加深记忆，牢固掌握所学知识。学生既拥有了学习选择权，同时也解决了教师重复讲解的老问题。

6. 创新性

"互联网＋教育"体现的是用互联网思维对教育整体或部分的持续创新，使教育教学过程发生质的变革。网络开放创生了新的优势，聚集网络技术资源，拓宽了各种类型的教育教学空间，给学生提供了创新学习的平台。同时，"互联网＋教育"能够打破原有的各种学习结构，实现优化重组，使师生关系发生根本变化。

(二) 新媒介环境带来的教学优势

1. 有利于优化教学

传统的教学手段比较单一，仅仅是通过教师的讲授、板演等开展教学活动。而新媒介环境下，教师可更多地利用声、光、影等特技效果，牢牢吸引学生的学习注意力，师生之间的互动交流也更加便捷、有效，教学效果也会事半功倍。

2. 有利于提高课堂教学效率

教师课前准备好课件，在课堂教学过程中明显节省了板书的时间。同时，通过操作课件的方式，使得课堂进程更加紧凑、有序，教学内容伴随课件的演绎得到逐渐推进，教学结构更加明晰，教学过程张弛有度，大大提高了课堂教学效率。

3. 有利于丰富教学形式

以一种新型的课堂教学方式——慕课为例。慕课（Massive Open Online Courses，MOOC），意为大规模网络开放课程。与以往观看视频的网络教育不同，慕课是一种更为完整的教育模式，它有与线下课程类似的作业评估体系和考核方式，任何人都能免费注册使用，具备更强的互动性和参与性。学生可以在线与老师交流，完成定期布置的作业及考试，有序进入到下一环节，最终拿到课程毕业证书。这种教育模式无疑很好诠释了互联网建立和发展的核心理念——联结和共享。

4. 有利于因材施教

新媒介环境下教学手段的便捷，使教师有条件对知识点的难易程度进行区分，然后通过新媒介功能运用，给不同层面学生布置不同的学习任务，学生也可以根据自身状态来选择相应的课程内容进行学习，教师只需宏观把控学生的学习进度即可。

5. 有利于促进教师的角色转变

新媒介环境下，教师的角色很大程度上发生了改变，教师可以把自己要讲的内容通过PPT、小视频等方式展示给学生，并通过师生互动等方式，改变以往从头讲到尾的教学方式。同时，促使教师不断主动学习新媒体的运用技术，进一步关注学生的学习喜好，让兴趣引领课堂教学。

6. 有利于探索不同教学模式

教师不再是单纯的讲授者，更多的是一个引导者。教师可以根据不同的教学内容采取更适合不同知识点的教学模式和传授方式，有利于学生对知识要点的理解与掌握。教师还可以根据不同学生群体的特征采取不同的教学方式，较好实现因材施教、有的放矢的教学目标。

（三）新媒介环境下教学策略的转型

现代教育技术冲击了传统的"黑板+粉笔"的教学模式，信息技术的发展大大超出了人们的想象，并在很大程度上改变了教师的教育观念，改变了传统的教师的"教"与学生的"学"的方式，促进了教学模式和教学方式的转型变革。在教学改革的大潮推动下，信息技术让学生目观其行、耳闻其声，最大限度地激发了学生的学习兴趣，丰富了学生的创想力，使教学过程更具形象化、多元化、立体化，从而提高了教学效果。

新课程改革，提倡教师的角色应从教师为中心转变为"平等中的首席"。"互联网+教育"实现了对现代时间与空间的突破，使学生在接受学习信息的方式、时间、空间等方面均发生了巨大的变化。这种变化使传统的学校教育由"平面化"向"立体化"转变，教育不再是传统的学校、家庭和社会单一层面的有形空间和时间，它正在被一个更广泛的"虚拟的"无形时间和空间所补充，并以强大的力量冲击着学校的教育教学。"终身教育""远程教育""网络教学""交互式学习"等，已对教师所从事的职业发起了挑战。因此，推进新媒介环境下的教学改革，既包括教学模式和教学理念的改变，也包括教学方式和教学手段的创新、转型，不断完善人才培养机制。

随着信息技术与学科教学的深度应用与有效整合，不少教师主动追求自身教学方式的改变与完善，包括：课堂教学与实践活动并存的教学；从教内容到教方法的兼并；教学设计重点由教学内容转移为教学过程；教学设计成果从课堂教案变为教学单元过程；等等。

传统的以教师为中心的传递式教学方法,教师只是知识的传授者,学生是知识的接受者,学习的基本过程是学生的感知、理解、巩固和应用。教师在讲台上讲述、示范、演示,学生相应地吸收、记忆、存储,在课堂上圈画重点,课后反复抄写、背诵。事实证明,这种教学方式最大的弊端是束缚了学生的创新精神和实践能力。新媒介环境下,不再以教师能否把教材讲解清楚,分析透彻作为课堂教学评价的重要标准,而是要求教师把更多的精力用在备课上,把更多的精力投入到为学生提供丰富有序的学习材料,为学生创设最佳的学习情境,调动学生的积极性、主动性,引导学生浸润于学习全过程,从而使学生习得知识和能力。

信息技术则能为学生提供更多、更新、更广的知识点,开阔学生的视野,在自主、合作、探究的学习方式下,学生的学习意愿和动力更能得到有效激发。如我校"妙懂课堂"AR 移动地理教室的配备,以初中地理课堂教学应用与数字化教学设备的深度融合为结合点,研究新型课堂教学下如何促进学生的深度学习,从而建构了新型的课堂教学模式。"妙懂课堂"AR 移动地理教室包括教具和学具,配合使用专属教师授课软件、创意教具和学具,将知识难点转化成浅显易懂、生动有趣的内容。通过 AR 立体讲解、三维动画解析、地理竞赛互动等形式,帮助学生轻松理解、快速记忆,实现了课堂的高效互动,提高了课堂教学质量,丰富了教师的教学方式,更好地促进学生的探究学习、深度学习。主要体现为以下几个特征。

1. 通过学生"具身学习"体验,构建深度学习模式

初中地理课程的总目标是让学生掌握基础的地理知识,获得基本的地理技能和方法,了解环境与发展问题,增强爱国主义情感,初步形成全球意识和可持续发展意识。它是一门兼有自然科学和社会学科性质的基础课程,具有实践性较强的学科性质,包含自然现象和人文现象等,具有广泛性。但由于学生缺乏实际经验,教师的"教"往往变得深奥难懂。AR 移动地理教室则通过精致、直观的动画呈现、交互式的行为体验操作,能够帮助学生较快理解初中地理的难点知识。通过数字化学习来建构新型地理课堂教学模式,主要着眼于学生的地理学科素养和信息技术素养的培养,鼓励学生采用多样化的学习方式,进行自主学习、合作交流、积极探究,促使学生进入有意义的深度学习状态。

2. 通过数字化教学方式,提升课堂教学效益

随着新中考方案的推行,对学生如何在真实情境下有效解决问题提出了新的要求,而妙懂课堂 AR 移动地理教室能够提供丰富的教学场景,符合

初中学生的心理认知特征,极大程度地满足学生自主、探究学习的需要。

3. 通过信息技术与学科教学的整合,促进教师的专业成长

在新媒介环境下,AR 移动地理教室提供了更为生动、直观、有趣的地理学科的学习资源,有利于提升教师对技术课堂的深度整合运用,进一步关注学生深度学习的教学模式的构建以及基于信息化的教学行动研究能力,较好地促进了教师的专业成长。

二、新媒介环境下的教学改进流程再造

(一)基于初中生学习现状和需求的调查

1. 调查目的

为进一步了解学生学习现状以及学习需求,加深核心概念的深度理解,强调知识与生活的联系,培养学生解决实际问题的能力和自主学习的习惯,我校展开了"创联式教学实践与研究"的专题性探索,旨在通过课题研究实现以下 3 个目标。

(1)以学生的学习需求为出发点,通过"创联式教学"的实践研究,在原有的"学习流程"基础上再造新的"学习流程",不断提升课堂学习品质。

(2)基于学习流程设计适合学生的"课前、课中、课后"资源包,提高讲、学、练、评的教学针对性、有效性。

(3)以实验为基础,开展探究性研究活动,发展学生的科学思维和创新思维,培养学生观察、思考和表达的学习能力。

2. 调查内容

调查内容分为学习现状和学习需求两部分。

(1)学习现状主要为学习态度和动机、演示实验和学生实验的开展、教学手段的采用、学生课堂学习状态等。

(2)学习需求主要为学生对多媒体及其他教学手段的需求、对实验探究的需求、对自主学习的需求、对知识的需求、对交流与表达的需求、对联系生活解决实际问题的需求等。

3. 调查方式和工具

主要为集体问卷调查及"UMU 互动学习平台"APP。

2018年9月组织的问卷调查,覆盖了七至九年级所有学生,共414人,有效问卷410份。

4. 调查问卷数据分析

1) 学习现状分析。

(1) 学生对科学类课程的学习态度总体较好。根据问卷数据,七、八年级和九年级学生喜欢科学类课程的人数比例达到了93.6%和98.6%,见图1。其中因为科学知识有用有趣而喜欢的学生占到80%左右,因为科学实验有趣而喜欢的学生占到60%左右,认为老师教得好而喜欢的学生占到40%左右,见图2。由此可见,学生喜欢科学类课程主要体现为对科学知识的学习需求和兴趣,而教师个人的教学风格也对激发学生的学习动力产生一定的影响。

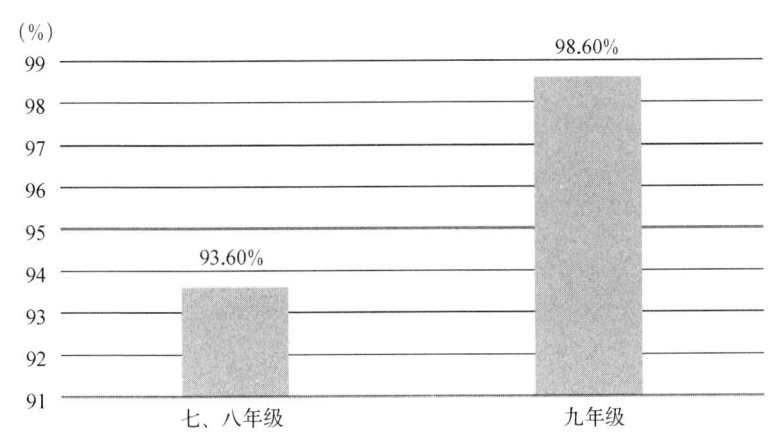

图1 喜欢科学类课程的人数比例

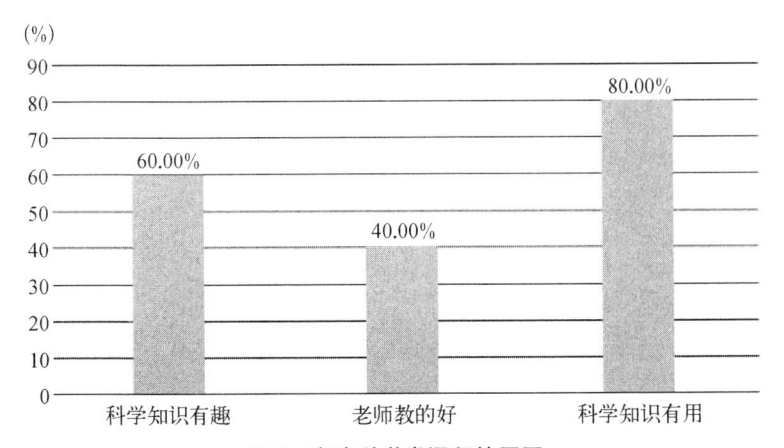

图2 喜欢科学类课程的原因

(2) 学生尚缺乏质疑精神和探究习惯。问卷数据显示，七、八年级和九年级分别只有13.5%和15.7%的学生认为自己具备一定的质疑精神，而认为自己具备探索精神的比例也分别只有36%和18.6%，见图3。由此可见，学生对于科学类学科的学习还是显得被动，流于表面，只是满足于简单地参与科学现象和科学规律的学习，普遍缺乏独立思考的质疑精神和探究问题的良好习惯。

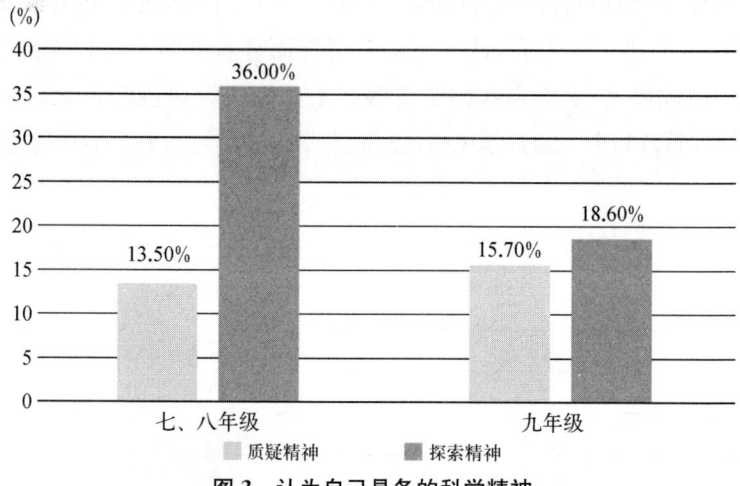

图3　认为自己具备的科学精神

(3) 学生积极动手实验的次数偏少。问卷数据显示，学生普遍认为每学期科学类课程学生实验的数量在5次左右，学生动手实验的数量偏少，则不利于学生实验探究能力的培养和提升。同时，又看到七、八年级和九年级学生中分别有73%和85.7%的学生实验是同学之间分工合作完成的，这有利于培养生生之间的协同合作能力，见图4。

(4) 课堂教学中教师主导成分过多，学生自主探究空间有限。在有关课堂教学的相关调查问卷中，七、八年级和九年级学生中只有19.9%和22%的学生认为课堂教学常以学生自主探究为主、教师兼以指导为辅的方式开展，见图5，而大部分学生认为老师的课堂教学常以教师演示实验、多媒体教学、学生讨论等方式开展。由此可见，日常教学中较多体现为教师主导下的接受式学习方式，教师真正给予学生进行自主探究的机会并不多。

(5) 教师重视学生的学习态度，忽视学生的合作探究和表达。调查问

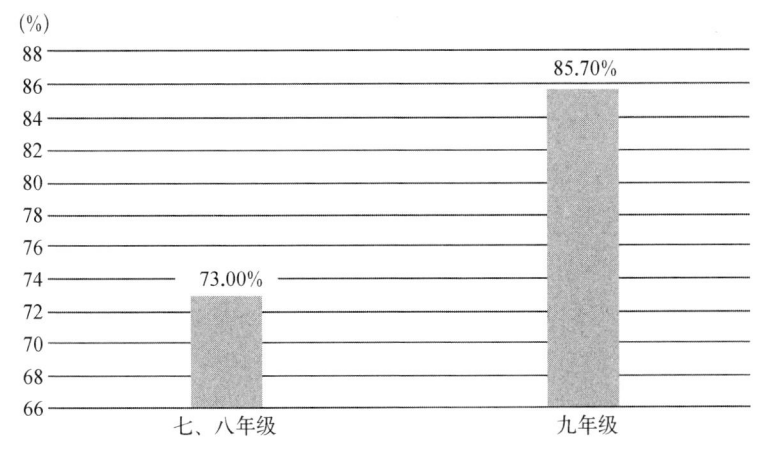

图4 和其他同学一起合作完成实验的人数比例

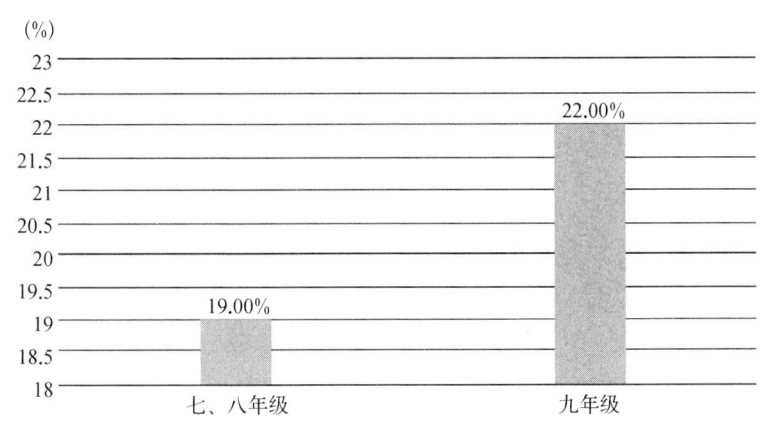

七、八年级：73.00%
九年级：85.70%

图5 认为课堂教学以学生探索为主的人数比例

七、八年级：19.00%
九年级：22.00%

卷中涉及课堂上教师的关注点,有50%以上的同学认为教师最关注的是学生的学习态度,而对学生的实验技能、合作交流、大胆表达的关注较少。因此,作为教师如何在引导学生养成正确学习态度的同时,进一步重视学生合作探究、积极表达、追求创新等方面的能力培养,是十分重要的。

2) 学习需求分析。

(1) 知识联系生活符合学生认知规律,满足学生对知识有用性的需求。问卷调查数据分析中发现,60%以上的学生都因为科学知识的实用性而对科学学科的学习产生兴趣,同时50%以上的学生认为学习科学知识能够帮助自己解释生活中的现象,1/3的同学认为科学知识能够帮助他们解决相关的生活问题。在调查学生对科学类课程教师有怎样要求中,"讲课生动,善举实例"排在第一位。以上数据说明,学生能够正确看待知识与生活的关系。初中学生的知识是通过主体活动建构的,且认知活动总是遵循从具体到抽象,再到具体,呈现螺旋式上升的规律。学生更愿意从自己熟悉的生活体验中建构新知识。因此,教师课堂教学中如果注重挖掘知识与生活之间的联系,多以学生熟知的生活体验入手举例,更能激发学生的学习欲望。

(2) 提供课外自主实验探究平台,满足学生动手实验的需求。在调查问卷数据分析中,关于"实验探究"我们可以看到一组矛盾的数据:有80%左右的同学具有较强或强烈的实验探究欲望,但只有8%不到的学生会有意识地通过设计小实验来解决问题。矛盾的数据告诉我们,学生有实验探究的需求,却不具备相应的实验探究能力。更多的是因为在课堂教学中学生参与实验的机会不多,没能引发学生主动实验的意识,没有形成学生积极参与实验的氛围。另外,有78%左右的学生希望学校提供实验平台,通过与同学间相互合作的方式来完成实验探究活动。为满足学生的需求,学校定期开设专门供学生进行自主实验的实验室活动,提供必要的实验方案和实验器材,由科学组教师轮流为学生提供相关指导。

(3) 增加学生的实验频率,满足学生体验式学习需求。新授课上,关于学生喜欢的学习流程,七、八年级和九年级学生分别有71.3%和58.6%的学生表示希望先实验、后体验,然后归纳出结论。无论是教师演示、学生观察,还是学生亲自动手进行实验,有一半以上的学生对此表示认可。可见大部分学生都喜欢体验式的学习方式,这也符合该阶段学生的认知规律。所以教师在课堂教学除了要保证基本的学生实验正常开展以外,还可以通过实验微视频、自制实验教具等方式,增加一些与课堂教学内容密切相关且易于操作的拓展性实验活动,以满足学生对于体验式学习的需求。

(4) 推进新媒介教学手段在课堂教学中的实践和应用,满足学生对于信息多样化的需求。问卷数据显示,学生群体中对于多媒体教学手段持赞同意见的占到大约50%以上,且50%~60%的同学都认同多媒体具有形象、直观、学习效果好等优点。30%左右的同学认为多媒体教学方式的画面生动而且极具吸引力。由此可见,同学们对于多媒体教学手段在课堂教学中的作用是十分认可的。基于学生的需求,教师必须进一步重视多媒体教学和传统教学模式的有机融合,发掘更多适合课堂教学实际的新媒介教学手段,满足学生对于信息多样化、多感官刺激的学习需求。

(5) 注重讨论环节的质与量,满足学生合作学习的需求。对于课堂讨论环节,80%以上的同学觉得讨论是非常必要的,50%以上的同学喜欢讨论环节,且觉得讨论应占课堂学习时间的1/4或以上。针对这样的情况,教师可以在课堂教学中按照实际情况增加生生讨论、师生互动的环节,比如概念得出的环节、实验设计的环节、数据分析的环节、问题解决的环节等。在课堂教学过程中,应当重点关注学生的合理分组、讨论时机的有效把握、讨论问题的精心筛选、学生思路的牵线引导等。同时,也可以在导学资源赋能包的设计过程中,增加留给学生进行课外讨论的问题或内容。

(6) 关注表达和评价环节,满足学生科学表达的需求。问卷数据显示,有78.3%的同学敢于在课堂上提出自己的见解,但是有41.2%的同学认为课堂上能够给予表达的机会不多。对此,我们教师在后续教学中,应尽可能给学生提供更多的表达机会。问题的提出,概念的形成,实验结论的归纳,小组讨论结果的交流、展示等,都可以让学生来说一说、议一议,以此作为锻炼学生表达能力的契机。对于学生的回答,教师应及时给予客观、积极的评价,指出学生表达过程中的问题和需改进的方式,帮助学生逐渐掌握科学表达的方式。另一方面,在课后练习的设计中,可以增加一些需要学生进行书面表达的题型。

(7) 提供配套自主学习单,满足学生自主学习的需求。在自主学习方面,有90.9%的同学喜欢或比较喜欢教师在一堂课中能给学生留出自主学习的时间。对于学生自主学习的需求,教师可以按照不同学习内容的实际情况,设置自主学习环节,并提供一定的学习单作为学生自主学习的依据和辅助,帮助学生掌握良好的自主学习方法。同时,教师可以根据学习内容建议学生在课后形成课堂的延伸,对于一部分简单的课外知识让学生在课外进行自主学习,并给一部分学生搭设学习交流、分享的平台,满足学生自主学习的意愿,最终使学生的自主学习成为一种自然习惯。

(二) 就学习理论和教学研究的几点启示

创联式教学模式具有理论学习和教学研究的基础特征,而要构建一个新的教学模式,必须立足于现有的理论基础和教学实践模式。创联式教学则不仅基于学校的实际,更是有利于学生核心素养的培育,而且与当前学习理论和教学研究密切相关。

1. 基于学习科学研究成果的启示

学习科学在 20 世纪 90 年代崛起,因其对人类学习机制的深刻洞见,引起越来越多人的关注,而将学习科学的成果应用到课堂教学研究中的情况也日渐增多。学习科学对课堂教学展开与常规课堂研究有明显不同的探索方向,为揭示课堂的深层次学习机制提供了新的视野。学习科学研究中对中小学课堂产生最大影响的是《人是如何学习的》(1999)和《课堂中学生如何学习》(2005)提出的学习的基本原则,如下。

(1) 理解的学习,并不否认事实对于思维和问题解决的重要性。对于在某些领域的专业知识的研究表明,专家思考和解决问题的能力主要依赖于有关学科领域的大量知识,但"有用的知识"不同于仅仅罗列出的无联系的事实。

(2) 重视已有知识。教师要注意学习者原有的不完整理解、错误观念和对概念的天真理解对所学科目的影响。教师还需要依据这些概念来帮助每个学生达到更成熟的理解。如果忽视学生的初始概念、学习观点和已有知识,他们获得的理解与教师的期望就有很大的差别。

(3) 主动学习。学习者对自己学习过程的监控和评价是有效学习的关键。这是指元认知能力的培养。元认知是指人们预测他们在各种任务中表现的能力以及对目前理解和掌握程度进行监控的能力。

这 3 个原则对课堂教学实践产生很大的影响,对教学模式的研究具有重要的启示。在课堂研究中,深入探讨学生学习机制和过程,并融入课堂情境和课堂活动中,促进学生的深度学习,已经成为近年来课堂教学模式构建的重要趋向。

学习具有情境性、社会性特征。学习科学领域近 30 年间兴起的认知徒制、活动学习理论、学习共同体理论等都强调学习的情境性和社会性。学习不仅仅是一个个体的认识过程,更是一个社会合作的过程,要经历探究、合作、展示等集体交流过程,注重异质交流、智慧分享。学习者在掌握知识的过程中,形成认知监控能力、反思能力,同时在集体的讨论和展示中,学习者的学习动机得到维持。

为此,我校创联式教学在构建课堂环节时,充分考虑学习科学的研究发现,在课堂教学模式的建构中,力图吸收这些成果,并基于学校学生的实际,构建具有操作性并能提高学生学科素养的课堂模式。

2. 基于深化课堂研究的启示

近年来,课堂变革成为教育研究的热点,引起教育工作者的广泛关注,课堂研究的相关成果,为创联式教学研究提供了重要的参考。在中小学课堂研究中,有关课堂模式的研究有很多,比如基于问题的学习、基于项目的学习、交互式学习、合作学习、学习共同体等,对于科学课堂模式的构建均有重要的启发。围绕这些教学模式,在科学课堂实践领域出现很多成果。有的研究者在研究大量的科学课堂后,提出 5E 的教学流程,包括引入(Engage)、探究(Explore)、解释(Explain)、建构(Elaborate)、评价(Evaluate),使科学课堂体现 5E 的元素。探究式教学的研究已经在科学课堂中被广泛应用,被大量的经验研究所证明。探究式教学对学生科学知识和能力有积极的促进作用,在国外的科学课堂中已经被广泛应用,并积累了大量的研究成果,探究式教学在国内理科教学中也得到系统的深度应用和发展,这些都为创联式教学的有效构建奠定了发展基础。当前课堂的教学改进,已逐渐呈现出从教师中心、学生中心,向混合型教学模式转变的趋势。教师中心、学生中心及混合型教学模式见表1。

表 1　教师中心、学生中心及混合型教学模式

教师中心	学生中心	混合型教学
1. 导入	1. 自学(自主探究)	1. 目标
2. 讲授	2. 合作	2. 学生自学与提问
3. 训练	3. 展示	3. 聚焦核心问题
4. 反馈	4. 讨论	4. 分组合作学习
5. 总结	5. 总结	5. 展示与总结

由此可见,课堂教学要做到:学生内隐的想法、经验逐渐显性化(如讨论、提问等),通过学生之间的讨论、教师的引导,激发学生之间异质想法的交流,让学生对某个领域的知识的理解更准确(如小组合作、交互式教学),让创联式教学体现出一种混合教学的取向。

几乎所有重要的课堂教学改进都是基于混合式教学进行探索,或者融合了混合式教学的核心要点。如何展现混合式教学,是学校教学深度变革的关键,对创联式教学的研究,宜从实践层面,深入探讨课堂教学改进的有

效路径。

3. 基于提升学生核心素养的启示

用素养取代知识、能力，成为近年来教育改革的热点，培养学生的素养，已经成为教育改革的核心目标。虽然对学生素养的界定有很大的差异，但总体上强调了一个人的知识、态度，具体体现为解决复杂情境中问题的能力和利用证据解决新问题的能力。目前对于学生素养的培养有很多探索，都强调素养的形成必须经过深度的学习体验、自主的学习和丰富的知识建构，这对创联式教学的建构具有重要的启发作用。

我校创联式教学模式吸收了上述 3 类研究的精髓，并结合学校教学实际和学生素养提升的目标，进行了新的融合、建构。创联式教学模式体现了学生主动学习与教师积极引导的融合，基于深度的学习内容，在课堂中培养学生的创新思维、探究能力、表达能力和元认知。

（三）创联式教学的内涵认知

创联式教学模式基于行为主义和建构主义学习的理念，立足于教师积极引导和学生主动学习，旨在实现融合接受式学习和发现式学习。在实践过程中，教师注重学生的主动学习，积极引导学生主动观察、探究、分析、推理，得出结论，并在课堂上充分表达，分享不同观点，进行深度交流。在这个过程中，培养了学生的探究能力、表达能力、合作能力以及基于证据的推理能力和认知策略。创联式教学模式旨在为学生的深度学习创造有利条件，引导学生在深度体验和主动探究中，发展核心素养。

该模式强调教师的积极引导与学生的主动学习紧密结合，有利于构建独特的学习环境，促进学生核心素养的提升。从素养形成的本质来看，知识、能力和素养是相互转换的，最基本的是知识，知识是确定性的概念、规则、原理、理论，而能力是知识的理解、应用、迁移、评价，然后形成一种稳定的心理倾向。素养则是新情境中的应变策略及解决复杂情境问题中的综合能力，是经过长期的学习，积淀之后形成的稳定的心智模式。这种心智模式就是一种素养，这种素养是以学科内容为基础的，并在扎实、丰厚学科知识的基础上逐渐形成。在不同学科中，学生获得的知识体验和探究成果是不同的，因此素养与学科内容必须深层融合，脱离具体的学科内容，学生的素养培养则无从谈起。

学生的学科素养是在基于对学科知识的理解、应用、迁移、综合等习得过程中实现的,学生的能力是在对学科知识的掌握、应用和迁移过程中形成的一种稳定的心理倾向。从知识学习的梯度来看,包括以下两个层次。

(1)记忆、理解某一学科领域的知识,并能在熟悉的领域进行应用,即围绕核心问题而展开的探究活动,通过观察、实验,形成自己的结论,然后运用初步结论解释科学现象,这个过程一般是围绕教材内容展开的。学生对知识的理解和应用有一定的基础,但只是在熟悉的领域、简单的情境中应用。

(2)增加情境的复杂性和知识应用的综合性,引导学生在新情境中解决问题,积累在情境变化中应用知识的能力。深刻理解知识的背景,积累情境化知识,这是学科素养培养的关键。在学生熟悉知识和新情境中应用知识的过程中,教师则应充当设计者、引导者、支持者和组织者的角色。

从学习的本质来看,学习是对规则和原理的理解、应用,高阶学习是布鲁姆目标分类框架中的"分析、评价、创造",是在新情境中应用所习得的知识和原理去解决复杂问题。因此在教学过程中,先要让学生在熟悉的情境中学习,领会基本的规则和原理,准确理解、建构清晰的知识结构,然后增加情境学习的复杂性,引导学生善于在陌生情境中进行迁移和应用。这个过程中学生不只是简单地记忆和理解相关的概念和原理,而是逐渐形成在新情境中应用知识、解决问题的能力。学生获得的是一种背景化的知识,是一种在不同问题情境中迁移和应用知识的适应性专长,是一种高阶思维。这种学习能力的培养需要深度学习,需要围绕深度的学科内容,开展师生之间、生生之间的深度互动,表现在课堂上就是质疑、合作、探究、研讨、展示、评价的教学过程。这样的学习具有社会性、情境性和生成性的特征,要经历学生独立的探究活动、师生之间的交流、生生之间的合作,教师与学生在课堂中深度的互动等过程。

创联式教学的整个过程体现出知识习得的情境性,旨在培养学生在新情境中分析问题和解决问题的能力。在创联式教学中,学生主动学习并建构知识,同时又有深度的学习内容支撑,即学习资料包,为不同水平的学生,提供符合其认知水平的学习资料,引导学生在解决不同情境的问题过程中,掌握结构化的知识体系,构建情境化的知识框架,最终提升学生的学科核心素养。

创联式教学模式的宗旨是教师积极引导学生在实践和体验的过程中,围绕核心问题进行主动探究,寻求证据,解释,应用迁移,评价自己的学习结果。按照课堂环节,可分为三环节六要素,如图6所示。

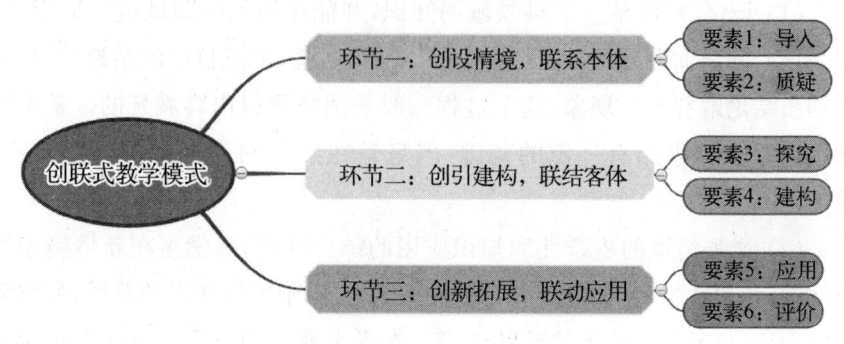

```
创联式教学模式 ── 环节一：创设情境，联系本体 ── 要素1：导入
                                              要素2：质疑
              ── 环节二：创引建构，联结客体 ── 要素3：探究
                                              要素4：建构
              ── 环节三：创新拓展，联动应用 ── 要素5：应用
                                              要素6：评价
```

图6　创联式教学模式的三环节六要素

由图6可见,创联式教学模式力求做到：行为主义和建构主义教学理论的深度结合；教师主导的教和学生主动的学的有机融合；教师和学生与多种媒介设备的一体化整合。

总之,创联式教学作为一个整体,体现了当前教学改进中"引导的发现式学习"的理念,倡导学生主动学习,积极参与课堂对话,教师作为引导者、合作者、促进者、对话者,当学生在学习过程中遇到疑问时,教师及时给予指导,组织学生有效学习,引导学生在深度的知识学习中,自我建构知识,形成科学探究的学习素养。

参考文献：

[1] 何秋兰,徐占香.我国微课研究现状梳理[J].武汉电力职业技术学院学报,2013(4)：14-18.

[2] 焦建利.微课及其应用与影响[J].中小学信息技术教育,2013(4)：13-14.

[3] 刘勇.人工智能驱使下的教师传统角色的转变[J].佳木斯职业学院学报,2018(6)：147-148.

[4] 顾小清,易玉何.智能时代呼唤教师角色转型[J].中小学数字化教学,2019(1)：23-26.

基于"钉钉"环境下语文阅读教学的几点思考

——以《不懂事的孩子》为例

常丽晓

摘 要：随着社会的发展，网络、移动设备的不断升级，人们的阅读方式也在发生着翻天覆地的变化。在此背景下，如何利用新媒介来更好地服务于语文课堂？笔者尝试了多次的"钉钉"线上教学，试图梳理出"钉钉"环境下的语文阅读教学的可行性。通过研究，初步得出以下结论："钉钉"环境下的语文阅读教学，有着利弊并存的特征：在文本知识传递方面，其优越性高；但在情感培养、思维成长方面，又不如传统课堂教学。

关键词：钉钉环境 语文阅读教学 反思

一、思考背景

随着社会的发展，网络、移动设备的不断升级，人们的阅读方式也在发生着翻天覆地的变化。2018年4月18日，中国新闻出版研究院发布了第15次全国国民阅读调查成果。调查显示，2017年我国成年国民数字化阅读方式接触率为73%，较2016年的68.2%上升了4.8%。

伴随数字化阅读而来的，是层出不穷的教学新媒介，"晓黑板""钉钉""腾讯课堂"等不断走进学校，走近学生，影响甚至改变着教师的教学行为。在初中各门学科中，语文因为其独特的学科特性，使其任课教师对新媒介的好感度相对较弱，利用新媒介实施教学的动力也明显不足，其中现代文的阅读教学更是新媒介的"死穴"。

一方面是"墨守成规"的执念，另一方面是奔涌而来的新型媒介。能否"化干戈为玉帛",共同更好地服务于教学呢?笔者尝试了多次的"钉钉"线上教学,试图梳理出"钉钉"环境下的语文阅读教学的可行性。本文以现代文《不懂事的孩子》为例,说明自己的实践和思考。为了便于表述,笔者把教师和学生在教室里进行面对面的教学,称为传统课堂教学。

二、资源准备

(1) 建立"钉钉"班级群。这相当于为学生、教师准备好上课的教室,师生可以齐聚一堂,在规定的群内进行教与学。

(2) 录课设备:采用手机直接拍摄,所以需固定手机。

(3) 环境要求:录课的环境要安静,避免噪声、无关杂音。一般在家里的话,可以选择使用耳机,但如果是耳式的,要固定好,否则容易有摩擦音;需要注意麦克风和嘴巴之间的距离,否则容易有呼吸音。

(4) 明确纪律:线上教学,老师最担心的就是不知道学生究竟在干什么,有没有认真听讲;所以,明确课堂纪律,是非常必要的。比如,每节课开始前,我都会在群内以传递消息的形式,告知学生课上需准备的物品、进入直播间的时间、本节课注意事项等。

三、实施过程

提前准备好上课的纸质材料,形成《不懂事的孩子》打印稿,用手机直接录播。课堂教学过程中,教师边讲边在打印稿相应处注上各种记录信息,包括文字、标记等,目的是为学生提供完整的、真实的阅读和思考过程。

本节课,教师的主要教学目标是组织学生训练现代文阅读的思维能力,并通过圈画关键字词、句,让学生进一步明确:文章的阅读需要注意上下文的关联、人称的变化以及作者的情感态度。

适时选取几张课堂截图,来展示课堂过程,如图1~图3所示。

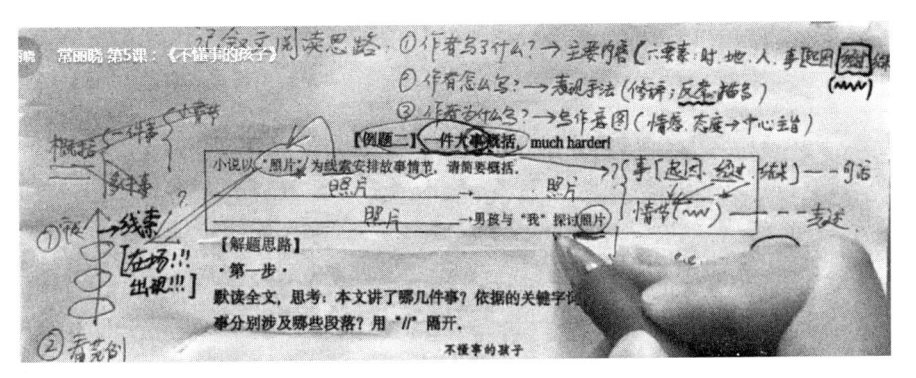

图 1　课堂截图 1

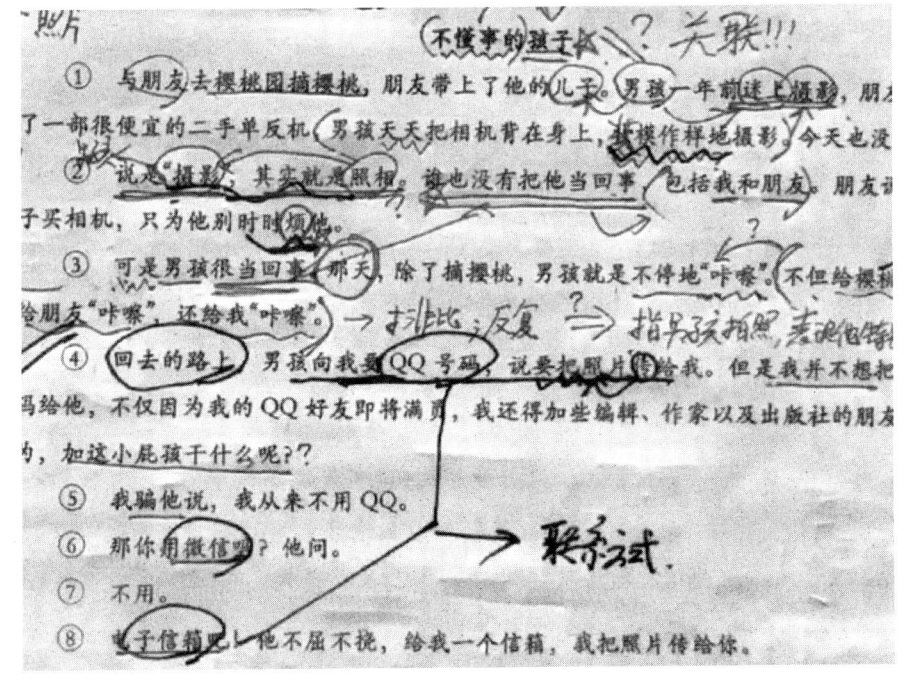

图 2　课堂截图 2

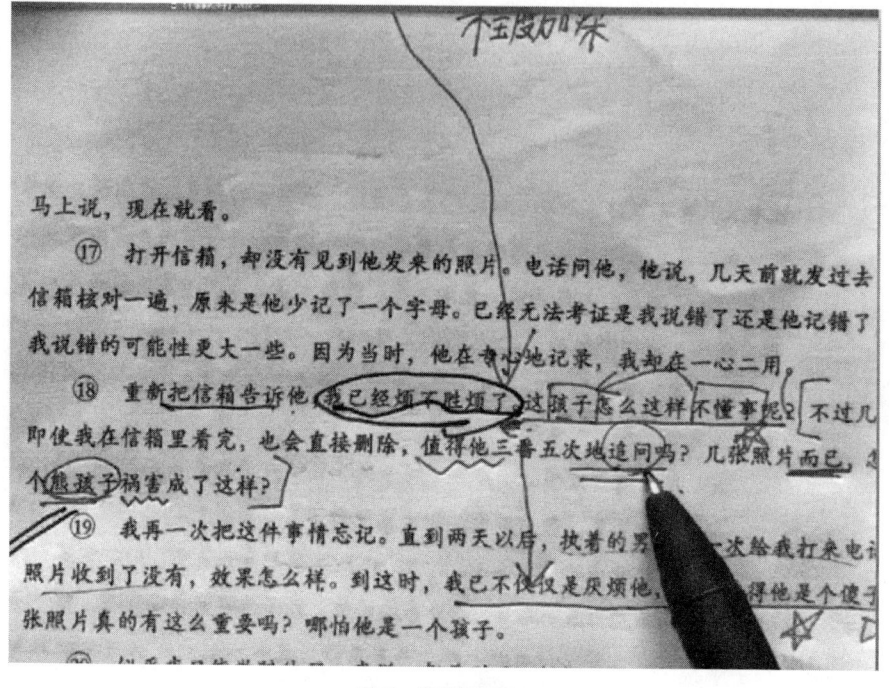

图 3 课堂截图 3

四、几点反思

课程结束后,笔者综合学生的课堂笔记、作业反馈以及自己观看直播回放的感受,发现"钉钉"环境下的语文阅读教学有利有弊。下面就利弊之处做逐一分析反思。

(一) 利

1. 知识示范性更强

现代文阅读中,文章的思路、语言文字的表现力,往往需要细细分析、关联、对比,才能发现其中的精髓所在。因此,阅读圈画是提升阅读能力,进而提高写作水平的基础,但是学生往往忽略这一重要环节。主要原因是语言敏感性不强,而且缺少教师的点拨和示范。

在传统的黑板式教学中,教师往往无法将自己的阅读过程呈现给学生。

这就造成了"学生刚需"的东西教师无法提供,只能靠学生的悟性弥补,无异于画饼充饥。

但是在"钉钉"直播模式下,教师的圈画、勾连、批注等表现知识结构的完整过程,能以视频的形式,动态、真实、清晰呈现。学生在边看、边听的过程中,能够动手跟着学,直观地理解教师所讲文章的精华和魅力。

2. 师生成长更有利

(1) 教师层面,能更好反思总结自己。传统教学中,教师在教室里上一节课,一般情况下,听众只有学生,教师本人除了通过课堂感觉、学生上课状态等不稳定因素来判断自己的课堂是否精彩外,很少有其他方法来亲身感受自己课堂教学的效果;每节课在教室里给自己录视频,不仅不太现实,也会对学生带来较大的干扰。所以,教师对自己的教学评价,往往只有一个不太准确的大轮廓,这也是很多教师感到苦恼的地方,也成为教师深入钻研课堂的瓶颈之一。钉钉直播则打破了这个僵局。直播具有回放功能,可以反复观看。这样,教师既是一名教学者,又可以成为课堂的听众。他所有的判断、感受都有了形象、直观的依据,从而使得后续的教学判断能够更加严谨、准确。同时,还可以把视频和其他同事分享,并就其中某个片段,进行针对性讨论,通过交流、分享,共同提高。

(2) 学生层面,能更好查漏补缺。经实践尝试,"钉钉"直播的回放功能,确实能成为"消化不良"的学生的"治病良方"。传统的教室课堂,教师讲完一节课,就必须下课,课堂就消失不存在了。学生如果没有消化好课堂知识,就只能课下找老师单独讲解,对于教师和学生来说,既耗时又耗力。但是,直播回放就截然不同,它是一个永不消逝的课堂教学情景。如果需要,随时随地可以观看、思考,而且可以自主选择需要重点观看的片段,有利于查漏补缺。

3. 互动参与更高效

传统课堂教学中,教师如果提出一个问题,同一时间内只能选择一位同学来回答。没有被选中的同学,经常会有些小失落,无疑会降低学习积极性,而老师也无法明确众多学生此时此刻的真实想法。因此,在问题互动层面,这种教学效果略显低效、单一。而在"钉钉"环境下,每当教师提出一个问题,学生回答方法的呈现会是多元式的,如可以通过问卷来回答选择题,通过调查来回答论述题等。这些途径可以确保每位同学都能同时积极参与,这样就明显提高了问题互动的效率,也能让教师把握每位学生的学习状态,从而为后续的个性化辅导提供真实的依据。

(二)弊

1. 缺乏真挚情感的共鸣

《义务教育语文课程标准》(2011年版)指出:"阅读是运用语言文字获取信息、认识世界、发展思维、获得审美体验的重要途径。"我们的语文阅读尤其如此。无论哪一种文体,最终都要表达的是作者的情感态度及价值观。

在传统课堂教学中,教师和学生面对面,教师除了口头表达,还会运用丰富的肢体语言,比如面部表情、动作,来辅助自己的教学。当教师沉浸于情景之时,甚至会走到学生跟前,和学生一起激荡情感,形成共鸣。陶青认为,教学是一种表演艺术,至少是一种与表演艺术机会相似的艺术。众多研究表明,将戏剧表演的一些表现手法运用到课堂教学中,不仅有助于教师的传情达意,而且有利于增加教学的生动性与细腻。

卢梭在《爱弥儿》中写道:"我将在我的眼睛、声调和姿势中表达我希望对他唤起的热情;到了这个时候,我才开始说,而他也才听我,我心情激动,而他也深受感动。"这其实揭示了成功教育的条件——师生之间要有深层的、真诚的共鸣。

但是在钉钉环境下,教师多数情况下只能坐在电脑前,通过声音的传递,向学生表情达意。没有了传统课堂中的"手舞足蹈",缺失和学生的动作、眼神交流,这种情感的表达,往往成了教师个人的独角戏,学生的感染性明显降低。

2. 深层互动的缺失

"教学的艺术不在于传授的本领,而在于激励、唤醒、鼓舞。"而这种激励、唤醒和鼓舞,在传统的教学中非常明显,教师的思维随着学生及时的互动而迸发新的思维,学生的认识跟着教师的思维而不断改变。整个课堂是动态的、师生双向互动的,是真正的"直播",这种互动往往是思维深层的,及基于学生学习经历和教师教的经历而必需的,从而也是有效的。

但是在"钉钉"环境下,教师绝大多数情况下,只能选择一言堂的教学方式,向学生按部就班地讲述自己已经备好的教学内容,缺失了必要的"课堂意外"。这种方式,在知识层面,互动是更高效的。但是在思维碰撞、教学相长方面,就难以实现了。而后者又是更重要的互动——深层互动,长期缺席,则不利于学生的思维发展,也不利于教师的个人成长。

五、结　　语

"钉钉"环境下的语文阅读教学,有着利弊并存的特征,在文本知识传递方面,其优越性高,但在情感培养、思维成长方面,又不如传统课堂教学。如何扬长避短、弥补短板,是教师后续必须深入实践思考的问题。

参考文献：
[1] 陶青,卢俊勇.论教师教学的"表演性"[J].中国教育学刊,2010(08).
[2] 张焕廷.西方资产阶级教育论著选[M].北京：人民教育出版社,1979.

激发学生语文学习兴趣的"互联网式"策略探究

何沁忆

摘 要:全面推进素质教育,是教育事业的一场深刻变革。"调动学生学习的主动性"是学校深化素质教育的重要途径之一。语文学科的工具性与人文性决定了它的学科引导与精神奠基作用,已成为素质教育的重要阵地。因此,"主动学习语文"成为了落实素质教育的重中之重。通过教师的引导与帮助,鼓励学生乐此不疲地学习语文,"素质教育"的深入推进才能呈现良好的发展态势。

本文阐述了学生缺乏语文学习兴趣的三大原因,以实践为基点,思考激发学生学习兴趣的"互联网式"策略。体现为:通过访谈、主题班会、参与观察等形式,跟进七年级1班与3班86位学生对于"怎样让语文学习变得有趣"这一话题的研讨,印证了一个较为新颖、独特的策略——"互联网式"的课堂教学与师生互动。

关键词:语文学习 兴趣激发 互联网式 策略探究

一、学生缺乏语文学习兴趣的原因

学生为何会提不起语文学科的学习兴趣?通过对众多文献的阅读,我发现许多文献都秉承着相同的观点,故从中归纳出以下3点原因:教师缺乏教学技能,课堂教学枯燥乏味;教师缺乏个人魅力,学生无法信服老师;学生认知上有偏差,没有意识到语文学科在学科体系中的基础性和重要性。

(一)教师缺乏教学技能

许多教师都会发出"学生越大越不爱说话"的感慨,初中阶段的学生正处于青春期,与老师的交流逐渐减少。刘福利在《如何让语文课堂充满魅力》一文中提到:作为一名语文教师,应该是心中有积极追求并不断重塑自我的人,应该是热爱生活、勤奋学习并有独特感悟的人。但教师往往容易成为课堂中唱"独角戏"的角色,有些甚至无法掌控课堂,这可能是自身教学技能有所缺失引起的。单调的教学内容无法使学生产生吸引力,学生注意力会在短暂的集中之后,又漫无目的地飘往别处。细心观察如今的语文课堂,教学形式以讲授法与问答法为主,讲授法使得整个课堂死气沉沉,问答法一定程度上能在点名之前给学生的心理产生一丝紧迫感,但一旦指定了某位学生回答问题,其他学生便"事不关己高高挂起"。通过学生的问题进行深入的思考与自省,在班级授课制的课堂里,似乎是一项不可能完成的任务。

仅仅采取单一教学方法的教师,自身教学技能必定存在某些缺陷。在文言文教学中,绝大多数教师都会将重点放在字词解释、句子翻译以及对写作背景与人物生平的照本宣科上,学生在讲台下心不在焉、昏昏欲睡的情况比比皆是。文言文教学最重要的是贯通古今,将古人思想与时俱进地与学生现实生活相勾连。试想,在一个文言能力毫无用武之地的时代,如何说服学生去培养良好的文言语感?在一个与古代全然不同的新世纪,又如何让学生在心里与作者产生共鸣?

(二) 教师缺少个人魅力

语文课堂中的另一个问题,是教师的专业素养与个人魅力令人担忧。语文素养是隐性的,没有任何一位老师会展示自己的习作给同学阅读。如今,有些语文教师自己甚至没有能力写一篇完整而通顺的文章,却大肆对学生的习作评头论足,要求他们写出"凤头""猪肚"和"豹尾",这是多么可悲的一件事。

另外,语文学科由于其灵活性与时代性,要求语文教师必须关注现实生活、联系生活经验、有时尚的眼光、发展的心态。上海市特级语文教师于漪说:"课堂没有时代的活水流淌,就不可能激发学生兴致,就不可能使学生感动。"反观如今的教学一线状况,不少教师经常抱怨学生的鉴赏能力低下,但在课堂上煞有介事地分析作品的奥妙的他们,如果脱离了教学参考资料,往往也一样显得无从下手。语文学科教师若没有卓越的信息加工能力,吃不透文本,就更别谈创造与超越文本内涵了。"一千个人眼中有一千个哈姆雷特",文本解读能力与文本再现能力因人而异,教师若不用自身生活经验挖掘文本固有内涵,一味照搬照抄教学参考资料,就无法让学生切实领略一篇好作品的意蕴,更无法教会学生去多角度、全方位地看待作品,无法帮助学生养成批评精神与辩证思维。

(三)学生认知上的偏差

语文学科内容庞杂、灵活性大、实践性强,要想提高成绩不在一朝一夕,而是任重而道远。有些学生由于付出与回报不对等而会产生对语文学科的失落感与厌倦感;有些学生会产生一种"语文课就是听老师讲故事"的想法以及"只要把横线填满就有分拿"的错觉;有些学生认为语文素养是老旧无用的话题,与人交流不可能采取写作的方式……诸如此类言论与观念,映射着学生在心理上对于语文学科的无感及排斥。

我们也经常看到这样一种现象:"只要喜欢一位老师就能学好一门课"。我在上文已作出阐述,语文教师个人魅力的匮乏,是无法真正引起学生兴趣的根源。从学生角度来讲,语文课堂里的那些脱离现实生活遥不可及的人情世故与社会风尚,往往因为无法引起共鸣、发掘出意义所在,只随着记忆的流逝成为过眼云烟。

综上所述,如何真正激发学生学习语文的兴趣,应是语文教师的当务之急。

二、激发学生语文学习兴趣的症结剖析

上述问题在如今的课堂中多如牛毛,为了切实激发学生语文学习兴趣,提升语文课堂的效率,促成师生关系的健康蓬勃发展,全面落实语文学科领域中"以人为本"的素质教育,我对七(1)班与七(3)班共 86 位学生的访谈内容进行细致的分析及总结,得出以下两点结论:

(1)学生所处的时代是互联网时代,学生在这个时代中接触最多、最热衷的是引人入胜的网络游戏与便捷迅疾的网络互动。教师无法让学生逆着时代的浪潮前进,只能通过人为的转化,化负面因素为学习上积极的驱动力。这就要求广大教师更加侧重于采取学生喜闻乐见的、与时俱进的教学手段。

（2）学生具有独立的思想，当这些相差迥异的个体思想碰撞的时候，才能够迸发出奇妙的火花。教师要在尊重学生需求的基础上长善救失，保存学生独特思想中正确的部分，并用自己的教育艺术巧妙灵活地转变他们观念上的偏差。

三、"互联网式"课堂教学的师生互动策略探究

（一）"网游式"的成绩管理与评估

我在两个班开设"如何让语文课变有趣"的主题班会，通过访谈86位学生，发现大多数学生对"有趣"的认识都如出一辙："玩游戏就很有趣呀。"

语文学科的人文性使得它相对于其他学科更加庞杂与灵活，要求语文教师必须是"杂家"，要对各学科领域知识均有涉猎，融会贯通，引经据典，旁征博引。语文教师如果没有时尚的心态与宏大的视野，便无法在较之年轻十几岁甚至更多的学生中立足。

作为勇于突破与创新的新时代语文教师，我尝试着思考、构建，并且公布"网游式"的成绩管理模式："游戏最吸引你们的就是'排位赛'吧，段位越高，越觉得光荣。我们也来开设一个'语文排位赛'！"此后，班上同学开始认真地学习语文了，也有一部分同学提及与之匹配的成绩管理项目，如作业全对加一颗星，作业不交扣一颗星等。

为了更好经营师生关系，让学生认为语文"富有乐趣"，我会经常会在学生作业本下面留言，比如：今天上课发生了什么？看你注意力有些不集中……学生看到教师的语气如平日聊天那样平和，必定有了想要回应的愿望。一位学生接着说："我一开始肯定是不敢说实话的，怕老师怪罪。但是后来发现老师并不会当众批评你，写在本子上的话，就像微信私聊一样，谁也不会看见。"以一副真挚可亲的面孔面对学生，的确能够消除与学生之间的隔膜，让学生不再盲目惧怕教师，不再对语文学科产生压迫感与排斥力，而是努力学习语文，试着爱上语文。

（二）"微信式"的师生交流互动

当今社会的交流渠道主要是"微信""QQ"等一系列聊天软件，伴之相生

的是"朋友圈""微博"等互动平台,学生沉迷于动动手指这样轻松的动作,就非常容易能够掌握好友的动态。此外,微信聊天框还衍生了一项"发红包"功能。我通过对86名学生的观察,发现几乎所有人都在春节期间通过微信红包收到来自长辈的"压岁钱",学生们乐此不疲地从中获得来自长辈的物质收益,这是一项能够与网络游戏媲美的"兴趣活动"。

随后,我致力于让这样的场景化为现实:师生日常的私人交流都采用"微信聊天框"这样的形式,学生将一本练习簿装饰成自己喜欢的样子,封面上的名字随心所欲,第1页透露自己相关的信息,如爱好、特长等。这不仅可以考验我对学生的了解程度,更激发学生畅所欲言的愿望。第2页起,"聊天框"的作用也就真正发挥了。表情可以代替文字,这大幅减少了学生在繁重的学习任务之外还要"文字聊天"的压力。我还可以给学生发"红包"——可以是一句鼓励的话,可以是一份为学生定制的专项习题,当然也可以是耐心指正学生的某个错误⋯⋯在每次考完一次重要考试之后,教师可以给进步最大的同学发送一封"邮件"——一封手写表扬信,让他们体会到成功者的喜悦,也从另一方面体现了我作为教师勤奋乐学的态度,展示自己的文学底蕴及写作素养。

在"聊天框"里,我不会揪着一些小错误不放,反而会因为学生诚实、正直的品格对其另眼相看;我不会因为不了解学生而对其产生错误的定位,反而会细心解读学生身上的不同特质。在这样的学习氛围下,学生感受到了什么叫被尊重,学会了如何尊重他人的隐私,学会了不惊不扰地提出自己的见解或看法,也学会了如何在看似平静的湖面下促成卓越的进步。

四、激发学生语文学习兴趣的策略推进

我结合当下热门网络游戏与互动方式的本质,沿袭与尝试两种方法,设置了"网游式"的成绩管理与评估模式,力求创造一个别开生面的现代课堂与一段真诚融洽的师生关系。

(一)实行成绩管理模式

网络游戏中,最令人沉迷与倾心的是"星星数量"。在教学中,教师可以

采用异曲同工的策略,即综合学生平日课堂表现与最终学习成果,设定一套"星星"奖惩系统。具体增减积分参照表见表1(加、扣星星数量可酌情增减)。

表1 增减积分参照表

行　　为	积　　分
笔记清晰完整	+1星/次
主动举手(参考答案质量)	+1~2星/次
作业全对且有思考过程	+2星/次
作业记录完整且标注每科花费时间	+2星/次
考试进步10名及以上(以此类推)	+5星/次
竞赛获奖	+10星/次
作业不交	-2星/次
上课开小差、纪律差	-2星/次
考试作弊或交头接耳	-10星/次
……	……

拥有"星星"不足以调动学生的学习兴趣,此时就应当强化学习积分的附加价值,让它给学生的学习带来多重效益,学生势必会不甘落后,奋勇当先。

在网络游戏中,"星星数量"是衡量一位玩家水平是否处于高端的标准,每一个积分区间都会有专属于这一水平玩家的等级称号;在学习中,我赋予了"星星数量"同等的价值,具体的等级、积分对照表见表2。

表2 等级、积分对照表

等级称号	积　　分
白丁	0分及以下
童生	0~50分
秀才	50~100分
贡士	100~150分

(续表)

等 级 称 号	积 分
进士	150～200 分
探花	200～250 分
榜眼	250～300 分
状元	300 分及以上

如何掂量学生的学习态度似乎有了量化的标准,但并不能排除有些学生仍会对"等级制度"不屑一顾。这些学生往往比较以自我为中心,趋利避害,作为教师,我仔细了解学生的需求,尽量在"星星""等级"的虚名之上附加学生认为"有益"的因素。

网络游戏带给学生的是一种"胜利"的快感,而获取胜利的唯一途径就是"使用技能""打败敌人"。教师可以从这一点入手击破,给不同的"等级"相应的"技能"。"技能"强度与等级高低成正比,晋级后技能如果未使用则可以累加,使学生体会到用主观努力为自己谋求利益与优势是多么大快人心,也会在内心深处陶醉与享受语文学习的过程。具体的等级、技能对照表见表3。

表3 等级、技能对照表

等 级 称 号	技 能
白丁	得到老师的一次表扬
童生	免做抄写作业一次
秀才	免写一次周记
贡士	免去家长或老师怒火一次
进士	免除留校一次
探花	在家玩游戏或看电视半小时
榜眼	得到一项任意技能
状元	向老师提出一项合理的请求

为了增加"学习积分"的公正度及信服力,我每天在放学前口头公布学

生个人分值和等级情况,每周在班级群中以表格形式公布,并更新积分细目表。

(二) 实行能力评估模式

网络游戏也会综合玩家各方面的能力,生成一张能力雷达图供玩家参考及提升。尽管有不计其数的图表分析类型,且雷达图并不是网络游戏所首创,但考虑到学生的内在倾向性,他们应该更愿意也更习惯于接受与网络游戏相一致的评估方式。图1所示为两位同学的能力分布雷达图。

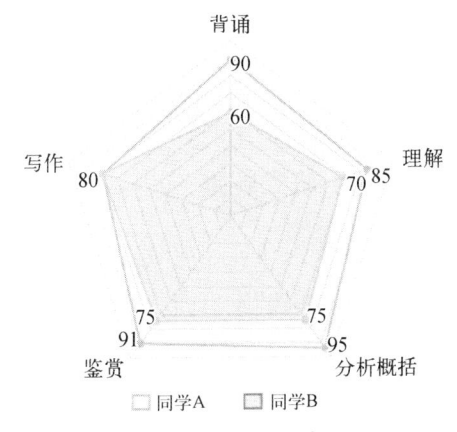

图1 能力分布雷达图

运用雷达图,学生能够从平日热衷的游戏能力评估图迁移到学习能力上,更直观通俗,我则投其所好地对他们进行潜移默化的引导。久而久之,学生会在学习过程中主动吸收来自于网络文化滋生的新奇养料,不会因枯燥而去艳羡网络游戏,更不会将兴趣与注意力转移到无营养的事物上去。

经过两个月的模式探究与实践,这种"网游式"的学习过程的轨迹跟踪记录、学习结果的全方位评估得到了学生及家长的一致推崇。有家长说:"孩子天天回家跟我说今天学到了某某技能,有一次还直接让我'免除怒火'。"此番言论也给我提供了一个更为全面的发展指向:要充分调动学生全时段一以贯之的学习兴趣,还需要家校沟通合作,协同打造语文学科的崭新面貌。

五、结论与展望

(一) 研究结论

切实贯彻素质教育观念是一名出色的语文教师必须肩负起的重任,必须用自己的气质风度与教学技能引导学生主动学习语文,帮助学生学会学习语文,倡导学生主动参与、乐于探究、勤于动手,培养学生获取新知识与新技能、分析与解决问题以及与人交流的能力。而唯一的宗旨只有一个,那就是激发学生的语文学习兴趣。教师可以独辟蹊径地运用前文所述"互联网式"的管理与交互策略,怀揣灵活、巧妙又新颖的观念,冲击陈旧腐朽的形式化课堂,也可以通过更多途径来完善自己的语文教学,让教学艺术奏响语文课堂生命的乐章。这对于语文教师而言,也是不断直面自我、挑战自我,超越自我的过程,具有实现自我价值的重要意义。

(二) 研究展望

我始终在研究如何激发学生语文学习兴趣的策略与环节,了解学生们对于"学习兴趣"发自内心的新鲜、真实的想法,旨在为研究过程提供现实基础。然而,客观条件与自身理论知识、研究视野与水平的局限,使得本研究仍然存在许多不足之处。

首先,研究的对象仅仅抽取了七年级两个班86名学生,样本量较小;其次,研究和实践周期较短,为一个学期,无法为整个研究提供最普遍、最有力的数据与长期的可行性支撑,在后续的研究中,我将扩大样本量,延长研究时间,填补研究内容,用量化法研究某个问题,增强研究结果的科学性与信服力;再次,综述中第三条中提到学生缺乏语文学习兴趣的原因是"学生认知上的偏差",但要怎样真正地改变学生的认知,还缺乏清晰的思路,在探究针对此原因的策略时,显得步履艰难,前方似有漫漫长路。这使整个研究过程的完整性有所欠缺,也是我的遗憾之处。

通过"互联网式"的策略,激发学生语文学习兴趣,本身包含着非常巨大的工作量。所以,该策略的简洁性与可行性还需多加考量,需要持续关注是否有更合适的应用软件可以替代人为的操作,只要深入思考和不懈前行,必然会收获成果。

参考文献:

[1] 刘福利.如何让语文课堂充满魅力[J].中国教育技术装备,2012(014):81-82.
[2] 于漪.语文教师如何成长[M].东方出版中心,2012.

作为文化环境的新媒介与语文阅读教学

秦芳艳

摘 要：新媒介作为信息传播的快捷工具，能够塑造一种新型的课程文化环境，并对学生的认知结构产生较大的影响。由此，我们将其作为一种有效的思维塑造方式予以重视。同时，从新时代新课程标准出发，关注新媒介环境下语文阅读教学中学生思维方式的重建与创新。

关键词：新媒介 文化环境 语文阅读教学

一、新媒介在语文阅读教学中的应用

在语文阅读教学之中，最核心的一个环节便是将文本中作者所描写的人物或者景物生动形象还原出来。就部编版初中语文教材七年级下册而言，选取的文章一部分涉及到自然景物，如《黄河颂》《老山界》《紫藤萝瀑布》；还有一部分涉及到对于人物的回忆，如《说与做——记闻一多先生言行片段》《阿长与山海经》《老王》等。这类文章引发学生体悟人物形象的情感，是学生审美阅读的基础，但同时也是最核心、最困难的一个环节。一方面，因为文章中所涉及的人物与景物都倾注了作者的主观情感，文章中所描绘的人物与风景只反映了整个形象中的一个侧面，而要还原整个形象，就需要教师适当地进行补充或延伸；另一方面，文章中涉及人物的英雄事迹与观赏自然景物所产生的丰厚情感对于涉世未深、情感体验较为匮乏的初中生而言很难产生情感的共鸣。就这两点来看，教师在课堂上要求学生细读文本之外，还需要在课堂上利用多媒体的视听手段，为教学过程提供养料，以丰富学生对所涉人物与景物的认识。

笔者在对《黄河颂》进行讲解时，曾提出这样的一个问题：黄河颂仅仅是在歌颂黄河吗？黄河的背后还有没有怎样的深层含义？在课堂上，笔者带领学生对《黄河颂》产生的时代背景进行梳理：让学生了解抗战时期的延安，还有很多以黄河为对象的各类文艺作品，比如《黄河大合唱》。接而又在课堂上播放了《黄河大合唱》的相关视频、音频，既丰富了学生对黄河的认知，又培养了学生的审美趣味。同时，也使学生的思维认知方式得到了提升。此后在《老山界》《木兰诗》的教学中也采取了同样的策略，收到了不错的效果。

但笔者又对这样的教学方式产生了新的思考。利用多媒体教学在一定程度上能够帮助学生加深对文本的理解，但如何利用多媒体促进学生良好学习方式的养成？即学生的学习方式如何由被动灌输变成主动探索？又如何利用新媒介功能提升学生的思维品质？新媒介与语文的核心素养有着怎样的关联？在新媒介与语文教学结合愈发紧密的时代背景下，这些都是不得不思考的问题。

二、语文阅读教学的思维价值指向

语文教学的最终目的是什么？是使得每一个经受过中学语文训练的人具备成熟的读写能力？还是希望培养出来的人能够拥有独立的批判意识？还是二者兼而有之呢？或许我们能从课程标准的论述中略知一二。《义务教育语文课程标准》（2018年版）中指出："欣赏文学作品，有自己的情感体验，初步领悟作品的内涵，从中获得对自然、社会、人生的有益启示。对作品中感人的情境和形象，能说出自己的体验；品味作品中富于表现力的语言。"而对于写作的要求："一是写作要有真情实感，力求表达自己对自然、社会、人生的感受和体验；二是多角度地观察生活，发现生活的丰富多彩，能抓住事物的特征，有自己的感受和认识，表达力求有新意。"从课程标准的相关要求来看，无论是阅读教学中要求的能对文学作品说出自己的体验，还是写作教学中要求的表达自己对于外在生活环境的感受与体验，都指向了思想层面的价值追求。由此来看，中学语文教育的目的不仅仅是让接受过语文教育训练的人具备一定的读写能力，更希望他们能养成一种独立思考的批判性思维。

可问题是靠诗歌、小说、散文等几十篇经典作品的教学,4年14万字的作文训练就能促进学生批判性思维的养成吗?这样的要求,无疑夸大了语文教学的功能。在40分钟的课堂教学中,要实现如此宏伟的目标,更是加大了语文教学的难度,让语文背上沉重的枷锁。那么语文课堂教学的功用在哪里?短短的40分钟时间内,教师做的只是一种示范性工作,辅助学生去阅读、分析、讲评文章,确立文章的规范,帮助学生学会阅读与写作。这样的教学仅仅是从技法层面上的教学,思想的深刻性是无法通过课堂教学实现的。这并不意味着语文课堂教学中提升思维是一个无法实现的目标。这种精神诉求可以在品鉴作品中的人物、意象,分析文本主题,体悟思想内涵的教学过程中实现。但实现的途径并不是通过教师的满堂灌,教条一般让学生接受,而是能让学生通过分析深刻的体悟到教材中所选作品的经典性。教材作品中的生活情境都是跨时空的,其描绘的场景也与如今的生活情境有着较大的差异。所以,对于精神价值的体悟与解读不仅仅是一场跨时空的对话,更可以视为一种跨文化环境的交流。那么如何让学生在脱离作品所描绘的生活环境中与人物产生共鸣,进而体悟思想内涵呢?

笔者认为,要想实现这种跨文化环境、跨时空语境的教学。最基本的途径就是营造一种类似的语境,让这种语境重现。这对教师提出了极高的要求,但这并不是一个难以实现的目标。最有效的方式便是能对当今学生的文化环境进行深入的分析与了解,找到当下环境与作品中文化语境的相似性,在教学中将这样的语境重现,加深学生对于思想内涵的体悟。如此,我们必须要对当今学生所浸润的新媒介环境进行解析,在解析之后进行一种语境的重构,为学生体悟思想内涵提供条件,促进学生思维品质的提升。

三、新媒介背景下的文化环境建构

我们首先要对媒介进行一个概念划分进行。在传播学中,媒介(Media)是一个最基本的概念,它最早出现在拉斯维尔对传播学的"5W模式"的阐释之中。拉斯维尔把传播学划分为传播者(Who)、传播内容(Says What)、传播渠道(媒介)(In Which Channel)、受众(Towhom)、效果(With What

Effect)五大范畴。拉斯维尔的阐释顺序描绘了信息由传递到接受的过程,即信息的传播者选择某种媒介,将信息传递给受众,并试图达到某种效果。由此来看,媒介可以与媒体相等同。着实,在当前的语境的中,我们极容易将媒介与媒体这两个概念混淆。但《现代汉语词典》对两者的解释做出了区别:媒介指使双方(人或事物)发生关系的人或事物;媒体指交流、传播信息的工具,如报刊、广播、广告等。由此可见,媒体指的是信息发布的平台,它更多的指涉如电视台、网站、通讯社等从事传播活动的组织机构;而媒介则更像是桥梁,通过媒介,媒体发布对象与媒体的组织机构联系到了一起。所以,媒体指的是一种采编到播放的组织架构,而媒介指的是媒体信息发布的传播介质,它的核心指涉是信息传播与接受的方式。

既然指涉的是信息传播的方式,那么相比于传统媒介,新媒介又"新"在哪里?在通行的分法中,将报纸、电视、广播归纳到旧媒介之中,而将新兴的网络媒体形式投置于新媒体的概念之下。可这种从外在形式上的区分,难以成为区分"新""旧"媒介的原因。因此,对于"新"媒体的概括,必须从媒介传播方式的内在层面去探讨。相比于电视、报纸、广播这类的传统媒介而言,新兴的网络媒介不仅仅取胜于传播速度与内容,更在于信息传播的组织形式。传统媒介更多关注的是信息传播的单向性,即只有传播者个人的声音。但是新兴网络媒介的信息传播却有多面性,信息的接受不仅仅取决于传播者,更得益于信息的接受者。信息接收者通过评论、弹幕等互动方式完善对于信息的认知。但这种互动性,不仅仅停在信息的交流上,也在于相关内容的模仿上。在时下流行的短视频软件中,时常会出现"爆火"的舞蹈视频,这些视频出现后,会引起众多受众的模仿。这种方式也可以看做信息接收者与信息发布者之间的互动。这是一种变相的认同,不在于意见的表达,而实实在在地以行为的方式展现出来。而我们在教学中所面对的学生就成长在这样的环境之中,而这些学生的思维与认知方式由这样的环境构建出来。所以,所谓的"新"媒体,它的新颖之处不在于传播方式的变化,更为主要的是这种传播方式的改变,营造出一种新的文化环境,而这种文化环境直接作用于人价值观的形成。这种传播效果也是"新"的一个侧面体现。

卡西尔在《人论》中曾经就人的本质进行过论述,他认为人的意义便在于能使用符号,"没有符号系统,人的生活就一定会像柏拉图著名比喻中那洞穴中的囚徒,人的生活就会被限定在他的生物需要和实际利益的范围内,就会找不到通向'理想世界'的道路——这个理想世界是由宗教、艺术、哲学、科学从各个不同的方面为他开放的"。符号是什么？符号是意义的承载物，我们将身边的事物赋予能指意义，让它具备能指所向的功能。由此观之，我们生活在一个符号的世界中。我们每天看似是与某种实存的事物进行接触，但从某些抽象的角度而言，我们是在接触符号，是通过符号与他人的意义所接触。这便产生了一种有趣的现象：我们看似是在进行独立思考，但在潜移默化中，我们的独立是由他人所给予的。个人的思想成为了文化环境的产物。尤其当今各类短视频软件的兴盛，爆款视频、网红视频成为了青年人追捧、模仿的对象。这种追捧、模仿的背后隐含着两个在教学中不得不面对的问题：① 追捧、模仿，长此以往，会使得学生创新驱动力不高；② 在纷杂的网络环境中，又如何促进学生独立性思维的养成？而这两点，也是当今中学语文教学着重需要的解决的问题。

四、新媒介文化环境下的语文阅读教学

语文阅读教学中所期许的思维品质层面的提升是什么？是通过对于课文的分析，了解文章所要传达的那个中心思想吗？如此而言，语文课就成为了思想政治的教育课。而新课程标准中对于语文学科的功能做出了明确的定义——工具性与人文性的统一。何谓工具性？它强调了语文学科作为表达工具的应用属性，指涉的是语言应用层面。意即一个经受过完备中学语文教育训练的人应当能流利地表述自己的观点，能运用首次首发进行相应文体的写作。作为义务教育阶段的语文训练更多地关注于这个层面，这是由学段的义务属性所决定的，义务的一个面向便是强制，即所有适龄的公民都必须接受这样的教育，而这也是初中语文教学强调写作表达的原因之一。教育制度的设计者希望通过这样的方式，让绝大多数人能接受教育，学会如何写作。但注重写作的技巧并不意味着轻视思想性的提升。写作教学中最重要的要求便是真情实感。它要求每个学生能够对于身边的事物形成自己的感受，抒发自己的情感，所以人文性的要求在此得以显现，它关乎的是人对身边事物的关怀。所以工具性与人文性的要求并不存在着阶段上的递进关系，二者是相互交融的。工具性强调了人文性的表达，而人文性则赋予工

具性深刻的内涵。

可这真情实感从何而来？情感抒发到怎样的程度才能算得上是真实？思想层面的问题我们无法做量化的考察。只能从字面意思上去体会。何谓真？现代汉语词典中对真的解释是：清楚、与客观事实相符合。与客观事实相符合是从价值层面考量的，落实在思想层面中的真更多的要求清楚、明确，同时也强调这种感受确实是你自己的所思、所感与所悟。思想感受没有高下优劣之分，只在于是否生动形象、是否清楚明确，它强调一种独特性。可是在新媒介互动型极强、模仿成风的现实情况下，如何保证学生能够具有独立的思维意识，进而对于事物能够形成个人独到的见解成为了一个难题。课堂上 40 分钟难以匹敌学生大量的课余时间。既然无法从课堂教学内容中做出改变，那么在形式上我们要做出适当的调整，引导学生去进行批判性的思考。

这种途径便是要求教师在备课阶段将新媒介的内容融入文本之中。在课堂上构建一个与所教授内容相似的文化语境，提供一个相似的价值问题，拉近学生与思想性之间的距离，为学生提供一个思考与对话的机会。这对于教师的专业储备提出较高的要求。这样的方式要求教师具有较强的抽象思维与哲学理论修养。在课堂上能引导学生去思考。因为对于语文的核心追求而言，相对于文章所谓的精神价值而言，作者如何在自己生活环境中产生思考，进而通过文字编排展现这种的思想历程才是最重要的。从接受美学和结构主义的观点来看，文本产生之后，作者丧失了对于文本的解读权，文本到底要表达什么思想，完全由读者决定。而且，对于生长在网络环境中的学生而言，媒介碎片化、不确定的表达方式也加深了学生对于问题结果的不确定性。所以，我们更应当关注解读的过程，而不是想象的结果。无论学生得出什么样的结果，只要言之有理，逻辑缜密即可。

所以，培养逻辑思维与论证思维才是培养语文能力的基本要求与终极目标。故而，在新媒介的文化环境与语文学科思想性的新要求之下，教师的备课必须做出改变。不应重视对于思想的解读，侧重点应该放到怎样得到思想的解读这一过程中。这样的方式不是满堂灌，而是适当的选取新媒介之中的一些热点话题作为切入点，引导学生进行思考，并鼓励学生将思考的过程写下来。这样轻结果、重过程的方式恰好契合学生所接触的文化环境的特点，更易激发学生的学习兴趣。

五、结　语

新媒介的兴起并不仅仅是课堂教学提供一种新的手段。媒介本身就是一种思维方式。作为培养思维的学科教师,更应当用思维问题来解决思维问题。媒介的发展还会不断向前,我们对于学科的思考也必须向纵深推进。必须从学生的角度出发,去建构新时代的语文阅读教学。

参考文献:

［1］中央教育科学研究所,叶圣陶语文教育论集[M]. 北京:教育科学出版社,1984.
［2］中华人民共和国教育部,义务教育语文课程标准(2018 年版)[S]. 北京:北京师范大学出版社,2018.
［3］白丽.把学生的思路引向深入[J].中学语文教学,2014(9).
［4］吴欣歆,许艳.书册阅读现场教学[M]. 北京:教育科学出版社,2016.
［5］[德]卡西尔著,甘阳译.人论[M].上海译文出版社 1984.

网络环境下经典名著阅读教学策略的实践研究

王 会

摘 要：阅读是语文教学中很重要的一部分，经典名著凝聚了先辈们的智慧，更是值得学习。而当前形势下，网络发达，信息爆炸时代，很多学生对传统的经典名著的阅读兴趣和意愿不高。本文就网络环境下经典名著阅读的教学策略进行研究，探索借助新媒介来助力名著阅读教学的方式方法。

关键词：网络环境 经典名著 阅读教学

吕叔湘先生说："学语文要大量阅读，一学期学记80万～100万字不为多"。对于初中生的阅读，《上海市中小学语文课程标准（试行稿）》中提出的要求为："能自觉阅读古今中外的文学名著，4年的阅读总量不少于200万字。"经典名著的阅读能够增加学生的文化积淀，提升学生的文化品位。课程目标中指出"能自觉运用现代信息技术，获取信息，探讨问题，交流思想感情，并借助网络等工具研究学习中遇到的问题。"由此可见，现代信息技术的运用正在悄悄地改变着当今学生的学习方式。

部编版教材也十分强调学生阅读经典名著的要求，在教材中选取了经典名著的片段，并在综合学习中进行经典名著的导读。在当前飞速发展中的网络环境下，作为一名语文教师，有必要及时调整自己的教学模式，激发学生阅读经典名著的兴趣。为此，笔者在教学过程中进行反复尝试，颇有收获。

一、影视配音初体验 一石激起千层浪

《上海市中小学语文课程标准（试行稿）》指出："语文课程要改善学生的

学习方式,使学生由单一的接受性学习方式,转变为接受性,体验性,研究性相结合的学习方式。"借助新媒介,可以让课堂教学的方式多样化,增强学生的学习体验,进而激发学生内在的学习兴趣。

叶圣陶先生认为课外阅读须配合着教材随时进行。为提高名著阅读的效果,应根据课堂教学的进度,适时向学生推荐名著。在部编版教材九年级上册第六单元的课文中,就有经典名著《红楼梦》的节选。四大名著中的《红楼梦》堪称经典,但是学生很难把它读下去。不太通俗易懂的语言,复杂的人物关系,不明朗的主旨,都成了学生阅读的绊脚石。经常有学生这样感叹:"看也看不懂。"也有同学不屑:"不就是爱情悲剧故事吗?"我一直也在寻找一个契机,让学生们对这本书感兴趣,因为兴趣是最好的老师。

在执教《刘姥姥进大观园》这一课时,我先尝试了把影视搬进课堂。随着经典的音乐响起,教室里安静了下来。一位乡村老妇初次进入大观园的形态通过画面呈现出来。学生们被刘姥姥的言行举止逗得忍俊不禁。我趁机又补充了刘姥姥其他几次进大观园的背景。这位刘姥姥的命运如何?是不是像四大家族一样?带着这样的疑问,我布置了一个任务:阅读刘姥姥其他两次进大观园的章节,几人一组,根据影视剧中的画面来为人物配音。学生的积极性空前高涨。有认领角色的,有要求旁白的,有把章节文字改为人物台词的。

在展示的时候,我欣喜地感受到学生们的投入程度。刘姥姥语言的谨慎、粗俗,凤姐言语的泼辣,学生们都把握得惟妙惟肖。更意想不到的是,一石激起千层浪。学生中出现了"刘姥姥粉丝团""凤姐偶像群",至于其他的几位主角,魅力也不在话下。很多学生有了要阅读整本书,甚至研读"红学专著"的冲动。

用画面唤醒文字记忆,再从画面转化为语言表达。这一过程,是对名著内容咀嚼再反刍的一个过程。通过人物语言的表达,更能够体现人物的性格特点。需要注意的是,对良莠不齐的影视材料,则需要教师进行合理筛选,做到用经典再现经典。

二、说书艺人展魅力　八仙过海显神通

笔者曾经调查了学生对《水浒传》的阅读情况,读过的学生也是少之又

少。尤其是女生,对于这108将,更是不感冒。部编版九年级上第六单元课文中《智取生辰纲》的学习,固然让学生看到了一个足智多谋的吴用。但是文中比较偏文言的语言,以及当时的复杂背景,也让学生望而却步。难道那些豪侠仗义、除暴安良的英雄就这样"被埋没"了吗?

  笔者从《水浒传》题材入手,对教学方法进行调整。像这样的早期长篇白话小说,是在几百年民间创作基础上进一步加工完成的,有着明显的"说书人"痕迹,具有英雄传奇色彩。于是,我找到了单田芳评书水浒传的音频,选取了"景阳冈武松打虎"一节。熟悉的人物,熟悉的情节,但是以说书的形式呈现,还是第一次。我从学生的脸上似乎看到了观众聆听口技艺人表演时的那种"微笑,默叹,以为妙绝"的神态,是那样的津津有味,意犹未尽。"欲知后事如何,且听下回分解",这一句也着实吊足了学生们的胃口。

  接下来,我围绕着主题"我心中的梁山英雄",让学生们开始搜集素材。要求学生在理解素材的基础上,模仿说书艺人进行评说,并用视频的形式进行录制、播放。这样既给予学生充分的演练的时间,又避免了临场发挥的紧张。学生们的展示,真可谓"八仙过海,各显神通。"他们用独特的创意、个性的宣传语,疯狂地为心中的梁山英雄"打CALL",在班级里掀起一股英雄之争的浪潮。

  用音频再现精彩故事情节,用音频讲述英雄故事。传统的说书和现代的演讲,各有各的风采。

三、微时代的微互动　一枝一叶总关情

  网络环境下的阅读呈碎片化特点,这种阅读方式有利有弊。网络信息的冲击使得学生很难静下心来完完整整地读完一本书。但是网络信息的即时性却又为阅读交流带来了便捷。

  金庸先生的《射雕英雄传》也是经典传奇。当我提到这部著作时,学生也是一脸茫然。鉴于现在网络游戏的发达,电视剧创作往往显得粗制滥造,学生甚至连相应的影视剧版本也没看过。在布置完周末阅读任务后,我尝试让学生完成优美语句的摘抄和精彩环节的概括,但是从作业反馈来看,效果并不理想。学生只是应付了事,随便翻开一页,胡乱找些语句抄写上去。

为此,我找到了班级里《射雕英雄传》的爱好者,问他是否可以用微博的形式记录自己阅读的过程和心得,他欣然接受了。微博更新之后,首先让好朋友前来点评,然后是好朋友的好朋友也加入。你一言我一语,在评论中各抒己见。有同学们忍不住在微信朋友圈里感慨:原来,金庸老先生的武侠这么好看,好想穿越过去,好想拜七公为师啊。更有一位学生的爸爸发来信息:"老师,最近孩子在家里迷上了《射雕英雄传》,我家里的那些存货终于派上用场了。"而这时候,原本没看书的同学也产生了从众行为,这样才能和大家有共同的话题。东邪西毒南帝北丐中神通,个个是学生们崇拜的对象。对于杨康这个人物,有同学痛恨他认贼作父,也有同学同情他身不由己。

借助网络,加强互动。随时随地,我们都可以重温经典。看似只言片语的跟帖或者评论,也是学生的心得收获,一旦沉浸进去,便不能自拔。这是经典的魅力,更是文字的魅力。

经典名著阅读不仅能够扩大初中学生的知识面,提升初中学生的阅读能力,更能够潜移默化地影响初中生的思想。《上海市中小学语文课程标准(试行稿)》中指出:"语文课程不仅要重视语言知识的学习和语言运用范围的掌握,而且要重视学生情操的陶冶和文化品位的提升。要引导学生在学习我国优秀传统文化和外国优秀文化的过程中,吸取精华,充实底蕴,形成审美意识,审美情趣和审美能力,树立正确的价值观,培养并提高比较辨别能力和鉴赏评价能力,塑造健全的人格。"因此,教师应运用现代信息技术手段引导学生阅读名著。网络环境下的名著阅读,更应注重学生的语言实践活动,注重学生的学习经历,进而提升学生的语文素养。

参考文献:
[1] 倪云鹏.信息化时代初中语文名著阅读教学策略初探[J].佳木斯职业学院学报,2019(8):116-120.
[2] 邓孟燕.统编教材视野下的初中小说教学路径探索[J].上海教研,2020(2).

新媒介环境下部编版初中语文作文教学之初探

徐幸迪

摘　要：疫情之下，其实也在影响着传统教学融入"互联网＋"的步伐，线上教学使得传统的教学模式发生着变化，诚然，线上教学有其不可避免的弊端，但是如何培养好学生以及教师的新媒介意识，使得传统语文教学顺应新媒介的潮流，将教学效率最大化是一个值得思考的问题。因此，本文主要探讨部编版初中语文作文教学在新媒介的运用。以期在新媒介的背景下，培养学生合理地具备良好的人文素养、科学素养，具备创新意识和团队协作意识，以及具备运用现代信息技术搜索和处理信息的能力。

关键词：新媒介　传统教学的冲击　作文教学　新媒介意识

在互联网＋的背景下，传统的语文教学所需要的媒介也在发生着变化，原本的语文教学课堂主要是"教师，学生，书本"三方的沟通作为主要内容，而架起师生之间沟通的桥梁主要是传统的媒介方式即"书本"这种纸质媒介。但随着新时代的发展变化，学生的语文阅读方式也发生着巨大的变化，而教师如何顺应时代潮流，在语文教学中最大限度地发挥新媒介环境下的教学方式功能，便成为一大难题。

在此背景下，语文教学应该以中学语文新课标为导向，着力培育学生的良好人文素养和科学素养，让学生具有创新精神、合作意识和开放视野，包括阅读理解与表达交流在内的多方面的基本能力，以及运用现代技术搜集和处理信息的能力。因此本文主要就新媒介在初中语文作文课堂的教学中的有效运用予以实践探讨。

一、新媒介环境下初中语文作文教学改革的必要性

新一代的阅读方式发生着翻天覆地的变化，不可否认，新媒介的产生会对传统的媒介方式带来冲击，而在语文教学中，也同样面临着电子媒介对于纸质媒介的冲击，这一点在写作课堂上显得尤为明显。由于写作能力是对学生文字运用与表达能力的综合考察，在教师批改和指导学生写作的方法上，如果不利用好新媒介，不及时采用学生容易接受的方法教授写作技巧，很难在短期内取得明显效果。写作是对学生的一种能力培养，它是人大脑抽象思维的外化表现，这种能力的培养如果仅依靠教师在写作课堂上传授写作基本技巧是非常困难的。这让每一个语文教师意识到，与其让语文教学在时代的洪流中显得格格不入，倒不如充分利用新媒介功能，用学生的眼光去审视新媒介下的语文作文教学。

二、新媒介在语文作文课堂教学上的具体运用

在具体的语文作文教学中，我们常常说，作为教师要"自己有一桶水，才能给学生一碗水"。而我想把这个"一桶"改为"一泉"，即"为有源头活水来"的那一泉活水。教育从来都不是静止的，教师的知识储备量多，固然是好事，但更多的时候，教师应该指导学生通过活跃的思维方式去习得知识，获得成长。这种新的思维方式在课堂上主要可体现为写作思维和引导方向上的创新。

1. 写作思维上的创新

从写作思维上的创新来看，不妨利用翻转课堂的形式来呈现。以部编版六年级第一学期第五单元作文《多彩的活动》为例，教师在授课前，录制一个简短的教学视频，让学生在写作前先进行解题，对题目产生一个比较直观的感受。比如设计一张简要的回忆性表格，让学生思考活动可以分为哪些

类别,如体育竞技类、文艺艺术类、社会公益类、集体活动类等,扩展学生的写作思维;在课前学习环节,要求学生自己准备起码3个不同类型的事件,包括文章大纲;课堂活动开展时,按照开火车形式,后一位同学不能和之前讲过的同学有事件上的重复。为了给学生一些压力,在平时训练的时候尽可能地要求学生寻找不同事例来写作,以追求文章的新意。在开展课堂活动时,先就课前布置的作业,以开火车的形式进行交流抽查,从而引出记叙性作文的提纲,规范省时高效的格式。在学生已经对于教师提出的问题有一定思考并产生质疑的情况下,由教师进行释疑,这种方式无疑能够更为高效地完成作文辅导环节。

2. 引导方向上的创新

从引导方向上的创新来看,在微短课堂上,我认为也有新媒介的用武之地。首先微短课堂较为简短,如果要进行大篇幅的教材讲解恐怕时间有限。因此,我认为所谓微短,可以采取一段简短的教学视频,一般针对某一特定的群体,就某个或者几个共性的知识点,进行有针对性的讲解。比如,从六年级学生的普遍写作水平来看,基本的叙事概念是清楚的,但是大部分学生缺乏独立意识。教师可以拿来两篇同样是写秋游的作文采取白板投影,让学生表述对于同一事例,哪篇文章更有吸引力,理由是什么,如何对较为薄弱的那篇文章进行修改完善。比如,有两篇文章,同样是描写秋游,一位同学的描写很出色,在野生动物园看到憨态可掬的大熊猫和活灵活现的狮子,最后结尾说今天真是高兴有趣的一天,看到了许多野生动物;另一篇虽然在描写动物的神态上没有那么细致,可是最后他写道:"在回去的路上我想到了很多,野生动物园仅仅只是为了供游人观赏这些野生动物的生活状态吗?这些野生动物在这个人工的栖息地会觉得像大自然一样无拘无束吗?既然是野生动物园,为什么要把人关在观赏隧道里呢?究竟是人看动物还是动物看人呢?这一切的疑惑在我心中困扰着,回去的路上我在想:也许,野生动物园不仅是可以供游人们更好地了解和保护野生动物的地方,也提供了野生动物们一片都市之下的栖息地吧。"因此教师将这两篇作文放在一起对比,学生一下子就明白了自己作文常常缺的那一味药是什么。最后,教师把习作投屏在大屏幕上,直接对另一篇结尾没有立意的文章进行润色。这样,一堂微短课也在新媒介功能的使用下得以直观、快速地呈现。

三、新媒介环境下初中语文课后创作平台——电子刊物

当学生对语文学科素材有了一定的积累,尤其是古诗文学习和现代文学习打下一定基础后,新媒介背景下的作文评价方式也应该更为多元化。而这种评价方式可以呈现为师与生,生与生之间的形式。除了通过传统的纸质印刷来分享班级学生的优秀作品,还可以搞一个班级的电子刊物,主要以微信推送的方式来搭建让学生进行文学创作的平台。

这种方式既帮助学生们搭建创作平台,又能够让学生获得到相应的成就感。我们平时写的随笔和命题作文都是纸质稿子,学生们在将其修改成电子稿时显得尤为积极。比如,在实际教学中,我发现班中的个别学生的确有创作欲。有个孩子先是写了一篇有关一年四季以花为主题的散文,文笔很优美,受到我的表扬以后,又根据自己所写的散文创作了一篇诗歌。他是这么写的:"春日桃花,夏日荷花,秋日菊花,冬日傲梅",并以此为开头。在课堂上,全班学生又给他修改为:"灼灼之桃,映日之荷,隐逸之菊,临寒之梅",似乎显得更有诗韵。而文中的"桃花粉红,美若天仙;荷花出淤泥而不染,高洁高雅;菊花似烟火,五色焕然,香气扑来;百花凋零,傲梅却仍矗立雪中,不孤芳自赏",经过同学们的探讨,认为可以改为:"桃花粉红,巧笑嫣然;荷花出淤泥而不染,蜻蜓点点,雨声滴滴……"最后,我与学生们还一起探讨了有关泰戈尔对花的描写:"生如夏花之绚烂,死如秋叶之静美。"由此发现,在指导学生练习写作的过程中,也可以引导孩子细细感受文学大家的文字感触力和把握力。

我认为该种方式同样也可以运用于班级电子刊物的创办,比如在微信公众号中定期推送班级优秀学生的作品。创作平台可以分为设欣赏作品、鉴赏感悟、我们有话说等多个版块。欣赏作品可以定期推送一些班级学生有创意、有新意的写作,电子刊物的图文展示会使作品更加有趣和吸引人。至于"我们有话说"栏目,可以放入一些同学们对创作理念的阐述文章,表明自己通过创作想表达什么的意念。而其余同学也可以自由地对同伴的创作进行探讨、评价,如果认为可以进行修改的,给出自己的修改

理由。这样充分调动了学生的创作兴趣，使得作文教学渐渐地融入学生的生活。

其次，比起冷冰冰的教材，学生更喜欢能够参与其中的视听享受。于是，班级电子刊物还定期推送一些涉及语文学科的具有人文性的相关节目，如《中国诗词大会》《经典咏流传》等文化大餐，使学生可以对具有思辨性以及紧跟潮流的一些脱口秀进行选择性的摘录。电子刊物的创设无疑使语文学科发挥了它的"赏"这一作用，提高了学生的审美情趣，激发了学生的创作欲，加深了学生对语文学科的个性化认识。

四、新媒介环境下学生的素养培育

首先，我认为新媒介背景下初中语文教学会具有独特的思维方式、阅读习惯、交际途径。从学生角度，利用新媒介技术与他们成长氛围相似的教学模式可以从情感上贴近他们，缩短他们与教师及文本之间的距离；其次，新媒介技术的优势，还可以将教学中生涩的内容变得形象生动，使语文学习环节中必要的交流、展示、自主表达变得更加通畅、开放和多元，有利于更快地达成教学目标，培养学生的创造能力和文学素养。

但是，不可否认，新媒介技术也有一定的局限性。所以我们在享受新媒介技术给语文教学带来便利的同时，也要认识到它可能带给我们的一定不利影响。比如新媒介在课堂实例的操作中就需要教师有所选择地对采用的新媒介内容进行筛选，针对性地选择和课堂有关的，并且可以拓宽学生思维的媒体资源，如果选用的媒体资源不适切，只会造成学生的注意力分散，达不到促成教学目的的作用。并且，新媒介环境下的语文教学十分依赖于学生的网络使用自觉性，如果学生在线下使用不当只会造成网络对于学生学习的干扰。因此，提醒学生合理运用高科技功能为学习服务显得尤为重要。

我相信，在不久的未来，新媒介背景下的语文作文教学会与新媒介技术融合得越来越好，媒介素养教育也会被每个师生所认可。教师能够熟练运用新媒介的教学方式，结合传统教学中的优点，取其精华，去其糟粕，学生们也会逐渐在语文写作学习中，体会到语言文字中所蕴含的"美"。

参考文献：

［1］王荣生.新课标与"语文教学内容"[M].广西教育出版社,2004.
［2］王璐."跨媒介阅读与交流"及其对写作课堂教学的意义[J].牡丹江教育学院学报,2019(7):63-64.
［3］吕小玲.互联网＋时代初中语文阅读激发学生创造力的三元素.华夏教师,2018(8).
［4］张琼.论新媒介环境下数字阅读对语文教学的影响[J].中学语文教学参考,2015(31).
［5］周丽.新媒介背景下初中语文小说教学研究.
［6］郭茜.新媒介环境下中学语文古诗文教学中传统文化渗透研究.
［7］朱思毓.新媒介环境下中学语文课堂教学问题研究.
［8］叶婷.新媒介时代背景下中学语文教师媒介素养提升策略研究.
［9］赵群.语文课程的多媒体教学.重庆师范大学,2007.
［10］曹加忠.诗味说与中学古诗文教学.华东师范大学,2009.
［11］邓彤.写作课堂教学的"不当为"与"当为".中学语文教学参考,2019(03).

基于 STEAM 教育的初中数学 e 课堂的实践研究

张 赠

摘 要：借助 STEAM 教育的理念，笔者探索通过开展生活数学的学习实践和科学探究、实施基于新媒介的延伸课堂（数学 e 课堂）的教学实践、完善学生的学习方式和教师的评价方式，在促进学生系统性思维、调动学生的学习积极性、提高数学应用的意识和能力、发展学生的核心素养等方面，取得了不错的效果。同时，提高了数学课堂的品质。

关键词：生活数学　数学教学　新媒介　数学核心素养

一、问题的提出

人才的培养离不开学校，就学校而言，重点是培育学生的核心素养。2014 年颁布《教育部关于全面深化课程改革落实立德树人根本任务的意见》中，明确了中国学生发展核心素养的核心内容，其中包含"理性思维""问题解决""批判质疑""勇于探究"等，均与数学学科教学密切相关。

我们认为，借助 STEAM 教育的理念，通过开展生活数学的学习实践和科学探究，能促进学生系统性思维，提高学生应用数学知识的意识和能力，发展学生的核心素养。同时，通过基于新媒介的延伸课堂（数学 e 课堂）的教学实践，开展自主学习，能积极调动学生的学习兴趣，完善学生的学习方式和教师的评价方式，提高数学课堂的品质。

二、研究的内容与方法

（1）完善和优化基于新媒介开展数学 e 课堂的教学流程，对 QQ 群和微信平台与常规教学的关系进行定位。

（2）设置合理的微信平台学习框架，实施差异化教学。通过不同的评价记录表和数据分析表，对学生个体的学习状况、知识点的掌握情况、习题的适宜度等进行评价。

（3）将 STEAM 教育理念具化为"DESD"4 级递进的教学目标，挖掘教材中数学与生活的教学融合点，指导学生开展基于实际问题的小课题研究。

本课题以实践研究为主，辅以教学研讨法、文献法、经验总结法等研究方法。

三、研究主要过程及成效

（一）开展生活数学的教学实践

1. 将 STEAM 教育理念具化为分层递进的教学目标

通过仔细研读多篇 STEAM 教育相关的著作及参加专题学习，我们对 STEAM 教育的理念了有了更深入的认识，同时形成了对生活数学教学目标的设计思路，即：生活数学的教学实践，必须首先从让学生在生活中树立应用数学知识、运用数学思想方法的意识入手，逐步过渡到解决生活中更多问题，乃至应用设计理念进行实际物品的制作。经过反复设计、修改和调整，最终将 STEAM 教育的理念进行具化为 STEAM 4 级学习目标，即发现（Discovery）、解释（Explain）、解决（Solve）、设计（Design）。四级目标有着严格的递进关系，且目标的指向也呈现这一特点，这就为学生的数学应用能力的提升搭建好了脚手架。表 1 为生活教学 DESD 4 级学习目标及目标指向。

表 1　生活数学 DESD 4 级学习目标及目标指向

目标层级	生活数学学习目标	目　标　指　向
一级目标	D 发现生活中的数学	感知数学与生活密不可分，生活中处处是数学，树立数学应用的意识

(续表)

目标层级	生活数学学习目标	目标指向
二级目标	E 解释生活中的现象	运用数学知识解释现象的过程中,体会数学的应用价值的广泛,尝试应用数学的途径
三级目标	S 解决生活中的问题	综合运用数学知识,通过设计合理的方案,解决实际生活的问题的过程,提升数学应用的水平
四级目标	D 设计生活中的用具	综合运用多学科知识,发展数学设计的思维,促进综合素养的提升

2. 挖掘教材中体现数学与生活的教学融合点

课题组进行了初中数学4年教材内容的梳理,将教材中与生活实际关联度较高的内容整理出来,对照学习目标进行筛选,去除了设计难度和理解难度过大的内容。在经过多轮的选择、筛选后,共确定了57个与生活最相关的数学内容。然后分组进行了教学内容中生活数学教学点的挖掘,经过反复斟酌,最终确定112个生活数学问题,作为教学融合点,然后根据培养指向,分别对应到DESD 4级学习目标中。

3. 开展生活数学DESD 4级目标教学实践

在DESD 4级学习目标和教学内容确定后,课题组成员开始了教案的设计。设计要求包括:① 要在教学目标中体现DESD 4级学习目标;② 通过学习准备让学生有生活数学的学习体验,发现生活中的问题;③ 在课堂教学中给学生交流学习体验的机会,教师进行指导;④ 设计合适的记录表,给学生必要的提示,便于学生开展自主探究。

在记录表的提示下,学生根据其自身潜在知识储备和生活实际,进行了不同层级的自主探究,既充分符合每一个学生的学习实际,又体现了学生对问题的自我认识。表2为一个学生对某节课的自主探究(设计)记录表,比较具有代表性。

表2 "生活数学"自主探究(设计)记录表

学习目标:发现生活中的数学、解决生活中的问题
研究课题:预习本节内容,在自己的生活实际中,寻找一个实际问题,并尝试用勾股定理进行解决
具体问题:床垫"坐电梯"

(续表)

问题描述	乔迁新居,老爸要给我买新的床垫了,但现在电梯的大小限制了床垫的大小。现电梯的深度为 1.6 m,宽度为 1.3 m,高度为 2.2 m,问最多可以带多大的床垫呢?
问题分析	电梯是一个长方体,内部所能容纳床垫的最长的距离是门的对角线长度,理论上只要床垫的长度不超过电梯对角线的长度就能带入电梯,考虑到床垫有一定的弯曲度,略长于电梯体对角线的床垫实际也能带入电梯。
问题解决	解决过程: 如图,$AB=1.3, AD=2.2, BE=1.6$, 在 Rt△ABC 中,∠ABC=90°,由勾股定理得:$AC^2 = BC^2 + AB^2$ 则 $AC^2 = 1.3^2 + 2.2^2 = 6.53, AC \approx 2.6$ (m). 答:可以买长度不超过 2.6 m,宽度不超过 1.6 m 的床垫。
个人收获	很多数学定理源于生活,贴近生活,只要我们细心观察,就能运用数学知识解决一些简单的日常问题,同时也增加了学习乐趣

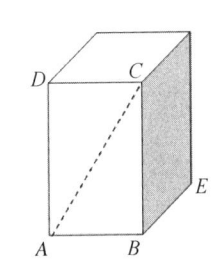

● **案例描述**

　　设计者 A 学生是一名八年级的学生,问题来源于 A 学生搬了新家之后要购买床垫,由于受到电梯大小的限制,床垫的尺寸不能随心所欲。她想通过计算,明确床垫的大小的限制。于是,她首先测量了电梯的长 2.2 m、宽 1.3 m 和深度 1.6 m,并计算出门的对角线长度约 2.6 m。最终得出结论:床垫的长度不能超过 2.6 m,宽度不能超过 1.6 m。

在班级交流时,该学生将自己发现问题、分析问题和如何设计解决的过程讲给班级里的其他学生听。一个有心的 B 学生却产生了疑惑,她认为:床垫是有厚度的,所以床垫的最大长度不是门的对角线长,应该还要更短一些。于是,她们开始重新绘制示意图,研究图形之间的数量关系。……慢慢地,他们发现:仅仅是多考虑了床垫厚度这一个量,但是问题的解决已经涉及到了高次方程、相似三角形等知识,已经远远超过了当时她们的数学认知。她们没有停下来而是通过查阅资料,以及向老师寻求帮助,一起解决问题。最终,他们最终得出床垫的长度最多不能超过约 229.87 cm。

● **案例分析**

A 学生的问题设计非常符合"发现生活中的数学"和"解决生活中的问题"的学习目标。在初次解决的过程中,没有随意地进行测量,而是关注了床垫的长度和宽度这两个量的限制因素。通过理性分析,A 学生进行了找到了限制因素是电梯的长、宽、厚,于是进行了这 3 个量的测量,这种能将数学思想方法迁移到生活问题的思考中,是学生理性思维的体现,而 B 学生的质疑精神也值得称赞。组成研究小组后,虽然解决问题所需要的知识已经超过他们的储备,但是他们通过主动地查阅资料、询问老师,想习得更多的数学知识来解决问题。这就是学生科学探究精神、问题解决意识得到提升的重要表现。

(二)开展初中数学 e 课堂的教学实践

1. 数学 e 课堂 QQ 群在线学习的实践

(1)定位。假期(寒暑假)开展互动教学的平台、日常教学的延伸。寒暑假期间,教师定期借助群作业功能发布作业,学生在一定的时间期限内完成。

(2)目的。培育学生在假期中良好的学习习惯,保持学习的兴趣。

(3)教学一般流程。编选习题单→QQ 群作业发布习题单→学生空余时间完成→拍照上传→教师评价→数据统计和分析→反馈和调整。

(4)习题编选。习题以达到巩固的目的为普遍性原则,同时兼顾优等生的思维锻炼。因此,题量和难度都有所控制,每套习题单中包括基础题(填空、选择)10题,附加题1题。

(5) 评价标准。基础题每题正确得1个积点,附加题5个积点,根据每个小问的难度进行合理分配积点。

(6) 评价方式。教师评价、过程性评价。教师通过设计不同的评价记录表和数据分析表,对学生个体的学习状况、知识点的掌握情况、习题的适宜度等进行记录和统计,根据统计结果进行评价。

(7) 主要成效(对学生数学素养调研)。在全面推进之后,开学前夕,我们对实验班级和对比班级学生分别进行了数学学科素养的调研,并对实验班级的部分学生进行了访谈,情况见表3。

表3　教学学科素养调研结果

班　　级	学习自信	学习期待	学习目标	学习规划
实验班级	3.82	4.14	3.76	3.44
对比班级	3.13	3.21	3.32	2.63
对比结果	+0.69	+0.83	+0.44	+0.81

通过调研,我们发现,实验班级的学生学好数学的自信心更强,对于每次数学自主学习和数学课的期待更高。同时实验班学生大多有了自己的学习规划,逐渐形成良好的学习习惯,学习的目标也比较明确。实验班学生数学学习素养的提高,说明数学e课堂QQ群在线学习起到了对常规教学的延伸。

2. 数学e课堂微信自主学习的实践

(1) 定位。学生分层自主学习的平台,是常规教学的延伸和补充,是数学学习资源的共享平台。课题组不定期发布学习资源,学习根据自己的兴趣和学习情况进行自主学习。

(2) 目的。鼓励不同层次的学生根据自己的情况开展自主学习,异步达标。

(3) 教学一般模式。精选教学资源→微信平台发布→学生分层自主学习→自主评价→提问教师→教师解答→成果展示。

（4）资源类型。课堂教学资源、STEAM 学习成果、分层学习资源、学习成果。

（5）评价方式。学生自评、师生互评（通过数学说题大赛、微信平台、校刊等进行交流展示）。

（6）主要成效（对学生数学素养调研）。通过对学生访谈结果的分析，我们发现数学 e 课堂微信自主学习平台是常规教学的有效补充。通过有辅导、有选择的分层自主学习，异步达标，使得学习的有效性整体提升。各种课外资源的发布，不但能拓宽学生数学的视野，增强数学联系生活的意识，更是促进学生借助新媒介开展自主学习习惯的形成。同时，教师在进行信息编辑时，录制微课、应用"几何画板""动态图"等编辑软件，进一步提高了应用信息技术辅助教学的能力和水平，促进了信息技术与教学的整合，提升了自身的专业素养。

四、成果要点

在不断地研究探索和反复实践中，我们初步探索出了"R.E 学习模式"和基于"DESD 4 级目标"的生活数学的一般教学流程。

1. 探索出"R.E 学习模式"

数学 e 课堂不是游离于常规教学之外的独立教学模式，它的功能定位是辅助常规教学。常规集体学习是学生掌握学科知识，提高基本素养的主要阵地，但整班教学不能很好体现差异化，难以实现异步达标。利用周末和课余时间，让学生借助微信平台选择学习内容，开展自主学习，并进行自我检测和评价，弥补常规教学的不足。而 QQ 在线学习是课余时间培养学生良好的学习习惯，保持学习兴趣的有效途径。三者互相融合，形成学校集体性学习和课余自主性学习贯通的学习闭环——"R.E 学习模式"，其中 R 表示 Routinization Learning，即常规学习；E 表示 E-Learning，即网络学习，如图 1 所示。

2. 摸索出基于 DESD 4 级目标的生活数学一般教学流程

基于 STEAM 教育理念的生活数学的教学，不能脱离日常教学的内容和教学实际，应强调与教材内容相整合。经过反复地设计、实践、修改和调整，我们结合核心素养培育的理念，将这一行动具化为 DESD 4 级学习目

图1 R.E学习模式

标,即"发现生活中的数学(Discovery)、解释生活中的现象(Explain)、解决生活中的问题(Solve)、设计生活中的工具(Design)"。根据 DESD 4 级目标,将教材的 STEAM 元素融入常规教学,形成基于 DESD 4 级目标的生活数学一般教学流程,如图 2 所示。

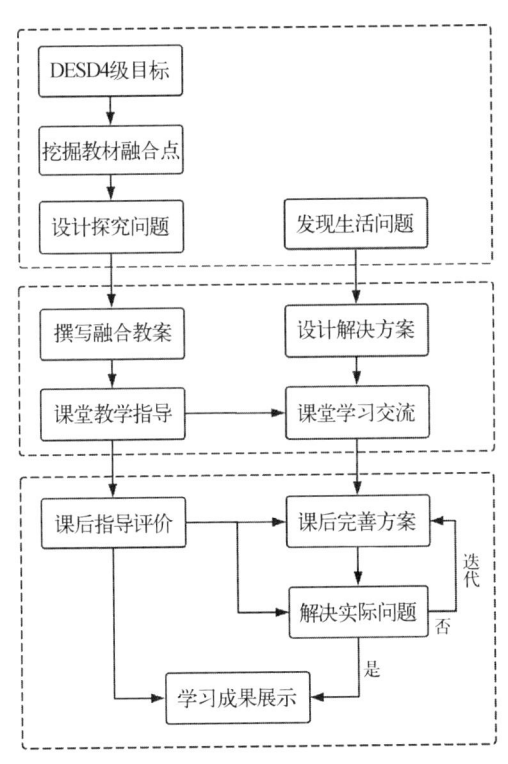

图 2 基于"DESD 4 级目标"的生活数学一般教学流程

五、实 践 成 效

（一）教师专业素养整体提升

通过指向性的培训和课题的实践研究，数学教师的教学理念在转变，从原来只关注学生的知识和方法的掌握，到兼顾学生数学应用能力的培养，初步掌握了生活数学教学的一般模式。同时，通过编辑微信消息、运用几何画板制作课件、在线师生互动等新媒介的运用，数学教师的信息技术应用能力不断提升。此外，开展生活数学和数学 e 课堂的教学实践，将生活中的数学问题与日常教学内容相融合，促使教师形成专业发展的自觉。

（二）学生的核心素养得以提升

通过开展生活数学的学习实践和科学探究，学生在生活中应用数学的意识明显增强，从能发现生活中的数学，到能用数学知识解释生活中的现象，再到运用数学知识解决生活中的问题，最后到能够综合运用数学和其他学科知识进行生活小物品的设计制作，学生系统性思维和创造能力得到不断提升。在自主探究或小组合作探究的过程中，学生的科学探究精神、合作精神、理性思维、批判质疑精神等核心素养都得到持续提高。同时，通过参与数学 e 课堂 QQ 群在线教学和微信自主学习的体验，学生开始主动借助各种新媒介开展自主学习。总之，常规集体学习和数学 e 课堂相互融合，完善了学生的学习方式。

（三）对学生评价内容和方式更加丰富多元

教师对学生的学习评价理念发生了转变，表现为评价的内容从单一测试学科本体知识转变为全面关注学生的学习素养和品格，如学习态度、学习主动性、参与自主探究、合作精神等方面；评价的方式也从对个体的终结性评价，改善为以个体评价和小组评价相结合的过程性评价。评价理念的转变，也在教师常规教学中得到体现，从而使得师生关系进一步改善，学习的主动性进一步提升。

六、创 新 价 值

（1）在数学学科教学中，基于 STEAM 教育理念，应用设计思维、设计方法和技术、工具等，开展基于问题解决的探究性学习，能培养学生综合使用多学科知识的能力，充分发展学生的系统性思维力，增强学生应用数学知识解决问题的意识和能力。

（2）借助新媒介开展数学延伸课堂的教学实践，能够调动学生的学习兴趣，激发学习的内驱力。同时，互动的及时性能够提高师生互动的实效，完善学生的学习方式，促进学生由被动学习向主动寻知的转变。

（3）开展生活数学的教学实践，将数学应用与日常教学内容相融合，设定合理的教学目标，对教师的专业素养的提升，起到了潜在的推动作用。同时，也改变了唯分数的单一评价方式，能从学生解决问题的意识和能力、数学知识到实际生活的迁移、科学探究的素养等方面评价学生的学习力。

参考文献：

[1] 张仁贤,马培育,王志全.如何运用网络与学生互动[M].北京：世界知识出版社,2014.
[2] 李昭伊,刘君,卢泰天.韩国技术教育发展的最新动向——以 STEAM 模型为中心的技术教育课程设计[J].教育研究与评论：技术教育,2011(5)：13-19.
[3] 仲进东.浅谈初中数学教学中如何提升学生的核心素养[J].数学学习与研究中国校外教育,2018(11)：93-94.

新媒介数据在数学学科教学中的支持功能

陈一帆

摘 要： 本文从教师思考出发：考虑如何给学生搭设一个新型有效的课堂，帮助学生解决各种学习上的问题。尝试新的软件、新的平台等新媒介的数据功能，形成新的授课方式，及时获得学生学习过程中所反馈的信息，真实了解学生的学习状态。新媒介数据的使用，使教师获得更多的方式来分析学生、诊断问题。

关键词： 新媒介　数据

2020年初，由于国内新冠状病毒疫情的影响，教育事业也面临了前所未有的挑战。一个个课堂上的教师，变成一个个电脑或手机前的"主播"；一张张课堂上可爱的笑脸，也一个个躲藏在电子设备之后。这对于原本了解课堂的老师来说，无疑是一个新的"战场"，而作为这个"战场"先头部队，教师思考的是：如何给学生搭设一个新型有效的课堂，帮助学生解决各种学习上的问题。于是，我们不断尝试新的软件、新的平台等新媒介的数据功能，形成新的授课方式，及时获得学生学习过程中所反馈的信息，真实了解学生的学习状态。对于数学教师来说，新媒介数据的使用，也使我们获得更多的方式来分析学生、诊断问题。

一、新媒介数据的产生

传统媒介的数据方式有多种多样，比如上交作业的数据、听课评课的数据、学生考试成绩的数据等，获得数据后的分析都必须靠人工去思考，去分类。但是,新媒介环境下的数据处理状态却截然不同。

新媒介数据是指贯穿于教育活动中的所有行为表现,如教育管理中的学生家庭情况、教学设备资源;教学过程中的课堂活动、师生互动;教研活动中的集体备课、科研材料购置以及校园生活中的借书、餐饮消费、校园卡操作等数据。在新媒介教育信息技术的支持下,教学活动中将会有更多的信息化软件工具与资源被运用,数据的采集渠道和方式将会更加多样。

数据分析是信息平台的基本功能,所以教师并不需要机械地进行统计,而是应当充分利用好新媒介数据的优点。

(1) 能够提供较全面的信息。与传统教育不同之处在于,新媒介的信息数据能通过更多信息技术来对学生学习情况进行持续追踪,以此获得学生各个学期各个时间段的学习状况,具有实时性。

(2) 能够提供较真实的信息。数据基础下的教育信息搜集,可以在学生比较自然真实的状态下进行,具有真实性。

(3) 能够提供更多维的信息。教育是一项多维、立体、随时发生发展的事业,有不确定因素是我们"预备"不到的,新媒介数据可以随时记录这些多方面的信息。

(4) 能够根据信息进行预测。数据的核心是可以根据现在,预测未来,寻找事物的相关性。通过对来自不同平台的海量数据进行记录分析,以此判断可能发生的教学结果,为教师的教学计划调整、优化提供了有效依据。

二、新媒介数据使教学目标逐渐精准化

在数学教学过程中,老师经常会为学生的一种情况而烦恼。即学生在会做会算的情况下仍然做错,思考其原因,我们往往用一个词来概括:"粗心"。但如何避免粗心,又没有什么特别好的方法去纠正。于是新媒介产生的数据功能便体现出来了。通过使用新媒介设计的数学考卷,在考试结束批好后,通过平台就能很快地整理数据并迅速形成年级层次、班级层次、个人层次这3个层次的报告,如图1所示。

1. 年级层次的报告

年级层次的报告能够帮助任课教师分析同一年级的大致情况,以及各

数学	7年级	■■■中学2018学年第二学期六年级五月质量调研		平均提升度：实际/预期		20■■年■月■日
全年级	平均分：68.90分		练习人数：4/254	平均提升度：	0.14/9	年级报告
1班	平均分：70.40分		练习人数：0/43	平均提升度：	0.00/9	班级报告 学生详情

图 1　数据报告

班级在年级层面的差异性，也明确了班级的个别薄弱知识点。任课教师可以根据报告发现这一问题，从而发现自己的不足，改进自己的课堂，提高自己的教学质量。其次，在报告中有很多不同的数据统计图，如图 2 和图 3 所示，能够呈现整个年级层次的学习水平及知识点的得分率，以此可以方便年级组老师的教学沟通和交流。

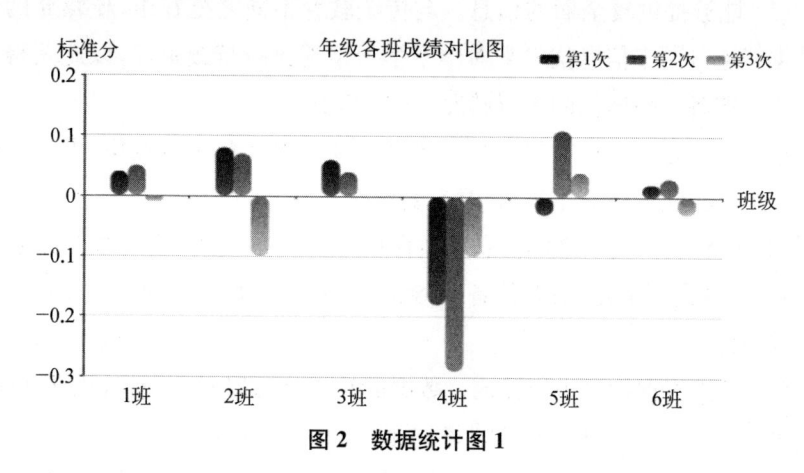

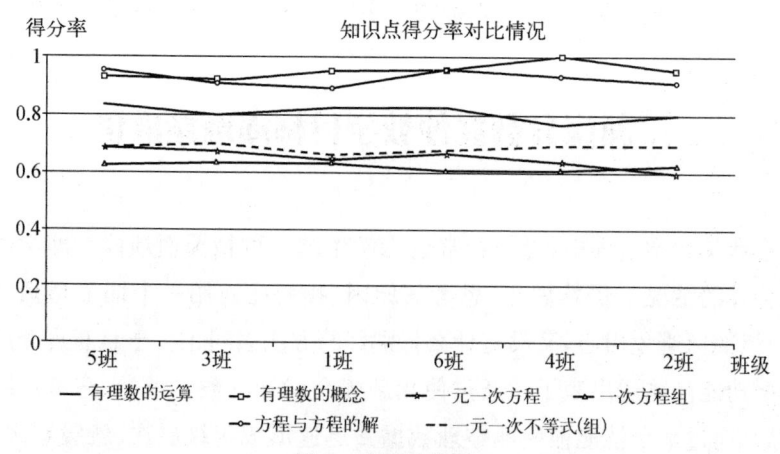

图 2　数据统计图 1

图 3　数据统计图 2

2. 班级层次的报告

班级层次的报告与年级层次的报告的最大不同在于，对知识点得分率的细化，能够落实到哪些同学是在同一知识点错误了，班级各个分数段的人数以及是哪些同学，各题型的得分情况等。教师借助这些数据可以直接了解班级学生整体学习情况。在此基础上，教师调整上课的教学内容，针对性地进行随堂讲解和指导。

3. 个人层次的报告

个人层次的报告即学生的成绩信息报告，学生和老师都可以看到。老师如果想进行个别辅导时，则就有了更清楚的着手点，而不是根据个人的感觉来指导学生。学生看到成绩报告后，除了可以知道自己错误的知识点、诊断报告、错题集之外，还可以得到针对自己错误的个性化推题和错题解析。有这样的方式，就可以让学生自主获得更多的方法去进行练习和提高，避免了一些无效而重复的学习作业。

三、新媒介数据使课后支撑更加具体化

在上一版块提及了学生可以获得个性化推题和错题解析的信息，这其实就是新媒介功能对学生的课后帮助之一。其实还可获得更多的帮助。举个例子，如下：

学生姓名：邓×× 学号：0106 班级：1班 成绩：85.0分
成绩统计
本次考试所属段位

| 本次考试所属段位

段位分析
经过数据分析，在本场考试中你的成绩优良，稍加努力，你的成绩将进入新的阶段。

训练路径
经过平台数据分析，会根据学生各个知识点的掌握程度不同来分成几

类：①相对不错；②有待提高；③掌握不足。其中针对掌握不足的知识点进行较具体的分析和针对性题目的做题要求和训练要求如下：这些知识点掌握不足的原因，主要是作答规范不够严谨，练习缺乏针对性，从而导致一些不必要的失分情况。建议先查看错题视频讲解，养成良好作答习惯，再结合针对性练习进行巩固。只需花费约 20 分钟，训练基础题、中易题、中难题，相对于本场测验，你即可提高 8 分，达到事半功倍的效果。在上述知识点的难题掌握充分的情况下，如有余力，建议开始难题目的练习，还可以为自己提高 9 分。

在上述的分析之下，学生就可以得到自身的提升方案，如图 4 所示。提升方案包含了所有缺失或掌握不足的知识点，以及相应的练习题目，由易到难，旨在扎实好学生的基础。

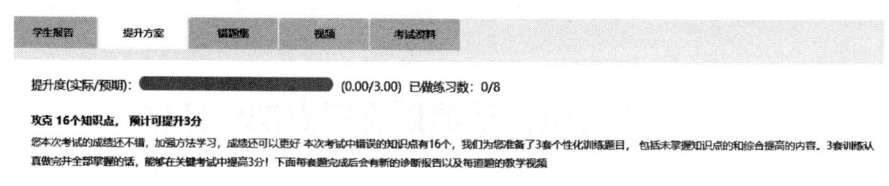

图 4 提升方案

数据平台可以帮助学生整理所有的错题，而且每一题都有视频的讲解，可以说是为学生提供了一个私人老师，这就是于传统学习方式最大的区别及优异之处。但从上述例子中也能看出目前数据分析的缺点，很多内容只是单纯的罗列，存在内容、知识点的相对重复。就个人而言，希望新媒介平台能够更加完善数据分析模式，能够更加人性化地完善语言的组织。

有了新媒介的数据功能运用，实现了学生学习水平的数据化、知识掌握程度的数据化，对于学生、教师，甚至家长都能够更加直观、理性地进行分析和评价。就数学学科的特点而言，比较契合这样的统计和教学方式。由于数学的所有知识点都是可以量化和进行理性思考的，有了这些数据，教师就能更准确地讲题、析题，让学生进一步了解自身学习数学的不足。

四、新媒介数据使家庭教育日趋参与化

我们一直说家庭在学生教育中具有非常重要的作用，但以往学生家庭

对中学数学教学并未引起足够重视。当前新媒介数据、网络技术应用的飞速发展,为家长与教师的沟通交流,提供了宽广的平台。家长可以通过固定的软件进行账号的绑定,然后随时可获得自己孩子上课以及课后的情况信息,进而更好地了解学生近期的学习状态。同时,家长也可以利用这些软件与教师进行交流,对学生的学习和生活情况进行了解,与教师进行沟通和互动。

"如果你拷问数据到一定程度,它会坦白一切。"这句话出自罗纳德·哈里·科斯。数据做久了,不管别人信不信,自己都信了!我们很容易陶醉于自己的数据结论中。同一个问题,看待的角度不同,就有不同的解释,而且都能找到数据来支撑自己的观点。这句话说的,可不是数据的力量,而是说的是人本身。所以,新媒介的数据要用得好,还得靠使用数据的探究者才行。

"几何画板"在初中数学教学中的功能运用

蒋 澜

摘 要： 随着当代信息技术的飞速发展，数学学科课堂教学的设计与实施也必须不断改革与优化。"几何画板"是一款可以优化初中数学教学的可视化动态教育软件，本文就国内外相关研究的综述，梳理了"'几何画板'能有效地辅助数学教学"的初步结论，同时，对德富路中学数学教师使用多媒体辅助教学的现状进行了调查与分析，并且在教学实际中，研究了"几何画板"优化初中数学教学的两节具体课时案例，然后对使用"几何画板"进行数学教学的效果进行了论证。最后总结出：①"几何画板"可以优化教师的教学；②"几何画板"可以优化学生的学习过程；③"几何画板"搭建了师生有效沟通的桥梁；④"几何画板"融入数学教学各个环节的潜力是无限的。通过本研究，旨在为初中数学教学改革注入新的活力，为"几何画板"应用于初中数学课堂教学提供理论和实践价值的参考，真正让"几何画板"成为辅助初中数学教学的有效工具。

关键词： 几何画板 初中数学教学 实践探索

一、绪 论

（一）研究的有关背景

自 1996 年"几何画板"在国内开始推广，许多教师和学者对"几何画板"进行了深入研究，并出版了一些利用"几何画板"进行课件制作的实用范例教程。从一开始的介绍"几何画板"的功能和使用方法，到后来借助"几何画板"来研究解决数学问题,到目前的将"几何画板"应用于教学中,"几何画板"在国内已经经历了日益深化、实用的发展历程。

在实践过程中,我发现:实习导师每堂课都会用"几何画板"辅助课堂教学。教研组活动时,不同年级的数学老师都会分享自己使用"几何画板"辅助教学时的心得和疑问,然后组织交流、研讨,共同解决问题。有一次区教研员来我校指导教学,强调了"几何画板"辅助教学的重要性,并提出"每个数学老师都应该掌握运用'几何画板'辅助教学的技能"。通过自身的教学实践,更是亲身体会到"几何画板"在初中数学教学中的重要性和实践价值,并萌发了研究"几何画板"在初中数学教学中的实践和探索的想法。

(二) 研究的意义

在前人已经详尽研究与介绍"几何画板"以及信息技术与课程整合的背景下,我开始思考使用"几何画板"提升初中数学教学效果的可能性。

(1) "几何画板"能将较简单的动画和运动通过解说、构造和调动,获得所需的复杂运动。使用便捷的轨迹跟踪功能,能清晰地了解目标的运动轨迹,可以在一定程度上解决部分学生欠缺动态思维(如旋转问题、动点问题)的问题。

(2) "几何画板"在图形绘制上比一般的画图软件更为精准,更符合数学的严格要求。有了"几何画板"潜移默化的影响,学生面对需要自己作图的填空题可以更加沉着应对。

(3) 通过"几何画板"中的工具箱,可按指定值、计算值或动态值任意旋转、平移、缩放原有图形,并在其变化中保持几何关系不变。这一性能可以很好地提升学生面对变式问题时对于题目"变量"与"不变量"的观察和理解。

(4) "几何画板"可以化"静"为"动",让枯燥的数学变得生动起来,能够在一定程度上激发学生对数学的学习兴趣。

(5) 运用"几何画板"演示定理的推理过程,清晰直观,一方面大大加强了课堂教学的效率,另一方面能够让学生真正体会定理产生的原因,让定理在学生脑海中成为一个"生成性问题"而不是一个"既定事实"。

综上,把"几何画板"应用于初中数学教学过程中,从理论上说,是能够提升初中数学的教学效果的。

（三）研究的对象、问题和方法

1. 研究对象

"几何画板"软件，德富路中学数学教学课堂的参与者（包括数学教师和全体学生）。

2. 研究问题

（1）我对"几何画板"辅助数学教师进行初中数学教学的现状进行调查，了解"几何画板"目前在数学教师中的运用情况。

（2）与学生进行分组访谈和一对一的对话，了解学生对"几何画板"的看法。

（3）进一步从各方面分析"几何画板"对提升初中数学教学效果的方式。

（4）通过对具体案例的分析比较，研究"几何画板"在教学过程各个环节中的具体影响。

3. 研究方法

观察法、调查法、实验法、比较研究法、文献资料法。

二、相关研究综述

（一）国外研究综述

1982年，国际教育评估组织在一次调查中发现：证明题是高中生在数学的学习过程中感到最困难的一部分，因而在该次调查后，美国的许多教育专家和教育者们开始寻找改革提升数学教学的新道路。

1985年，美国教育发展中心开发了《几何探索》，由此教师逐渐开始使用计算机来辅助教学。这是一项具有划时代意义的教学软件研发工程。

美国 Key Curriculum Press 公司于 1988 年开发了"几何画板"。1989年，米歇尔·塞拉出版了一款名为"发现几何"的软件，它对数学课程的改革起到了推动作用。

1991年，基本课程出版社出版了"几何画板1.0"，又于1992年春季推出了"几何画板2.0"，再于1993年3月发行了"几何画板3.0"。随着一系列的测试和改进，几何画板日臻完善，化作了一款更为实用、更受各年级数学教师欢迎的数学教学软件。与此同时，国外学者还研究了"几何画板"的功能和优越性、数学教师使用"几何画板"的能力、"几何画板"的学科应用范围、"几何画板"与其他辅助教学的应用软件的对比、"几何画板"在特殊教育的实践等。

(二)国内研究综述

自"几何画板"引进本国以来,已经有不少的学者和教师对其进行了研究和介绍。针对他们的研究方向,我认为大致可以分为以下3个类别。

第一类,介绍"几何画板"的功能和使用要领。陶维林的《几何画板课件制作教程》分为:"新版几何画板简介""课件制作学习范例"和"制作技巧提高范例"3个章节,循循善诱地为"几何画板"的初学者解答学习过程中的疑问,考虑到广大读者的诉求,每一个课件的制作步骤都写得很详尽且富有条理,并且为了给读者节约阅读时间、化简读者的阅读步骤,各课件的操作步骤之间没有直接联系,读者可以直接学习自己需要的某个课件。这类书籍可以启蒙"几何画板"的初学者对"几何画板"有系统、全面、深刻的认识,使他们能够熟练操作"几何画板",实现利用"几何画板"解决数学问题并将"几何画板"应用于教学中。

第二类,借助"几何画板"研究解决具体的数学问题。徐章韬在《超级画板和几何画板中的轨迹》中分析了利用"几何画板"的"轨迹"功能绘制 $y=\sin x$ 的图像、动态地表现三角形绕对称轴的翻折过程、绘制可旋转的抛物线的具体方法;蒋桂秀在《几何画板与动态几何问题》中从动点问题到动线问题再到动面问题,阐释了利用"几何画板"的动态性功能来解决动态几何问题的可行性。他们充分利用"几何画板"的动态交互性,验证动态几何图形中隐藏的规律,并将动态效果应用于几何概念的理解中。

第三类,将几何画板作为一款可视化教学辅助软件应用于教学中。王新敞在《"几何画板"给教育带来了什么》中提出,"几何画板"不仅变革了教学方法、学习方式,提高了工作效率,而且为传统教学方法与当代教学方法之间的相互借鉴提供了媒介;李小英在《几何画板在初中几何教学中的应用》表达了"几何画板"可以提升学生学习兴趣、突破教学中的重点和难点、把静态的数学问题变得动态化,从而培养学生自主探究问题的能力以及利用"几何画板"能更好地进行变式教学的想法。

通过"几何画板"在数学教学中的运用,教师广泛感到:"几何画板"能够增强学生对数学的感情,激发学生学习数学的兴趣,并且能让学生感受、理解知识产生和发展的过程,这些都奠定了"几何画板"被应用在教学中的基础。

综上可知,"几何画板"具有动态性、形象性、易操作和效率高的特征,由此可以初步得出结论:"几何画板"能有效地辅助数学教学。

三、理论研究的指导思想

(一)建构主义理论

建构主义即结构主义,其提出者——瑞士著名心理学家皮亚杰认为,儿童是在与周围的环境彼此作用的过程中,逐步建构起关于外部世界的常识,从而使自身内部世界的知识得到发展。

相比于其他理论,建构主义教学理论对于学习者如何在原有的经验、心理结构和信念的基础上,来构造自己所独有的精神世界要更为关注,并且更加重视建立有利于学习者主动探索知识生成和发展的情境。

在此基础上,我们不难总结出:有效教学应当是一个引导学生自发地参与学习并且会在该过程中产生积极的情感体验的过程。学生是教学过程的主体,为了更好地进行有效教学,教师必须要历经由知识的传授者、发送者转变为学生主动建构意义的激发者、引领者的过程。

有效的教学应当引导学生主动建构提供学习材料,使学生形成对知识的真正了解,要求学生由外部刺激的被动接受者和知识的灌输对象转变为信息加工的主体、知识意义的主动建构者。

我认为"几何画板"的出现为建构理论的推行和实施提供了较大的可能性。一方面,"几何画板"能将抽象难懂的知识直观化,激发学生的学习兴趣,调动学生主动学习的积极性,在一定程度上帮助教师发挥学生在学习过程中的主体性;另一方面,"几何画板"易操作,且具有动态性,运用"几何画板"可以将数学问题化繁为简、化静为动,在一定程度上可以提升学生在学习数学过程中的自我效能感并更好地培养学生自主探究问题的能力。

(二)发现学习

发现学习由美国著名心理学家布鲁纳研究并提出,它是指学习的主要内容未直接呈现给学习者,只呈现了有关线索或例证。学习者如果想要得到总结性结论或是找到问题的答案,必须要先历经一个自我探索、自我启迪的过程。发现学习在数学中的呈现方式可以理解为学生经历书本上或者是老师给出的例题的操作演练的过程后,总结归纳并且自我消化出一种知识,这种知识可能是一个定理,也可能是一种解题思维,甚至可能是一种直觉,这样的学习方式更注重学生学习的主动性,强调学习的认知过程,重视认知结构的形成,注重学习者的知识结构、内在动机、独立性与积极性在学习中的作用,有利于激发学生的探究欲望,有利于培养学习者分析问题、解决问题的能力。

"几何画板"不仅可以作为一个教学辅助软件促进教师的"教",更可以成为学生发现学习的有效"工具"。刘新书在《几何画板从教具变成学具》中提到,他在使用"几何画板"辅助教学的过程中发现"几何画板"在教学中所呈现的教学阶段分为示范性阶段、模仿性阶段、共同设计阶段、学生自主设计阶段、诊断反馈优化阶段和学生自主研究阶段 6 个阶段。在这些阶段中,通过学生的独立学习、独立思考,自行发现知识,掌握原理原则,正是体现了发现学习的魅力。

四、德富路中学教师使用"几何画板"辅助教学的调查与分析

(一) 调查的对象、方法和目的

1. 调查对象

以上海市嘉定区德富路中学 8 名数学教师作为调查对象,发出问卷 8 份,回收 8 份,有效问卷 100%。本文的数据分析运用 Office 软件进行处理,调查样本见表 1。

表 1 调查样本

分类	学历			教龄			职称			
	本科	硕士	博士	0~5	5~10	10 以上	中高	中一	中二	其他
N	5	3	0	4	1	3	0	4	2	2

教龄结构：0～5 年为 4 人，占比 50％；5～10 年为 1 人，占比 12.5％；10 年以上为 3 人，占比 37.5％。学历构成：本科为 5 人，占比 62.5％；硕士为 3 人，占比 37.5％，博士为 0。职称构成：中学高级职称为 0；中学一级职称为 4 人，占比 50％；中学二级职称 2 人，占比 25％，其他 2 人，占比 25％。从教师的学历、教龄、职称中可发现，调查样本包含各个层次，调查样本合理。

2. 调查方法

（1）问卷调查法。问卷调查法需要设计一份问卷，问卷上会有一系列的问题，这些问题的答案即调查者所要收集的信息。调查者通过被试回答的答案，可以了解到被试对某一问题或是某一现象的见解，从而得到对于某一问题的较为普遍的认识。该法是较为普遍的一种调查方法。

（2）访谈法。访谈法是指调查者通过面对面地交谈来了解被试的想法和目的的一种研究方法。访谈法能够较为快捷而直接地收集调查所需的资料。

3. 调查目的

主要是了解德富路中学数学教师使用"几何画板"辅助教学的情况，包括"几何画板"的使用频率、对"几何画板"的操作熟练程度、使用"几何画板"的目的以及"几何画板"的使用效果等。

（二）调查结果

1. 教学辅助软件使用情况

德富路中学数学教师教学辅助软件使用情况如图 1 所示。

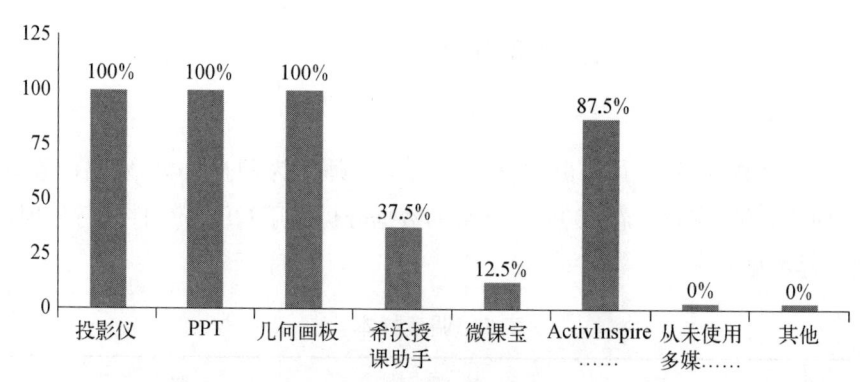

图 1　德富路中学数学教师教学辅助软件使用情况

就德富路中学数学教师而言，教学活动的过程中均使用过投影仪、PPT、"几何画板"等；37.5％的教师使用过希沃授课助手，共 3 人；百分之

12.5%的教师运用过微课宝软件,记1人;87.5%的教师使用过ActivInspire电子白板软件,共计7人;从未运用教学辅助软件的人数占比为0%;使用其他软件占比0%。可见,德富路中学所有教师都会使用多媒体软件进行辅助教学,以此帮助教学活动的顺利进行。

2. 课件制作情况

德富路中学数学教师课件制作情况如图2所示。

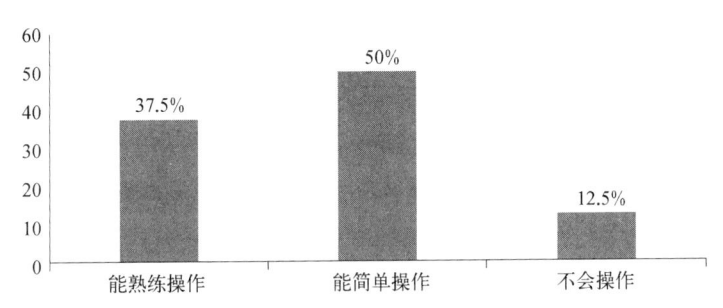

图2 德富路中学数学教师课件制作情况

就德富路中学数学教师对于课件的制作情况而言,被调查的教师中仅1人不会操作几何画板外,有37.5%的教师能够熟练操作几何画板,50%的教师能够简单操作。

3. "几何画板"辅助教学频率

德富路中学教师"几何画板"辅助教学频率如图3所示。

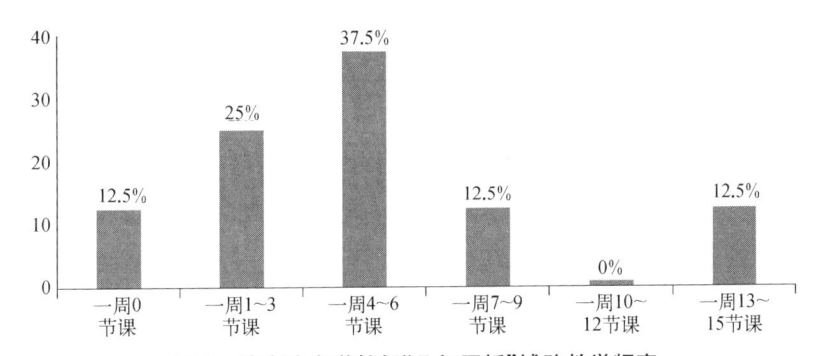

图3 德富路中学教师"几何画板"辅助教学频率

德富路中学教师使用几何画板占比较高为"一周4~6节",占37.5%;一周0节课的占比为12.5%;一周1~3节课占比25%;一周7~9节课占比12.5%;一周10~12节占比0;一周13~15节课占比12.5%。可见,较多教师每周都会使用"几何画板"辅助教学,并且频率适中。

4. "几何画板"运用目的

德富路中学教师"几何画板"运用目的情况如图 4 所示。

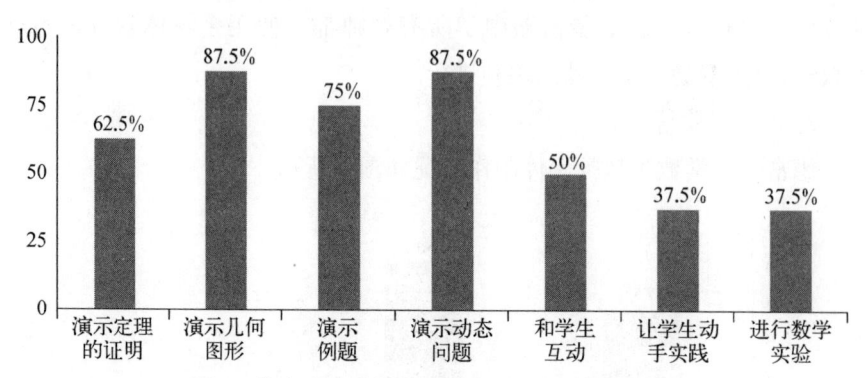

图 4　德富路中学教师"几何画板"运用目的情况

德富路中学教师运用"几何画板"进行演示定理证明占比 62.5%；演示几何图形占比 87.5%；演示例题占比 75%；演示动态问题占比 87.5%；用于学生互动占比 50%；学生动手实践占比为 37.5%；进行教学实验占比 37.5%。可见，"几何画板"的教学辅助功能齐全，尤其在图形演示、动态问题的演示上效果最佳。

5. "几何画板"教学情况改善程度

德富路中学"几何画板"教学情况改善调查结果如图 5 所示。

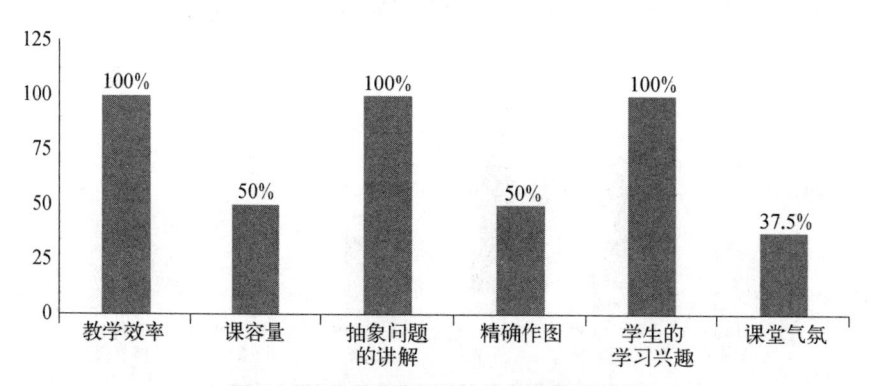

图 5　"几何画板"教学情况改善调查结果

"几何画板"能够提高教学效率的占比为 100%；抽象问题的讲解占比 100%；提升学习兴趣占比 100%；精确作图占比 50%；课程容量占比 50%；利于课堂氛围占比 37.5%。因此，"几何画板"在教学活动中体现了绝对的优势性，能够大幅度提升教学效率，使抽象问题的具象化功能十分显著，营造了良好的学习氛围,提升了学生的学习兴趣,使学生能够充分投入课堂学习活动中。

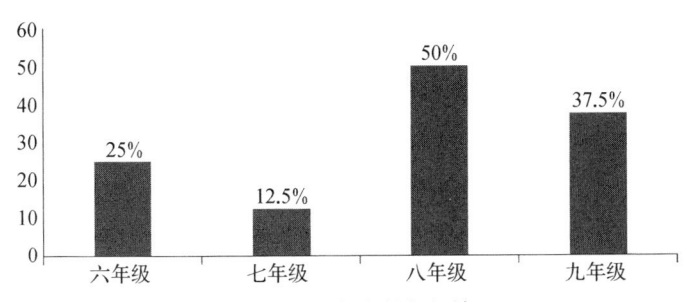

6. 调查对象指教年级情况

调查对象指教年级情况如图 6 所示。

图 6 调查对象指教年级情况

本次调查人员中六年级教师占比 25%;七年级教师占比 12.5%;八年级教师占比 50%;九年级教师占比 37.5%。调查对象遍及中学各个分段,其中较高年级的教师比例较高;"几何画板"的应用率在八年级、九年级中较高,可见"几何画板"对于高年级的教学活动优势较大。

五、"几何画板"优化初中数学教学具体课时案例研究

在德富路中学实习过程中,我以新课标为理念,将建构主义理论应用于"几何画板"辅助教学的实际中。以下是运用"几何画板"的教学案例研究。

课例 1:直角三角形的性质

◆ 教学目标

(1)掌握直角三角形性质定理 2 的推论 1、推论 2,能用符号语言规范表达、并能正确运用。

(2)能运用直角三角形性质定理和推论进行计算或证明。

◆ 教学重点、难点

重点:直角三角形性质定理 2 的推论,运用直角三角形性质和推论计算或证明。

难点：灵活运用直角三角形的两条性质和两条推论进行计算或证明。

◆ 教学过程

1. 引入

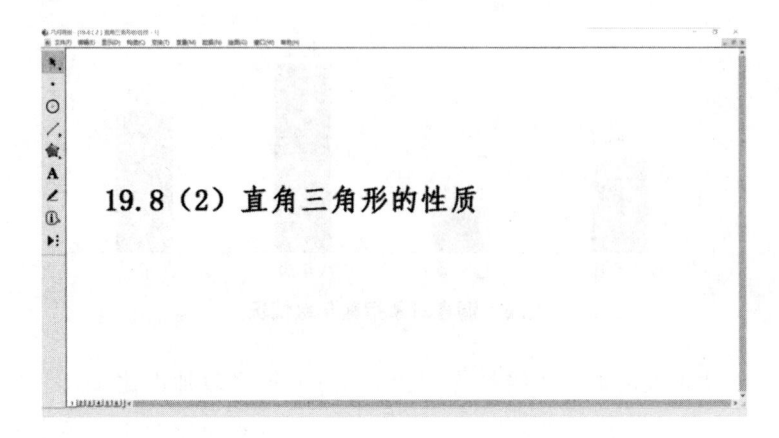

请一位同学来复述一下昨天学习的定理2，问大家：

问题1：一个直角三角形可以被斜边上的中线分成两个什么三角形？

——两个等腰三角形。

问题2：比等腰三角形更特殊的三角形是什么三角形？

——等边三角形。

问题3：那么假如两个等腰三角形中有一个正好是等边三角形，那么这个直角三角形的短直角边和斜边存在什么数量关系？

2. 演示

用"几何画板"的操作类按钮来演示：

- 思考1：Rt△ABC斜边AB的中线CD把△ABC分成两个什么图形？
- 比等腰三角形更特殊的三角形是什么三角形？
- 思考2：假如两个等腰三角形中有一个正好是等边三角形，那么这个直角三角形的短直角边(AC)和斜边(AB)存在什么数量关系？

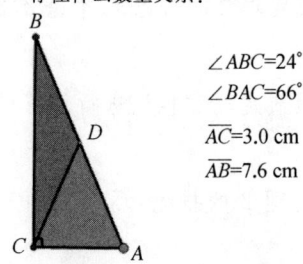

$\angle ABC = 24°$
$\angle BAC = 66°$
$\overline{AC} = 3.0$ cm
$\overline{AB} = 7.6$ cm

拖动图中的绿色点(点 A)进行左右移动,观察旁边的角度度量值,当 $\angle BAC = 60°$ 时(即满足其中有一个等腰三角形变成等边三角形的要求),此时观察直角三角形 ABC 的短直角边 AC 的度量值和斜边 AB 的度量值,如下图:

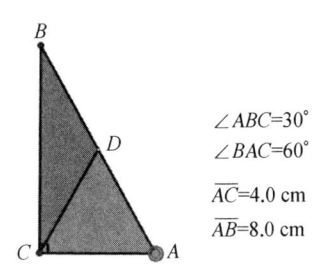

$\angle ABC=30°$
$\angle BAC=60°$
$\overline{AC}=4.0$ cm
$\overline{AB}=8.0$ cm

找个同学用文字语言叙述一下。

可能学生会说:一个直角三角形,被斜边上的中线分成的两个三角形中有一个是等边三角形,那么这个直角三角形的短直角边是斜边的一半(或者斜边是短直角边的两倍)。

而推荐的表述方法是:在直角三角形中,如果一个锐角等于 30°,那么它所对的直角边等于斜边的一半。

注意:此时要给学生一定的时间去比较这两种说法,虽然是一个意思,但后者更简洁,含义更清楚。

● 推论 1

将上述文字语言结合图形语言表述为几何语言,并请一位同学将它表述成"已知……求证……"的形式,并在此时切换"几何画板"的文档页面至第 3 页。

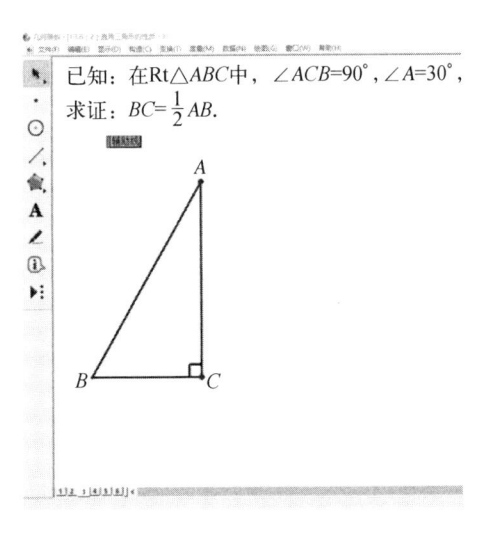

已知:在 Rt$\triangle ABC$ 中,$\angle ACB=90°$,$\angle A=30°$,
求证:$BC=\frac{1}{2}AB$.

给学生一定的思考时间后,询问大家刚才我们是怎么发现推论1的?这张图里少了什么?(——斜边上的中线)单击"几何画板"中的操作类按钮"辅助线"添加辅助线,用电子白板笔在白板上让学生跟着一起书写剩余的证明过程。

已知:在Rt△ABC中,∠ACB=90°,∠A=30°,
求证:$BC=\frac{1}{2}AB$.

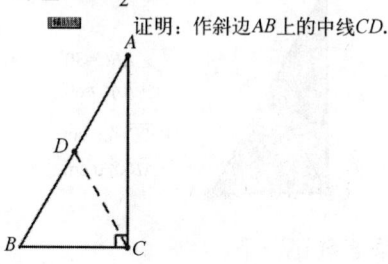

证明:作斜边AB上的中线CD.

● 推论2

回忆之前我们学习的垂直平分线定理和角平分线定理都有逆定理,那请一位同学说说看推论1有没有逆定理?(——在直角三角形中,如果一条直角边等于斜边的一半,那么这条直角边所对的角等于30°)

找一位同学上来用电子白板笔在下图中标出所有相等的线段。

已知:在Rt△ABC中,∠ABC=90°,$BC=\frac{1}{2}AC$,
求证:∠A=30°.

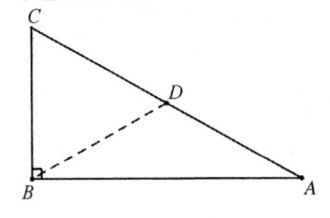

根据已知条件$BC=\frac{1}{2}AB$以及定理2(直角三角形斜边上的中线等于斜边的一半),可以在图上标出如下相等的4条线段,这个时候让学生去观察,自然就会发现△BCD是一个等边三角形,也就是推论2得证了。

已知:在Rt△ABC中,∠ACB=90°,$BC=\frac{1}{2}AB$,
求证:∠A=30°.

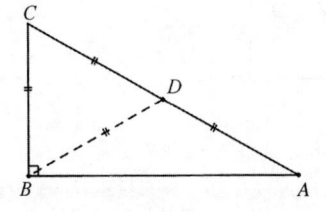

3. 实践与强化

掌握了直角三角形的推论 1 和推论 2 之后,我们将通过例题来实践并强化,切换至"几何画板"的页面至 4,出现书上的课后习题 1,如下。

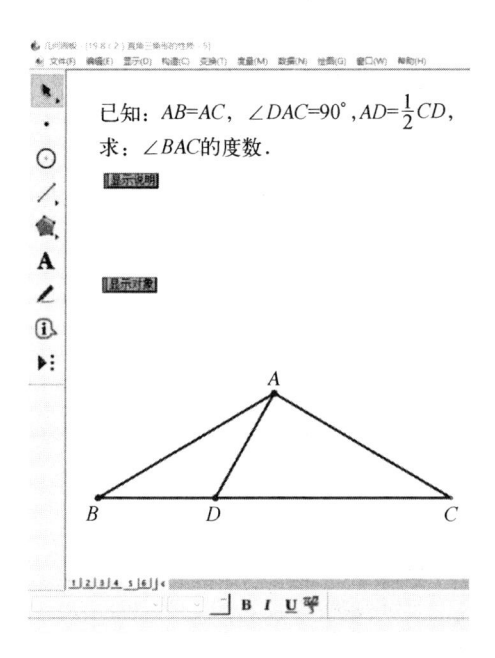

先请一位同学上来用电子白板笔在图中标出已知条件,如下。

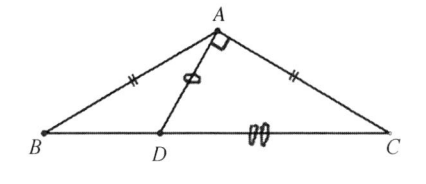

由推论 2 可得 $\angle C=30°$,再由等腰可得 $\angle B=30°$,从而 $\angle BAC$ 的度数就可知为 $120°$,由于书上的课后习题的前两道的图形和这张图基本相同,因此可利用"几何画板"的操作型按钮,出现题 2,如右。

这一题同样,找一个学生用电子白板笔在图中标出已知条件,如下。

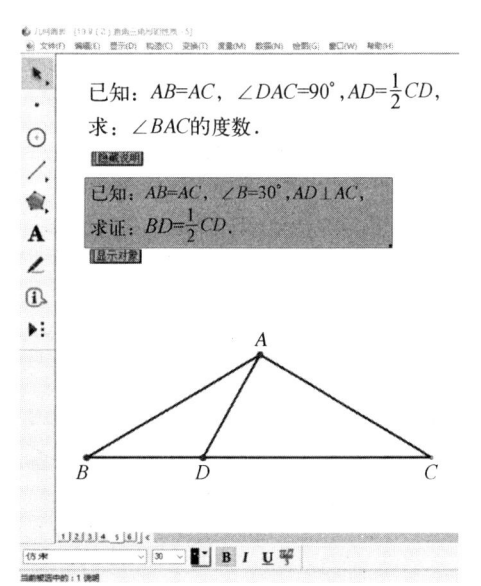

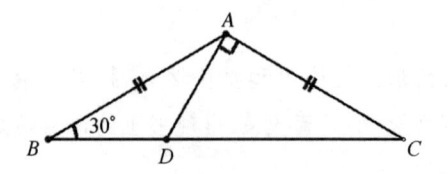

这道题和课后习题 1 有异曲同工之妙却又难于课后习题 1：由等腰得 $\angle C = 30°$，同样可以得到 $\angle BAC = 120°$，这时由于 $\angle DAC = 90°$，所以 $\angle BAD = 30°$，从而得知 $BD = AD$，又由推论 1 可得 $AD = \dfrac{1}{2}DC$，从而 $BD = \dfrac{1}{2}DC$。

这道题比刚才那道题稍有提升，这时再操练一题，学生对这张图就可以说是印象深刻、过目不忘了。课后习题 2 如下。

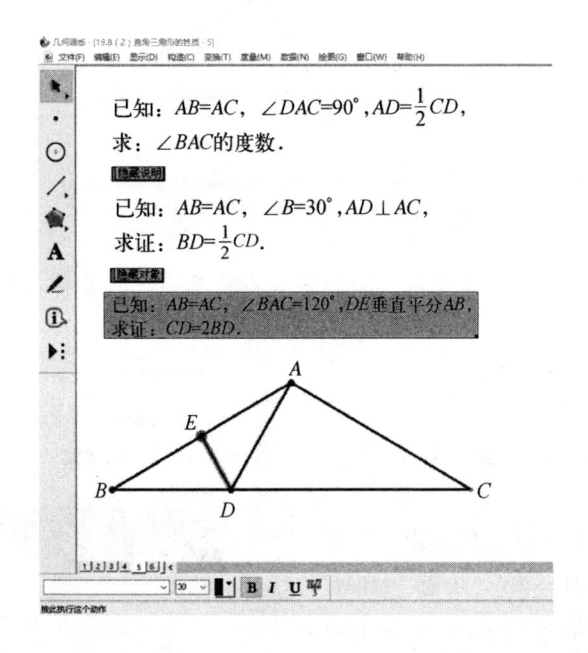

同样地，先在图上标条件，如下。

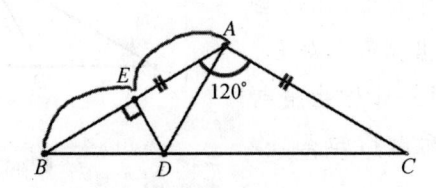

这道题和题 2 要求证的内容一样,只不过比刚才那题少了一个 $AD \perp AC$ 的条件,这个条件我们只要通过垂直平分线的定义得到 $BD = AD$ 即 $\angle B = \angle BAD = 30°$,再用 $\angle DAC = \angle BAC - \angle BAD = 120° - 30° = 90°$ 就能重新得到这个条件。

下面再来看一道例题,如下。

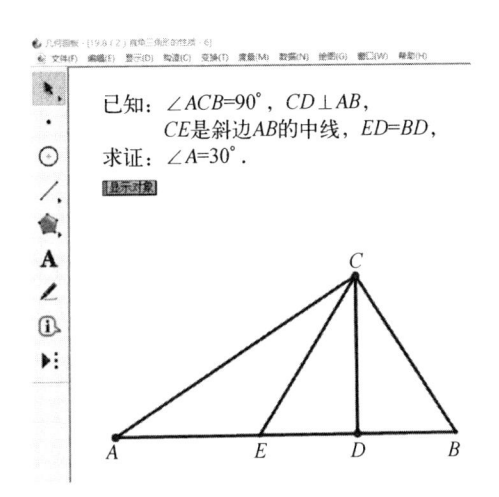

已知:$\angle ACB = 90°$,$CD \perp AB$,
CE 是斜边 AB 的中线,$ED = BD$,
求证:$\angle A = 30°$.

这是书上本课时的第二道例题,同样找同学用电子白板笔在图上标出已知条件,如下。

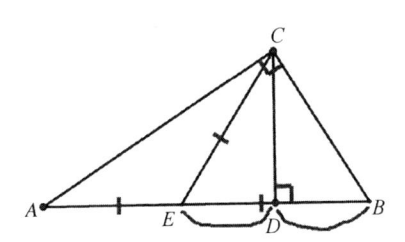

标出已知条件以后,很快就能发现利用垂直平分线定理可得 $CE = CB$,如下。

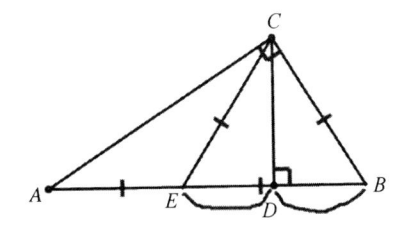

根据这张图,马上可以想到推论2的证明过程,从而由推论2直接得证$\angle A = 30°$。

4. 巩固练习

(略)

5. 课堂小结

总结强调推论1、推论2,布置作业。

6. 教学反思

本节课我使用"几何画板"来辅助教学,主要将"几何画板"运用于发现定理、证明定理、例题讲解、变式练习等教学环节中。

(1)发现定理。"几何画板"在图形绘制上比一般的绘图软件更为精准,再加上其可控的动态性,从而实现了"让学生通过观察自己去发现定理"的过程。

(2)证明定理。运用"几何画板"演示定理的推理过程,清晰直观,一方面大大加强了课堂教学的效率,另一方面能够让学生真正体会定理产生的原因,让定理在学生脑海中成为一个"生成性问题"而不是一个"既定事实"。

(3)例题讲解。"几何画板"为"数形结合"创造了一条便捷的通道,学生通过动手实践,会发现只要在几何画板上标出已知条件后,所要求证的东西就不再变得无迹可寻。

(4)变式练习。"几何画板"能增大信息量,传统的"黑板粉笔"教学方式几乎不可能实现一堂课证明两个定理后再讲4道例题还能留有让学生巩固训练的时间,然而正是几何画板通过让其中3道题以变式的形式出现的方式,不仅能加深学生的印象,同时也大大地提升了课堂效率。

课后,我询问了几位学生对于本堂课的意见,有的说:"几何画板"让他们觉得原本复杂枯燥、毫无头绪可言的数学题变得生动形象、一目了然了;有的说:本来要去想直角三角形中30°角所对的直角边要想很久也不确定是哪一条,但是看了"几何画板"演示的图形语言以后就很清楚了;还有的说:我自己通过观察发现30°的直角三角形的短直角边是斜边的一半,后来知道它就是今天要学的定理之后觉得很有成就感……可见,"几何画板"还能激发学生的学习兴趣,并将定理以"观察"—"操作"—"交流"的方式呈现在学生的脑海中。

课例2：圆的确定

◆ 教学目标

(1) 知道点与圆的3种位置关系及其判定方法,并能初步运用点与圆的位置关系的判定方法解决有关数学问题。

(2) 知道"不在同一直线上的三个点确定一个圆",能画出过已知不在同一直线上三点的圆。

(3) 了解三角形的外形、外接圆、圆的内接三角形以及多边形的外接圆、圆的内接三角形以及多边形的外接圆、圆的内接多边形。

◆ 教学重点、难点

重点：点与圆的3种位置关系及其判定方法,运用点与圆的位置关系解决有关数学问题。

难点：画不在同一直线上三点的圆。

◆ 教学过程

1. 引入

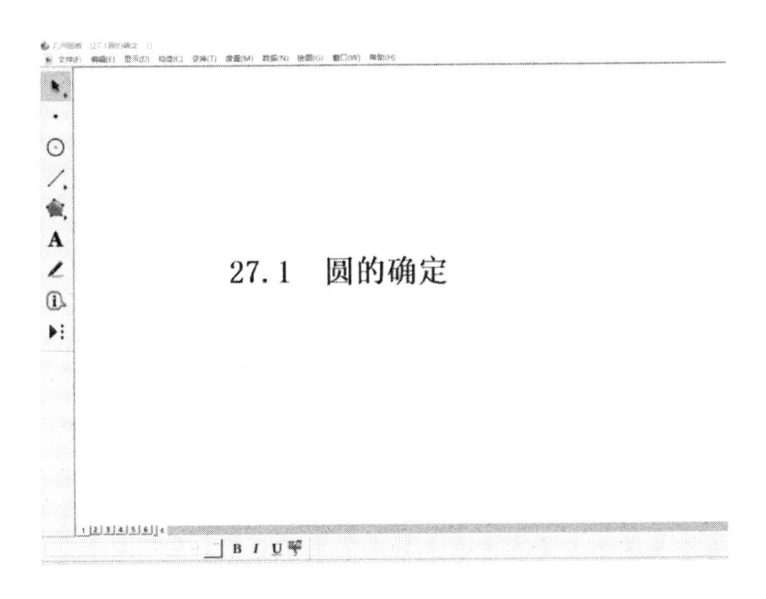

今天要学习的是圆的确定,其实我们在六年级的时候就接触过圆,那么我们先一起来回忆一下圆是一个什么样的图形？

在几何画板中,给出一个点O,如下。

再点击操作类按钮"显示对象",出现一个到 O 点距离为可赋值参数 a 的点 A,线段 OA 的长度为参数值 5 cm(厘米),如下。

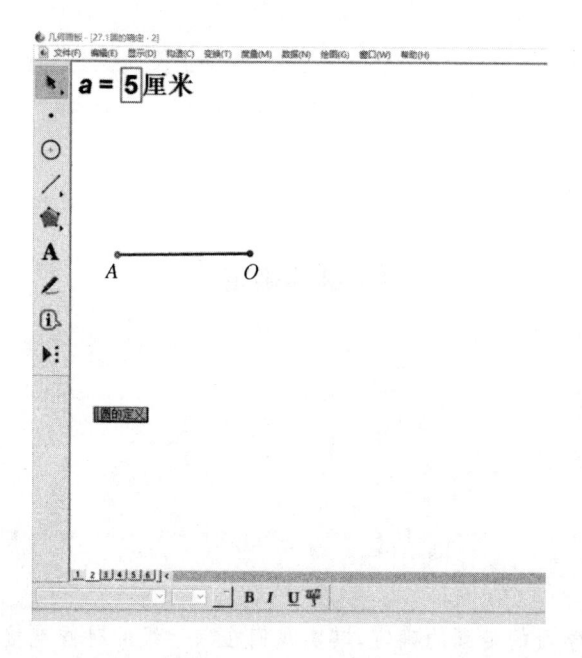

此时选中图中点 A,点击"显示"——"追踪点",再选中并移动点 A,可以看到到 O 点距离为 5 厘米的点的轨迹,如下。

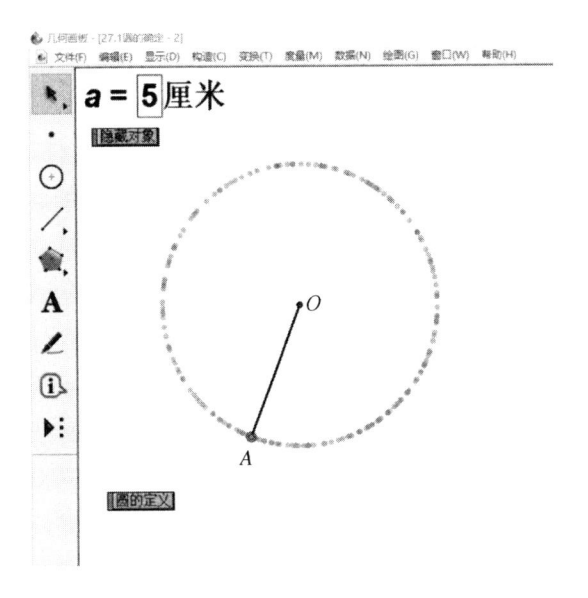

此时,点击操作类按钮"圆的定义",出现概念,如下。

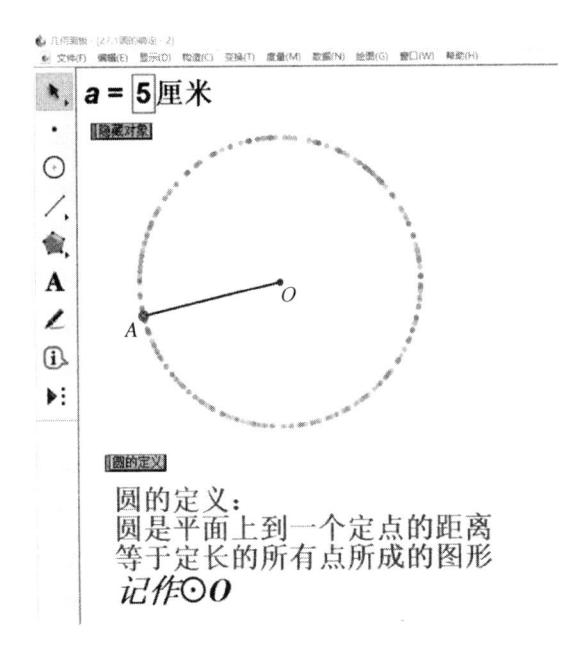

那么复习了圆的定义之后,今天我们要学习有关圆的一些基本性质。

2. 点与圆的位置关系

如下,是一个圆 O 和点 P。

单击操作类按钮"显示线段d",显示圆心O与动点P之间的距离d,同理,单击操作类按钮"显示半径R",显示圆心O与动点P之间的距离R,线段d和R的长度分别由参数d和R控制。

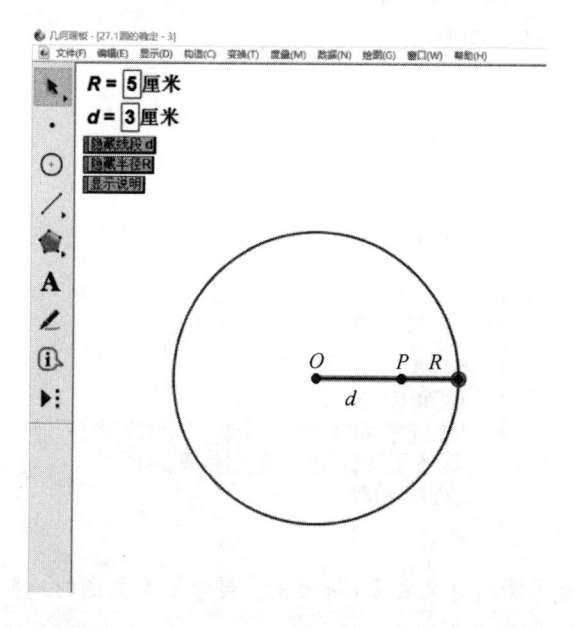

这时,让学生观察总结P与圆O的位置关系(点P在圆内),然后改变参数d的大小为4厘米,如下。

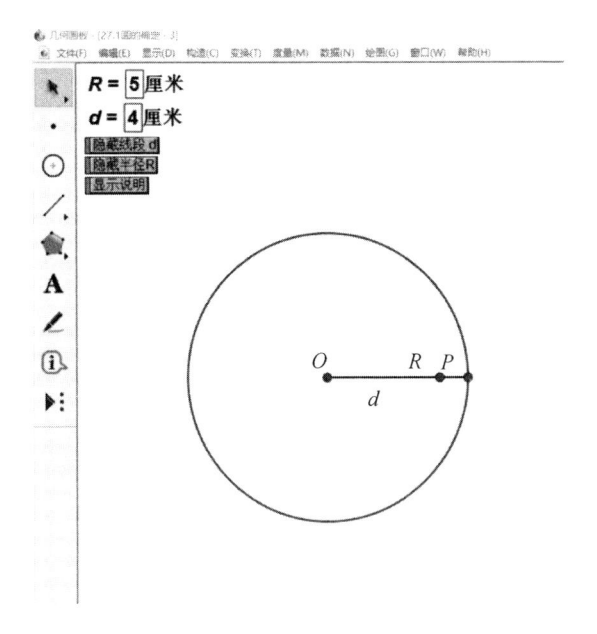

当 d 为 4 厘米时,如图可得点 P 的位置还是在圆内,继续改变参数 d 的大小,使 d 等于 5 厘米,如下。

此时发现点 P 在圆上,继续改变参数 d 的大小为 6 厘米,如下。

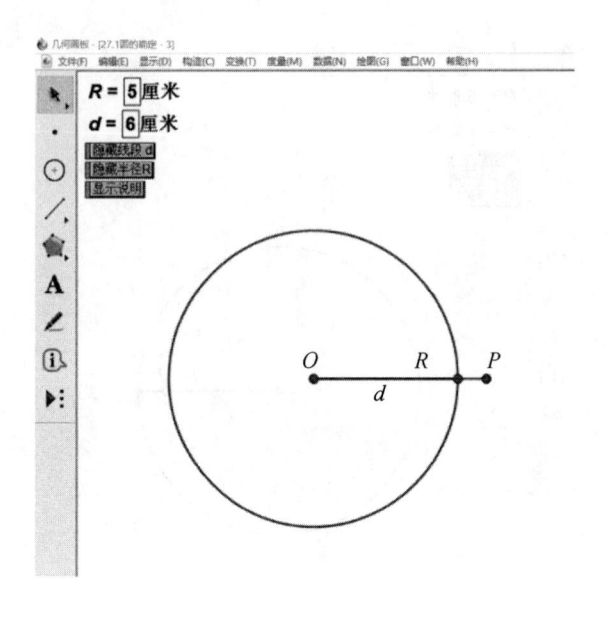

由图可得,此时点 P 位于圆外,这时,询问学生有没有发现点 P 与圆的位置关系和什么有关?具体关系是什么?并单击操作类按钮"显示说明",此时几何画板上会出现点与圆的位置与点和圆心的距离之间的关系,如下。

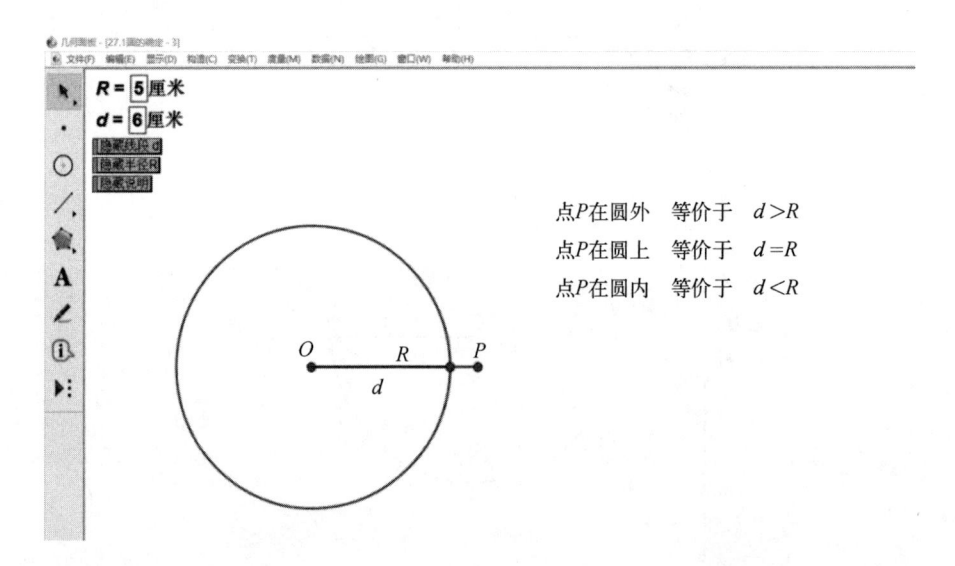

点 P 在圆外　等价于　$d > R$
点 P 在圆上　等价于　$d = R$
点 P 在圆内　等价于　$d < R$

将定义给出后,再改变参数 d 的大小($d = 4.7$、$d = 5.2$)加以验证,如下。

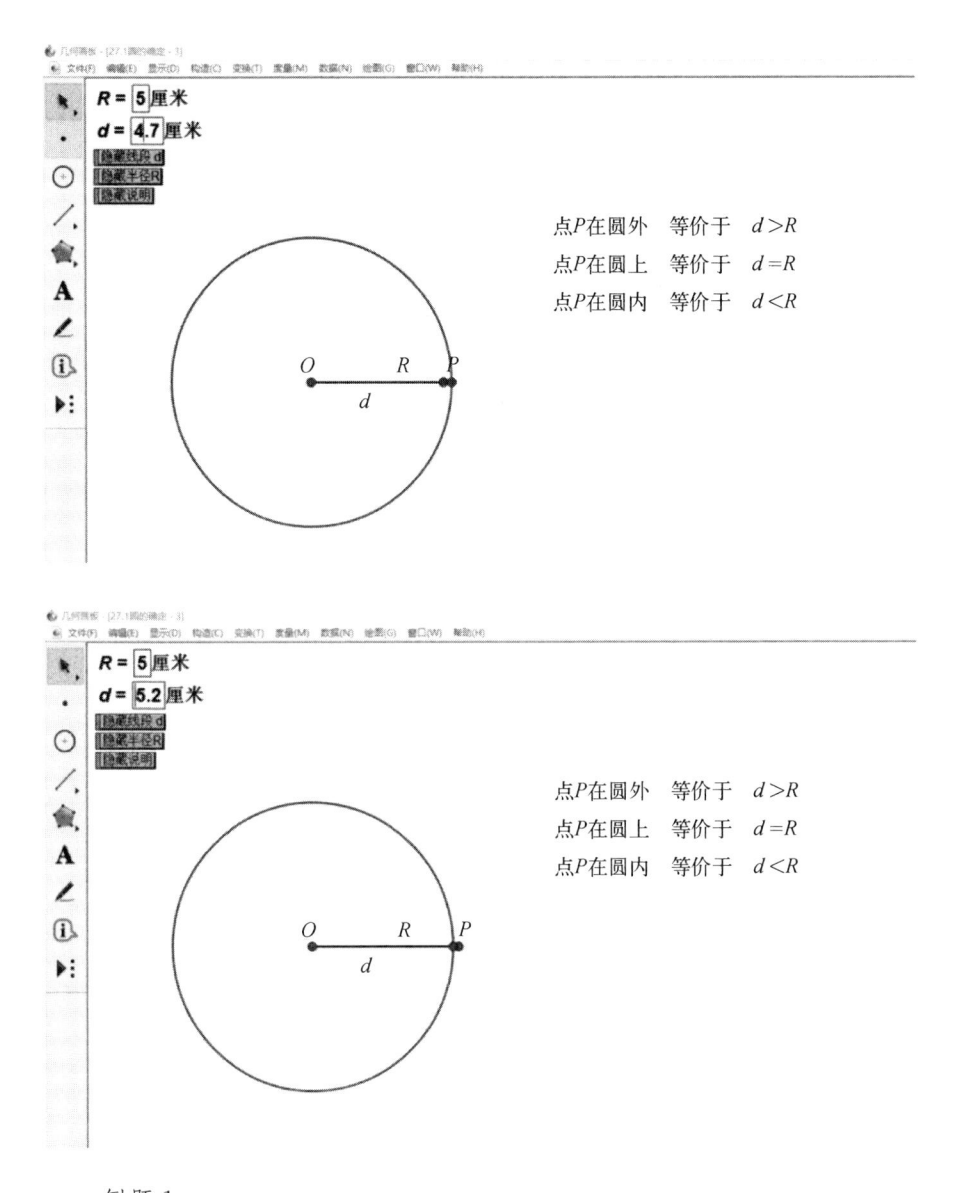

点P在圆外　等价于　$d>R$
点P在圆上　等价于　$d=R$
点P在圆内　等价于　$d<R$

点P在圆外　等价于　$d>R$
点P在圆上　等价于　$d=R$
点P在圆内　等价于　$d<R$

例题1：

已知线段 AB 和点 C，圆 C 经过点 A，根据如下所给点 C 的位置，判断点 B 与圆 C 的位置关系。

(1) 点 C 在线段 AB 的垂直平分线上，如下。

单击几何画板左侧的按钮 ⊕，继而按顺序单击点 C 和点 A，显示如下。

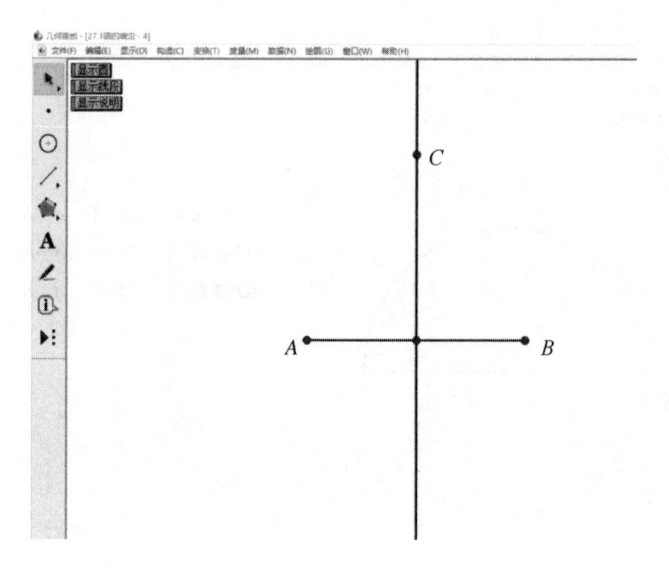

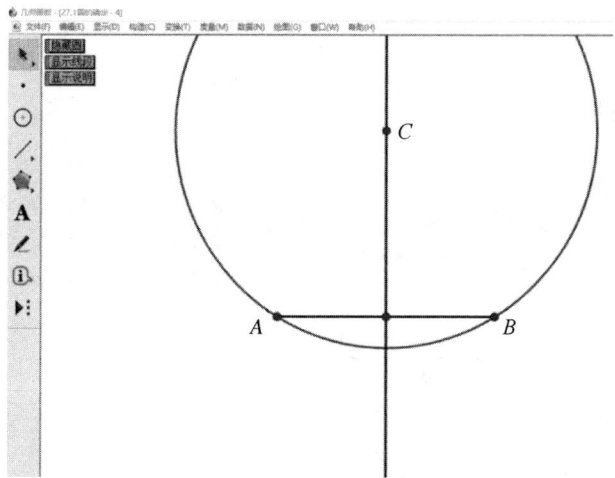

由图可见,点 B 在以点 C 为圆心,CA 为半径的圆上。

让学生思考点 B 是不是必在以点 C 为圆心,CA 为半径的圆上?理由是什么?

提示:单击操作类按钮"显示线段",如下。

让学生关注题目条件"点 C 在线段 AB 的垂直平分线上",回忆垂直平分线的定义。单击操作类按钮"显示说明",如下。

根据垂直平分线的定义可得 $CA=CB$,所以点 B 必在以点 C 为圆心,CA 为半径的圆上。

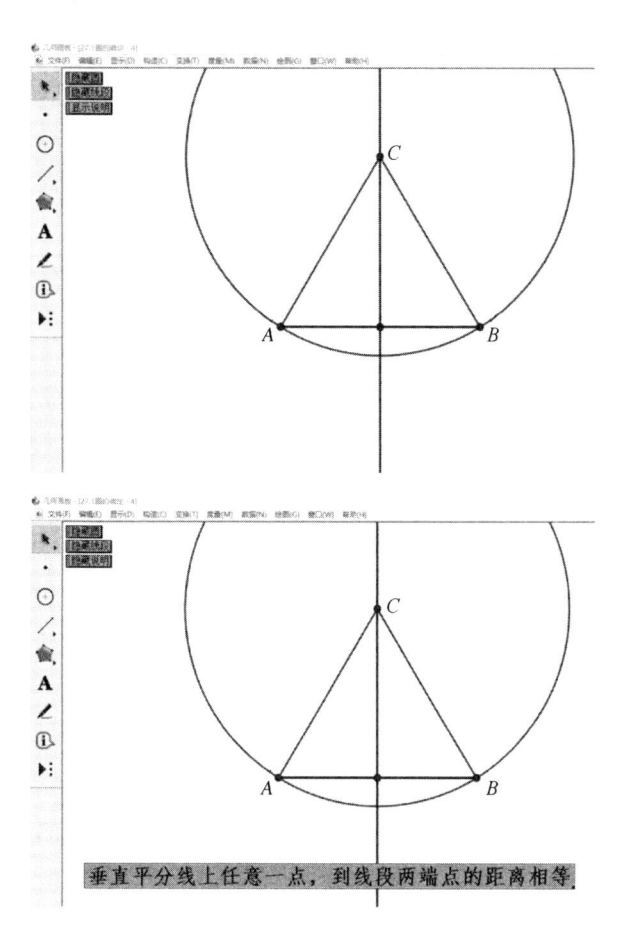

垂直平分线上任意一点,到线段两端点的距离相等。

(2) 点 C 在线段 AB 上,且 $0 < AC < \dfrac{1}{2}AB$,如下。

单击几何画板左侧的按钮 ⊕ ,继而按顺序单击点 C 和点 A,显示如下。

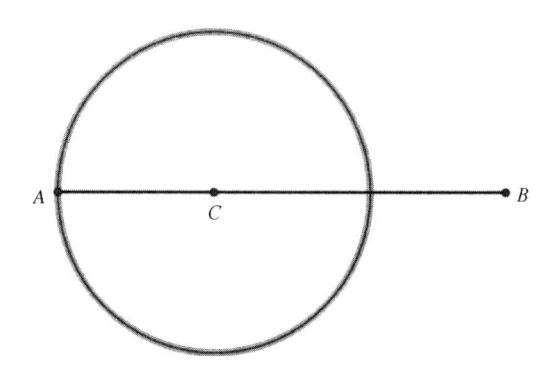

并选中线段 AB,单击"构造"→"中点"可得 AB 的中点 D,如下。

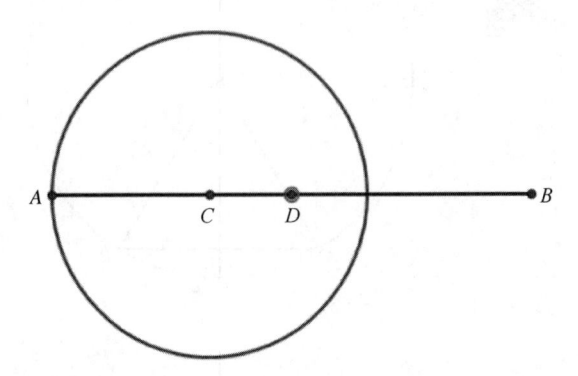

因为题目给定条件 $0<AC<\dfrac{1}{2}AB$,即 $AC<AD$,C 在线段 AD 上运动,此时移动 C,有下列情况。

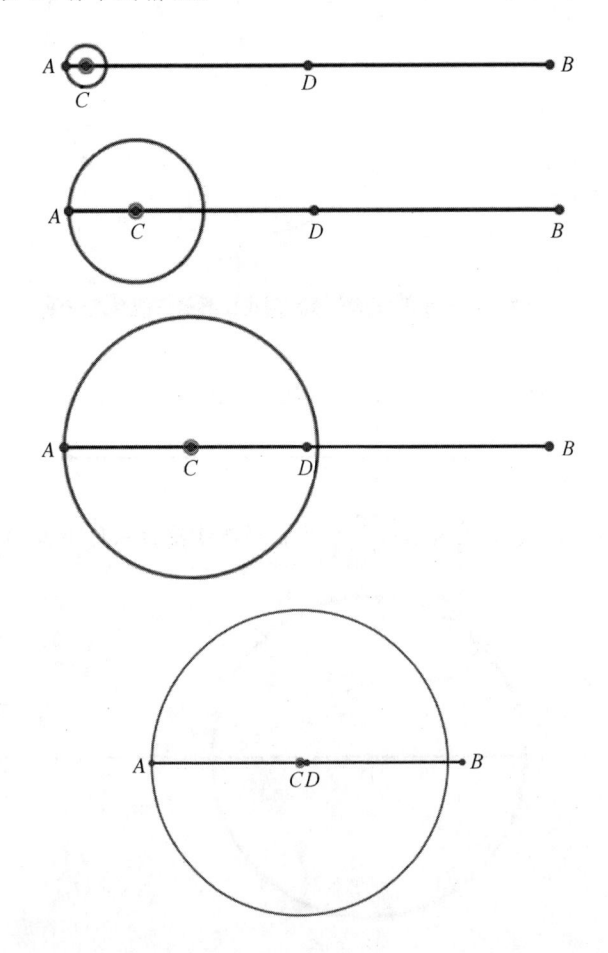

不难看出：当 C 在线段 AD 上移动时，点 B 永远在圆 C 外。

3. 圆的确定

根据刚才的例题 1 的第一小题，思考：两点能确定一个圆吗？

——不能，因为点 A 点 B 可以同时在以所有垂直平分线上的点为圆心的圆上，如下。

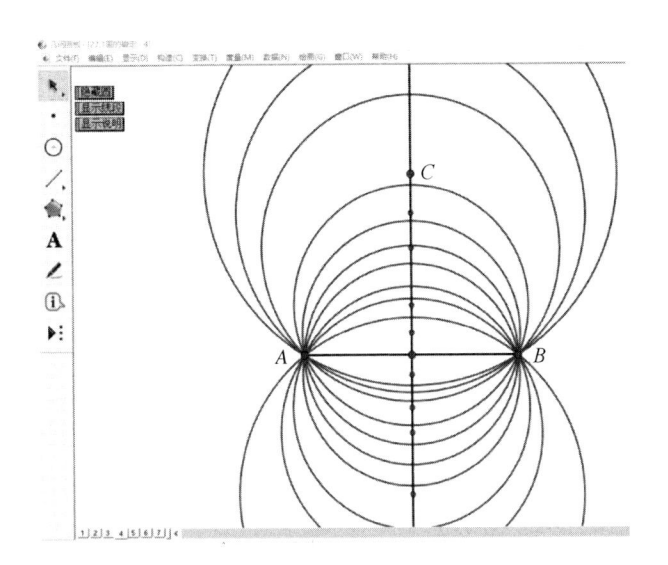

虽然两点不能确定一个圆，但是不难发现，经过给定两点的圆的圆心必定在连接这两点的线段的垂直平分线上，那么根据这个发现，思考：三点能确定一个圆吗？如下。

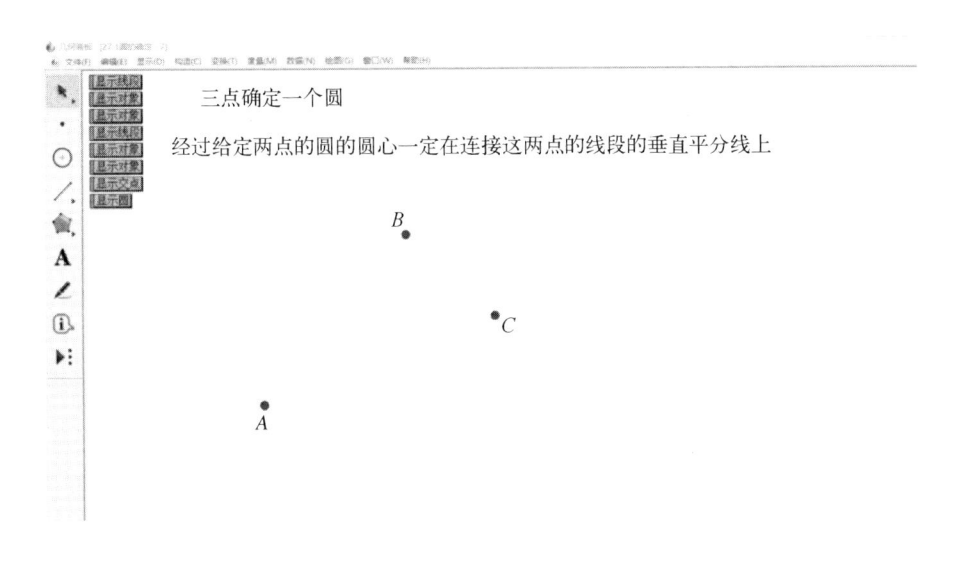

在此之前我们先复习一下垂直平分线的作法,如下。

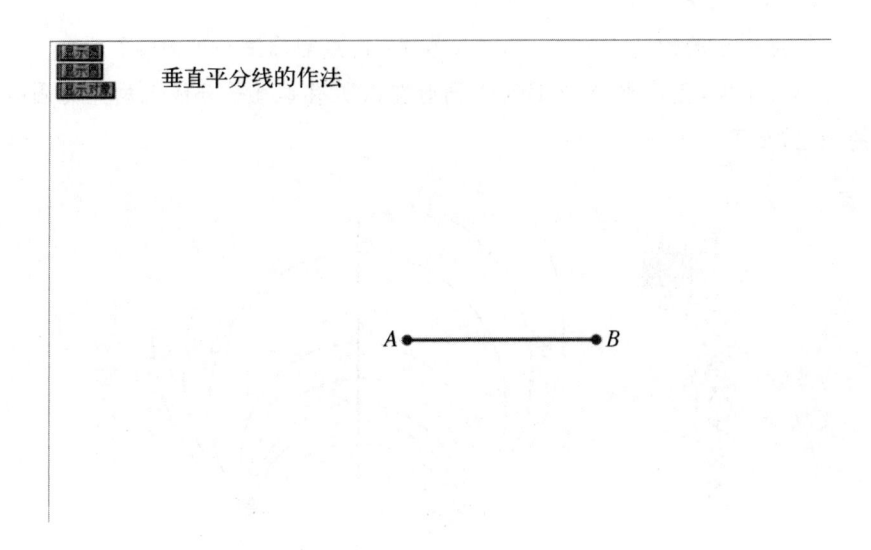

垂直平分线的作法

$A \bullet \longrightarrow \bullet B$

第一步:以点 A 为圆心,AB 为半径,作圆 A,如下。

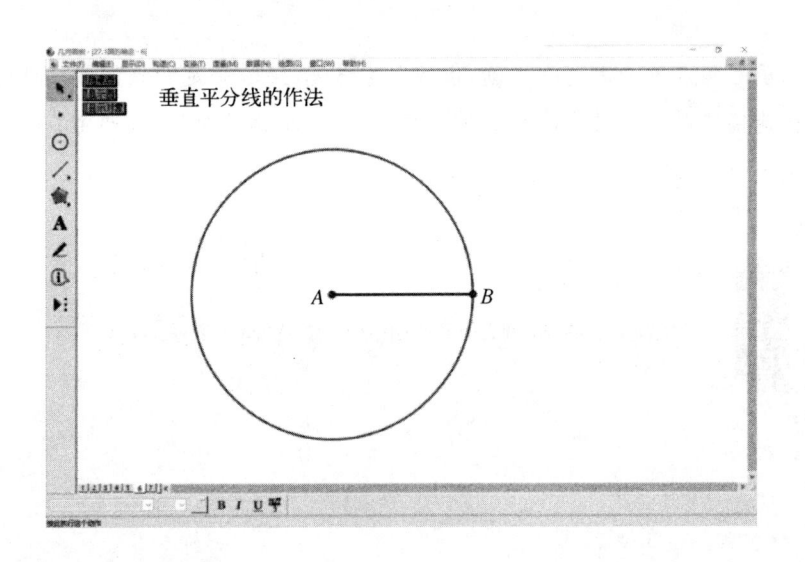

第二步:以点 B 为圆心,AB 为半径,作圆 B,如下。

第三步:连接两圆交点的直线即线段 AB 的垂直平分线,如下。

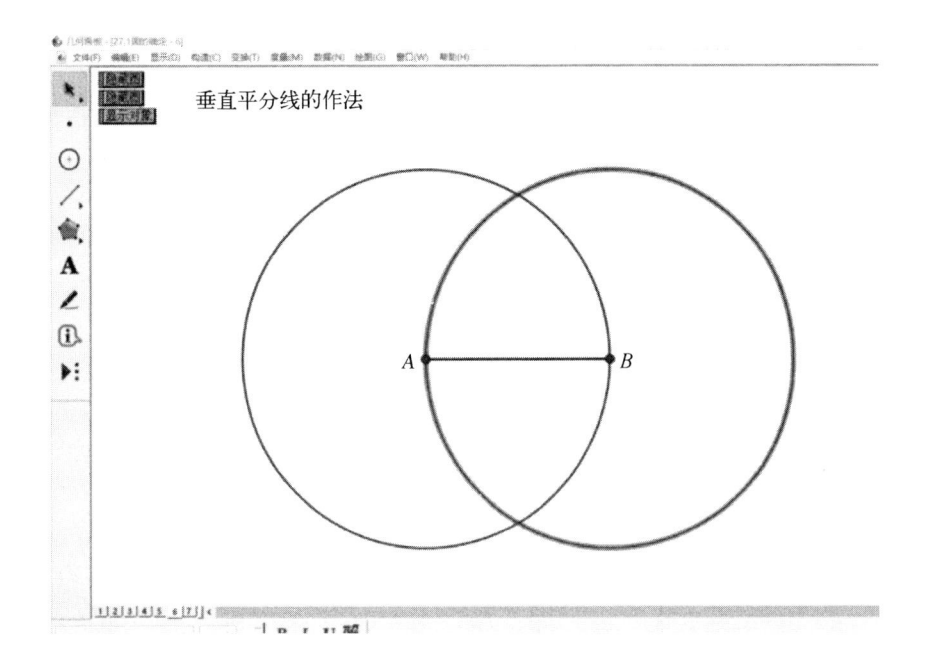

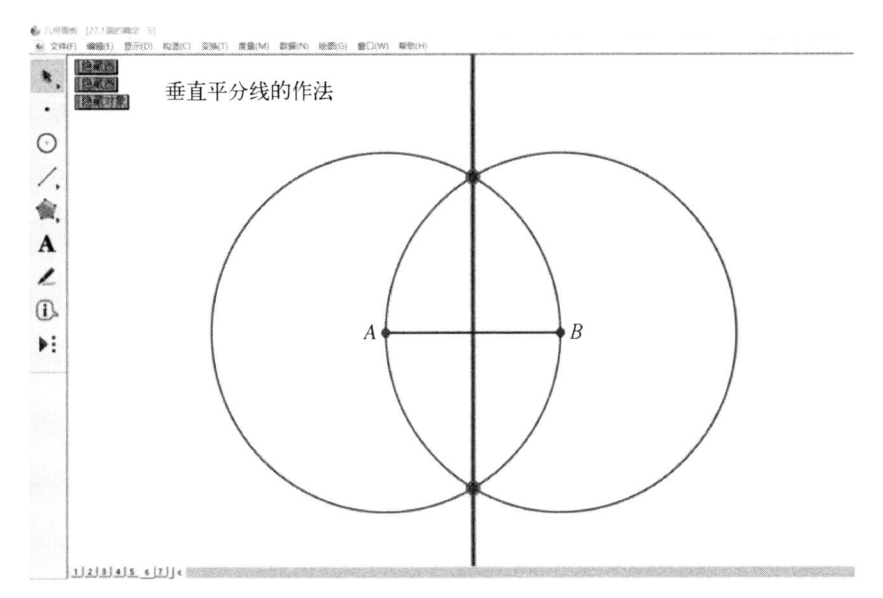

复习了垂直平分线的作法后,我们来小试牛刀,先试着找三点中任意两点(A、B)所在的圆的圆心,如下。

第一步:连接线段 AB,如下。

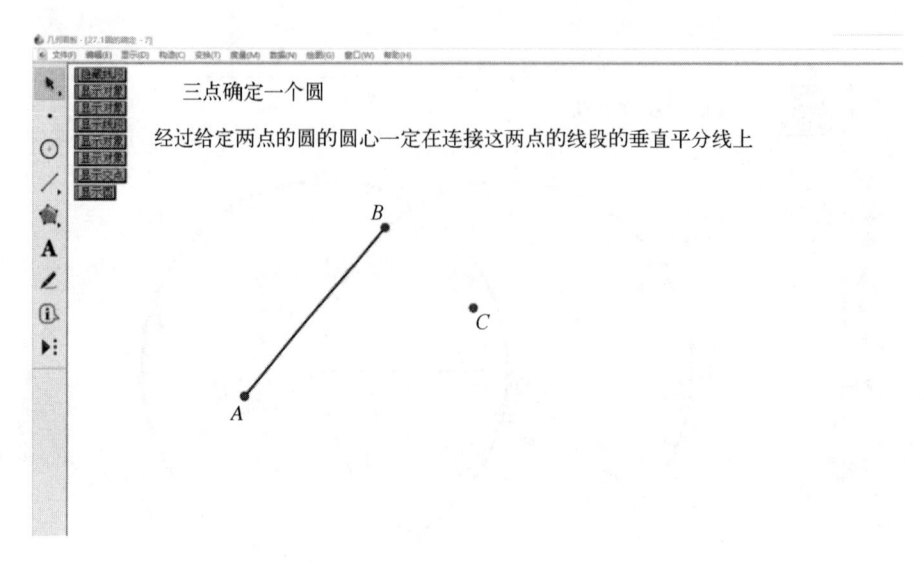

第二步：作线段 AB 的垂直平分线，如下。

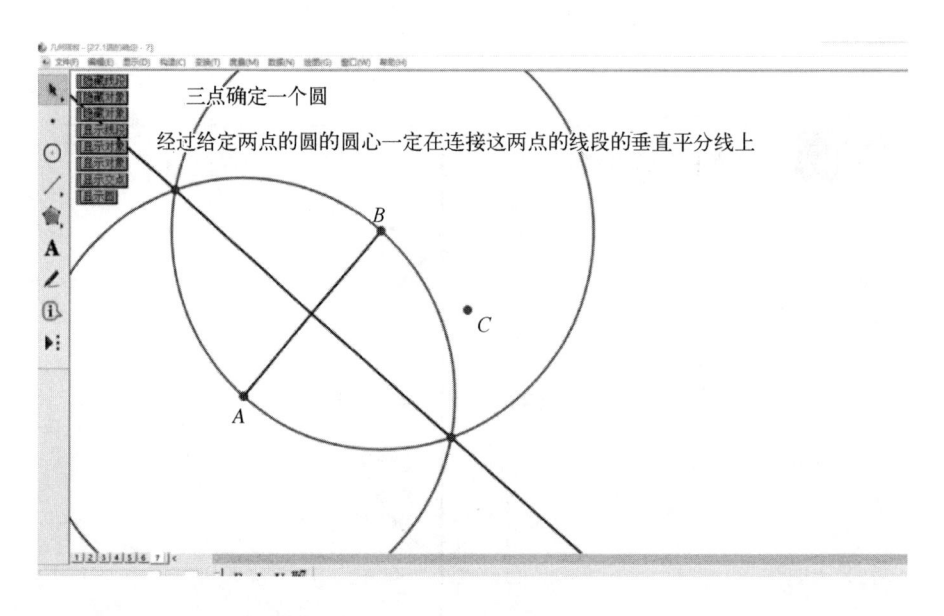

第三步：再同理，作线段 BC 的垂直平分线，如下。

第四步：取两条垂直平分线的交点即同时过确定三点的圆的圆心，如下。

思考：是否任意三点都能确定一个圆？

在几何画板中移动点 B，如下。

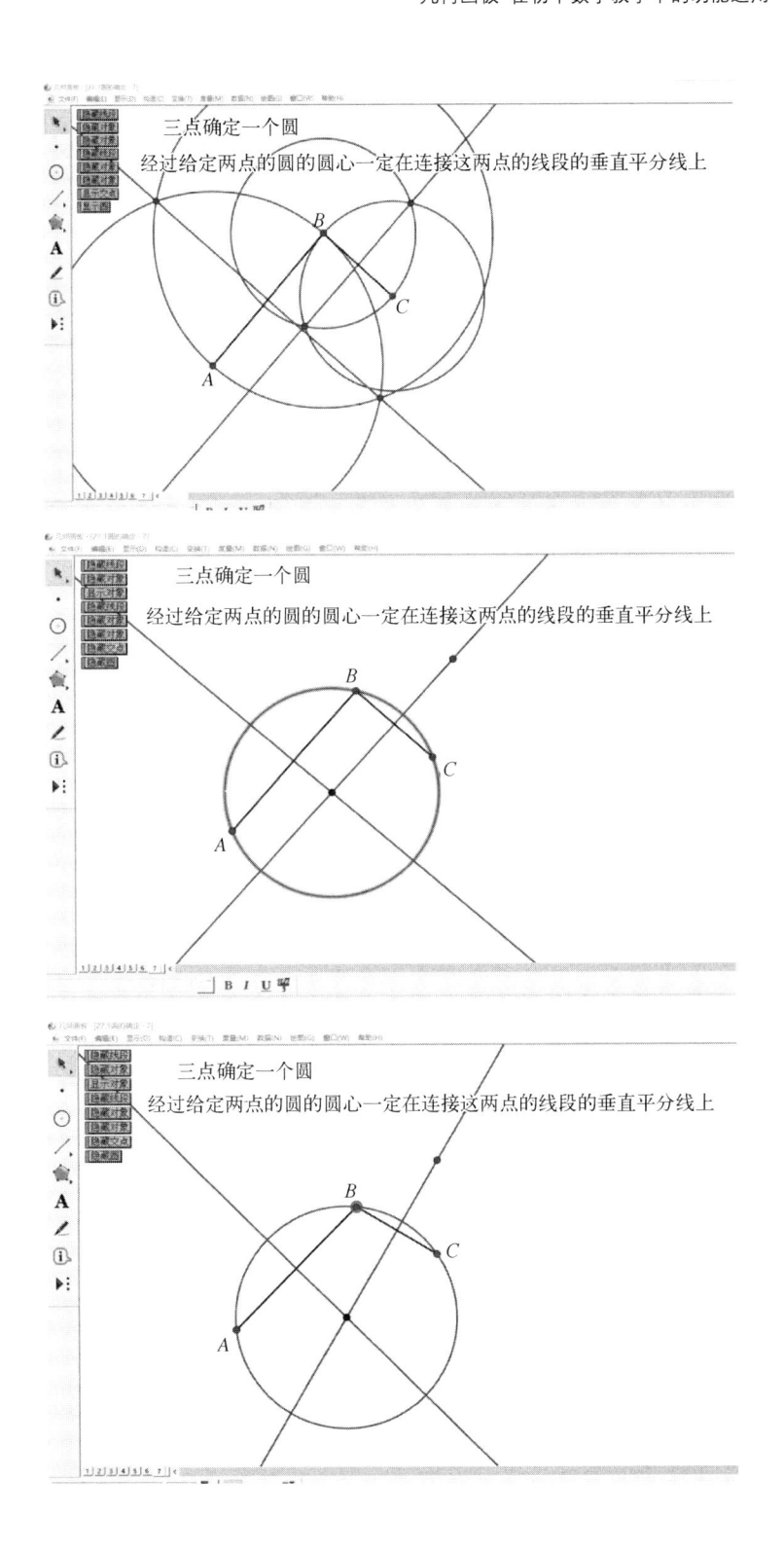

"几何画板"在初中数学教学中的功能运用 97

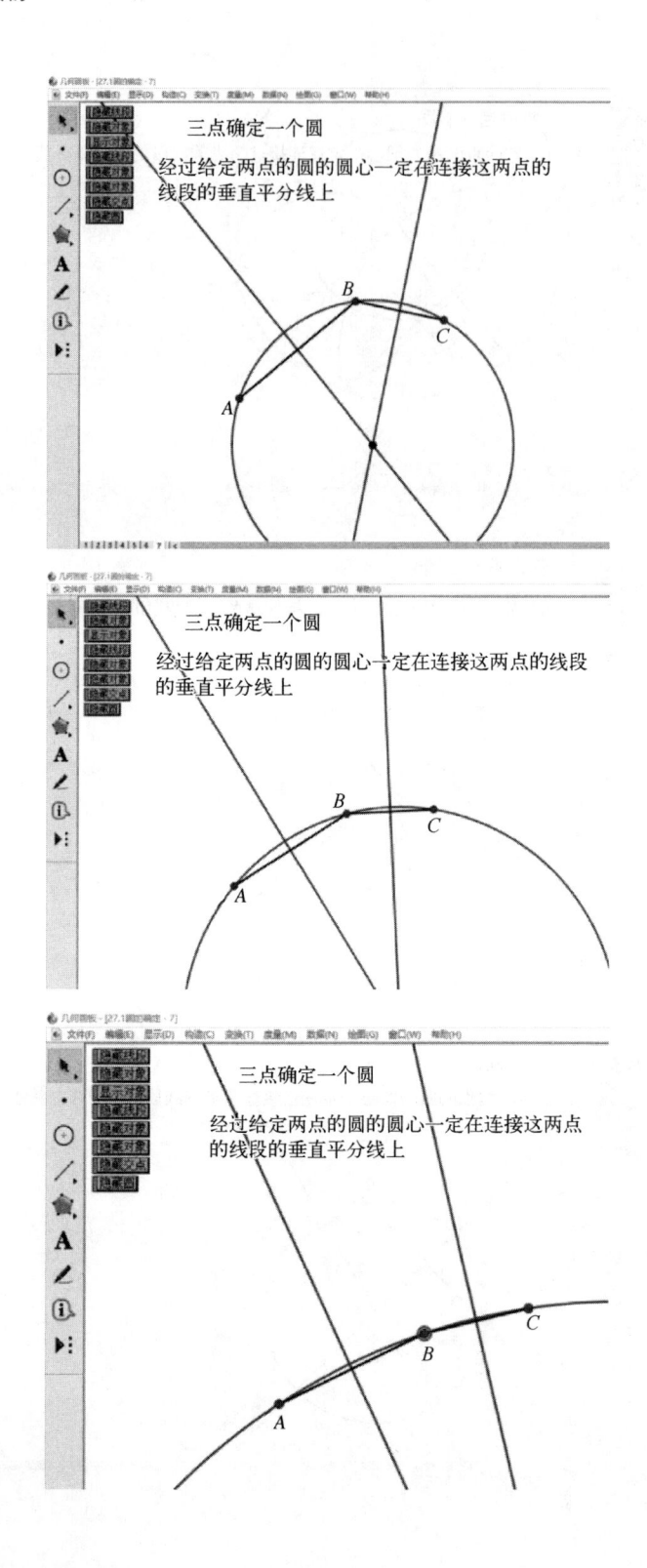

三点确定一个圆

经过给定两点的圆的圆心一定在连接这两点的线段的垂直平分线上

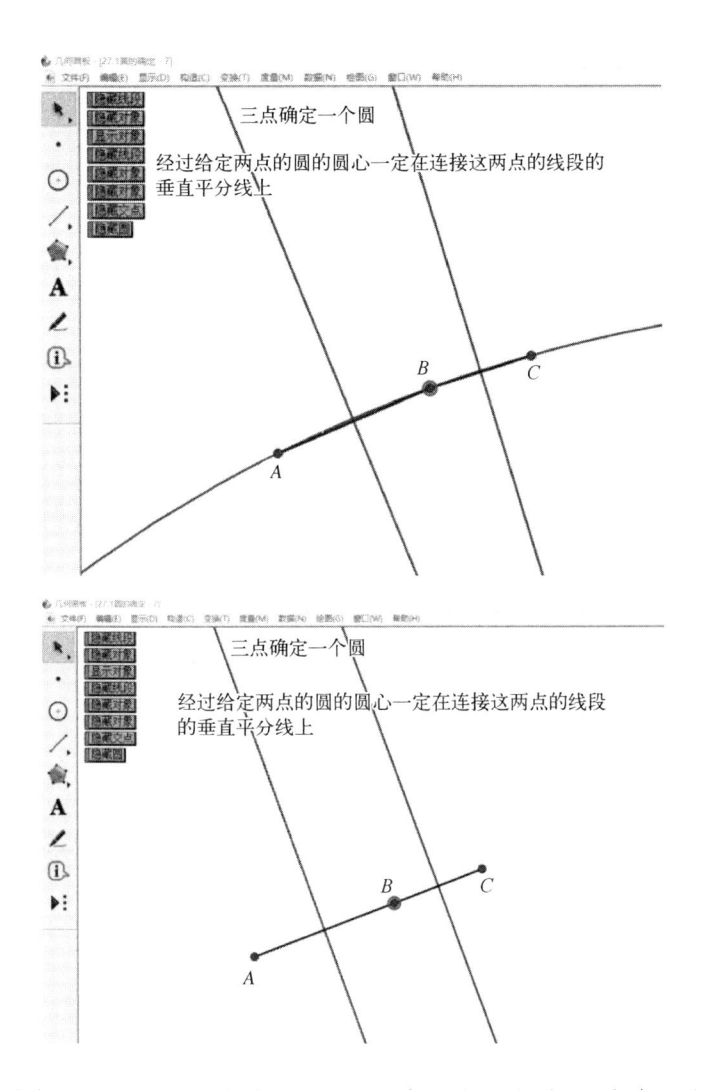

此时发现,当 B 点移动到和线段 AC 在一直线上时,不存在一个圆同时过 A、B、C 三点。

由此可得定理:不在同一直线上的三个点确定一个圆。

4. 外接圆、外心、圆的内接图形

通过刚才三点确定一个圆的图,给学生明确三角形的外接圆、三角形的外心和圆的内接三角形的概念,如下。

再拓展到给学生明确多边形的外接圆、多边形的外心和圆的内接多边形的概念。(与三角形类同)

练习:判断三角形的外心和三角形的位置与三角形的形状的关系。

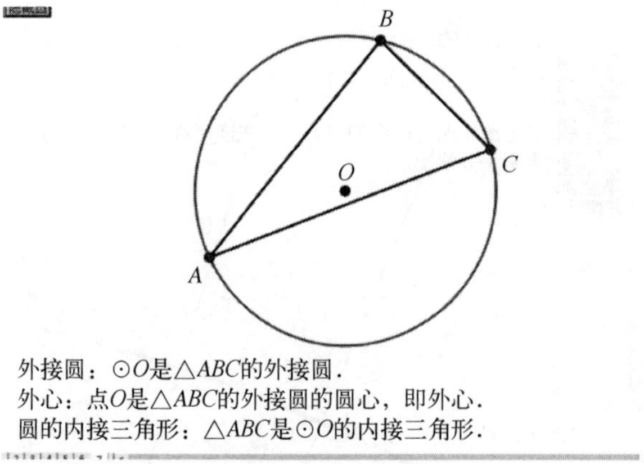

外接圆：⊙O是△ABC的外接圆.
外心：点O是△ABC的外接圆的圆心，即外心.
圆的内接三角形：△ABC是⊙O的内接三角形.

同样还是利用刚才三点确定一个圆的图，移动点B，使△ABC分别成为锐角三角形、直角三角形、钝角三角形。

(1) 锐角三角形，如下。

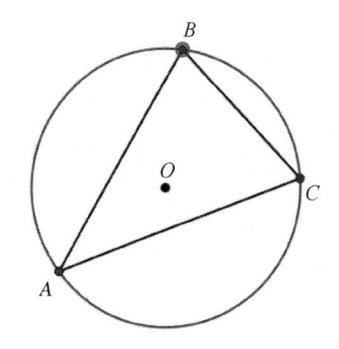

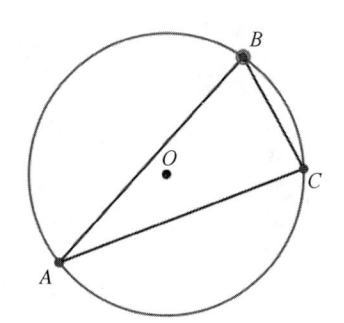

此时外心在三角形内部。

(2) 直角三角形，如下。

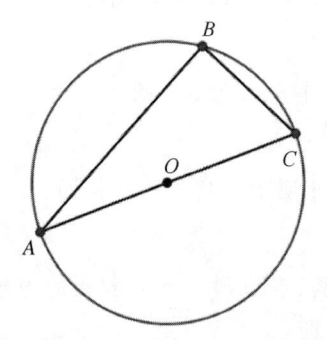

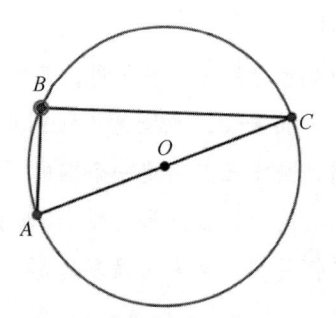

此时外心在三角形的斜边上。

(3) 钝角三角形,如下。

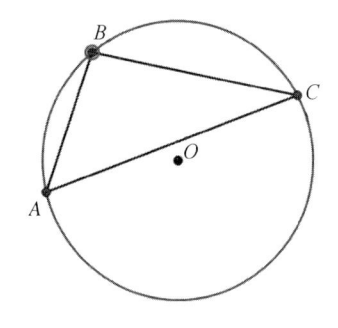

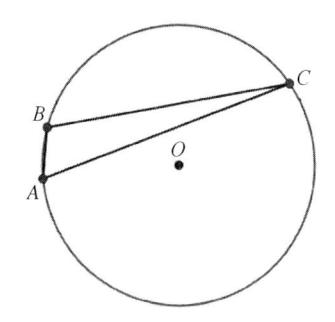

此时外心在三角形的外部。

书后练习 26.1 由学生自行完成。

课堂小结：总结强调点与圆的位置关系、定理、如何作不在一直线上三点所确定的圆。

5. 教学反思

本节课,我使用"几何画板"来辅助教学,主要将"几何画板"运用于复习圆的定义、发现和判断点与圆的位置关系、复习垂直平分线的作法、发现经过两点的圆的圆心在两点连线的垂直平分线上、证明不共线三点能确定一个圆、验证三点共线时不能确定圆、判断三角形的外心和三角形的位置与三角形的形状的关系等教学环节中。

(1) 复习圆的定义。在传统的教学中,探求动点的轨迹所表示的曲线的类型,都是十分理论十分抽象的,学生并不能看到真正的"轨迹",很多学生根本不能想象出老师想要表达的含义,而"几何画板"能直观生动地体现动点轨迹的形成过程,从而让学生更加深刻地理解圆的定义。

(2) 发现和判断点与圆的位置关系。"几何画板"通过设定参数,可以直观地向学生展示点和圆心的距离与半径的大小关系如何影响点与圆的位置关系。

(3) 复习垂直平分线的作法。教师用"几何画板"进行演示,大大提升了课容量。传统教学方式要想复习垂直平分线的作法需要烦琐的教具和漫长的准备以及作图过程,甚至很多学生在烦冗的过程中很可能就会失去兴致而转移注意力,而"几何画板"不仅操作简单而且界面干净,学生能很快回忆起垂直平分线的作法。

发现经过两点的圆的圆心在两点连线的垂直平分线上:首先复习垂直平分线的有关概念,继而利用"几何画板"反复以垂直平分线上任意一点为圆心作过线段一端点的圆，学生自然会发现每一个圆都会经过线段的另一个端点。在这一环节中，"几何画板"实现了让学生在做中学，自然而然地感受、理解"经过两点的圆的圆心在两点连线的垂直平分线上"产生的过程。

（4）证明不共线三点能确定一个圆。我认为这是一个"几何画板"从教具变成学具的过程，在上一阶段，学生已经发现并明确了"经过两点的圆的圆心在两点连线的垂直平分线上"的数学事实，这个时候已经经历了示范性阶段和模仿性阶段，接下来的环节"证明不共线三点能确定一个圆"正是一个共同设计阶段，学生可以在这个阶段充分发挥自己的聪明才智和创造力，因此可以说这个环节也是充分激发学生的学习动机并产生自我效能感的最好时机。

（5）验证三点共线时不能确定圆。"几何画板"的动态性在这一环节得到了充分的展现，有些学生怎么也不能理解、有些学生懒得去思考为什么三点共线时不能确定圆，而"几何画板"通过移动一个点而不改变其他相关性质，简明扼要地向学生展现了共线的三点不能确定圆，这个效率可以说是传统教具所望尘莫及的。

（6）判断三角形的外心和三角形的位置与三角形的形状的关系。这虽然是练习的讲解过程，但更是向学生明确新概念的重要环节，同样是利用了"几何画板"的动态性，将三角形改变形状时，外心与三角形的位置关系展现得淋漓尽致，学生可以亲眼看见整个变化的过程，不仅能加深他们对新概念的印象，而且使学习内容更容易被掌握，培养并发展学生"获取信息"——"接收信息"——"理解信息"——"处理信息"的能力。

课后，我询问了几位学生对于本堂课的意见，他们都深有感触，感叹"几何画板"是一款"神奇"的软件，它能把晦涩、抽象、言语不可及的内容直观地、动态地、简洁地展现在他们面前。学生认为"几何画板"比起 PPT、投影仪等多媒体教学辅助软件要更"有趣"、更"生动"、更"有魅力"。

六、使用"几何画板"辅助教学效果的调查与分析

通过在数学教学中使用"几何画板"的实践与探索，我初步判断出"几何

画板"对学生各方面的学习都产生一定的影响。结合研究目的,我邀请了5位后进生和5位优秀生进行了访谈,并随机抽取两个班学号末尾为6的学生(两个班的6号、16号、26号、36号,共计8位同学)进行对话。

(一)"几何画板"对后进生的影响

访谈过程:

＊你们希望数学老师用"几何画板"来辅助教学吗?

他们中3个的回答是"无所谓",另外2个回答"希望"。

＊你们觉得"几何画板"可以提高你们的数学学习兴趣吗?

他们中1个回答"不能",2个回答"有一点",2个回答"能"。

＊你们觉得"几何画板"可以帮助你们更好地理解老师想要讲的知识吗?

他们中2个回答"不能",理由分别是"觉得老师讲得太快了跟不上"和"不想知道老师想要讲什么知识",另外3个回答"部分简单的知识能"。

＊你们觉得"几何画板"对你的数学成绩有提升的效果吗?

他们中2个回答"有一点",2个回答"没感觉",1个回答"那要看具体是哪一节课了"。

接下来的时间,我让他们对"几何画板"或者课堂数学学习谈及自己的想法,他们说:"希望可以一人一台电脑,然后自己操作几何画板""想要用什么设备来讲课是老师的事情,不关我们的事""刚开始觉得几何画板挺神奇的,后来时间久了觉得也就那样","我本来想在自己家的电脑上下一个几何画板玩玩,但是爸妈以为我在玩游戏不允许我用电脑"……

根据对5位后进生的访谈,我初步总结出以下结论。

(1)大部分后进生希望数学老师用"几何画板"辅助教学。

(2)大部分后进生觉得"几何画板"或多或少能提高他们的数学学习兴趣。

(3)大部分后进生觉得"几何画板"可以帮助他们更好地理解老师想要讲的部分简单的知识。

(4)对于"几何画板"提升数学成绩的看法,后进生的看法比较中立。

(5)后进生想要自己动手使用"几何画板"实践。

(6) 后进生对"几何画板"的兴趣大于对数学学习的兴趣。

(二)"几何画板"对优秀生的影响

访谈过程：

＊你们希望数学老师用"几何画板"来辅助教学吗？

他们中4个的回答是"希望"，另外1个回答"非常希望"。

＊你们觉得"几何画板"可以提高你们的数学学习兴趣吗？

他们中3个回答"能"，2个回答"有的时候能"。

＊你们觉得"几何画板"可以帮助你们更好地理解老师想要讲的知识吗？

他们5个全部回答"能"。

＊你们觉得"几何画板"对你的数学成绩有提升的效果吗？

他们中3个回答"有"，2个回答"不能确定"。

接下来的时间,我让他们对"几何画板"或者课堂数学学习谈及自己的想法,他们说:"几何画板可以把抽象的题目变得实际""中考压轴题的定义域问题总是可以用几何画板轻松解决""很羡慕老师可以熟练操作几何画板""我在家里的电脑上也下了几何画板有的时候想想作业里的问题或者是想研究老师上课用的某个图形是怎么做出来的会用得到"……

根据对5位优秀生的访谈,我初步总结出以下结论。

(1) 所有优秀生希望数学老师用"几何画板"辅助教学。

(2) 所有优秀生觉得"几何画板"或多或少能提高他们的数学学习兴趣。

(3) 所有优秀生觉得"几何画板"可以帮助他们更好理解老师想要讲的部分简单的知识。

(4) 大部分优秀生觉得"几何画板"可以帮助提升自己的数学学习成绩。

(5) 优秀生想要自己动手使用"几何画板"实践。

(6) 优秀生能有效地结合对"几何画板"的兴趣和对数学学习的兴趣。

(三) 小结

通过与5位后进生、5位先进生和随机抽取两个班学号末尾为6的学生

(两个班的 6 号、16 号、26 号、36 号,共计 8 位同学)的对话,我清楚地了解到:大部分的学生都希望数学老师用"几何画板"辅助教学,并且认为"几何画板"能够提升它们对数学学习的兴趣,优秀生比后进生更加认同"几何画板",认为"几何画板"可以帮助他们更好地理解老师想要讲的部分简单的知识,以及帮助他们提升自己的数学学习成绩。优秀生和后进生最主要的差异体现在对"几何画板"的兴趣和对数学学习的兴趣上,并且优秀生的家长对学生的探索与求知表现得更为支持。全体学生都希望可以自己动手使用几何画板实践。

七、研究总结与反思

(一) 总结

通过本次研究调查,我总结出以下几点。

(1) 几何画板作为一种工具软件,可以辅助教师的教学。大部分(87.5%)德富路中学的数学教师能熟练或简单操作"几何画板",并且 62.5% 的老师会在一周内使用"几何画板"辅助 3 节课以上的教学,大家普遍认为(87.5%)"几何画板"更适合辅助高年级(八九年级)的教学,德富路中学的教师认为"几何画板"的作用有:演示定理的证明(62.5%)、演示几何图形(87.5%)、演示例题(75%)、演示动态问题(87.5%)、和学生互动(50%)、让学生动手实践(37.5%)和进行数学实验(37.5%),并且认为几何画板可以改善:教学效率(100%)、课容量(50%)、抽象问题的讲解(100%)、精确作图(50%)、学生的学习兴趣(100%)、课堂气氛(37.5%)。

(2) 通过对学生的交流访谈,可以明显感觉到"几何画板"大大地提高了学生的学习积极性。学生普遍认为"几何画板"不仅软件界面简洁干净,作图精确清晰,而且提升了他们的思维活力,激发了他们上课时的参与意识,给他们创造了更多自主探索的机会。

(3) "几何画板"作为一款教学辅助多媒体,看似只是一款普通的软件,但是它可以搭建教师和学生之间的桥梁:一方面,教师可以借助"几何画板"来充分、高效率地表达自己想要传递给学生的知识;另一方面,学生乐意并且能够通过"几何画板"及时接收老师传递的"信息"。

(4)通过对"几何画板"在教学过程中的运用案例的分析,我发现"几何画板"不仅可以设计教学的引入环节激发学生的学习兴趣,更可以融入教学的定理证明环节,改变定理证明的烦琐和枯燥,在教学的例题讲解部分利用"几何画板"更是可以省时省力。此外,"几何画板"对于变式练习部分的加持效果可以说是立竿见影,它大大提高了课堂的效率,可以为课堂留下更多的时间给学生自己动手实践。

(二) 反思

通过本次研究调查,我反思了以下几点问题。

(1)从宏观上而言,由于本人的实践和技术能力有限,本次研究的目的中有关"对学生的数学成绩有什么影响?"这个问题无法得到一个特别具体的答案。

(2)在我实习的过程中,见到过老师把"几何画板"当做PPT的替代品在使用,其中的很多预设可以说都是"代替"学生在思考,这种做法几乎完全忽视了"几何画板"的动态性和与学生沟通的"桥梁"作用,削弱了学生的思维深度。因此,我认为使用"几何画板"时,教师万万不能违背新课标要求的"以学生为主体、教师为主导"的教学模式。

(3)虽然大部分的学生都能接受"几何画板"辅助教学,但是我在课后与学生沟通的过程中,碰到过有些学生会觉得有时候课堂上他们会跟不上进度。"几何画板"的确是发挥了现代技术应用于教学的作用,但是我们在使用的过程中要注意学生的个别差异,注意演示的速度和频率,注重学困生和思维较慢的学生对问题的理解。

参考文献:

[1] 王洪艳.农村高中数学教师应用几何画板的现状调查及教学案例分析[D].贵州师范大学,2016.
[2] 迟杰.基于网络平台几何画板的研究与开发[D].西北师范大学,2007.
[3] 张店新,梅松竹.几何画板在中学数学教学中的应用[J].电脑知识与技术,2009, 5(13): 3550-3552.
[4] 牟丽华.几何画板优化初中数学教学的案例研究[D].重庆师范大学,2012.
[5] 张宁.几何画板与高中数学课程整合的案例研究[D].贵州师范大学,2016.
[6] 徐章韬.超级画板和几何画板中的轨迹[J].中小学数学(高中版),2010(12): 26-28.

［7］蒋桂秀.几何画板与动态几何问题[J].中小学数学(初中版),2011(11):27-28.
［8］王新敞."几何画板"给教育带来了什么[J].信息技术教育,2004(3):7-8.
［9］李小英.几何画板在初中几何教学中的运用[J].中学数学,2012(2):62.
[10］陈士娟.建构主义的分类及其共同点[J].科技创新导报,2008(31):137.
[11］嵇海波.建构主义学习理论指导下的中学英语教学[J].中学英语园地(教研版),2011(9):73-74.

新媒介在初中英语语法教学中的应用研究

左一鸣

摘　要：本文笔者尝试将微课以翻转课堂的形式在钉钉平台开展初中英语语法专项"连词"的教学研究，研究如何利用新媒介提高学生学习语法的主动性，推动传统教学与信息化教学的深度融合。

关键词：微课　初中英语语法

一、案例背景

新型冠状病毒肺炎疫情暴发以来，全国各级各类学校延期开学，实行停课不停学、停课不停教。各学校教师都充分学习利用各种新媒介环境开展多形式的在线教学，也为深入挖掘"互联网＋教育"教学新模式带来了契机。笔者尝试将微课以翻转课堂的形式在钉钉平台开展初中英语语法专项"连词"的教学研究，旨在研究如何利用新媒介信息功能提高学生学习语法的主动性，提升学习质量。

二、案例实录

【活动一】收集和分析自主学习数据

操作方式：新课前的一个周末在钉钉平台的家校本中给学生布置线上学习任务，主要内容为：读记句子、对话跟读。

设计说明：学生在新课前掌握连词的读音，强化拼写，为新课学习奠定基础。

教师通过家校本进行诊断,针对难点,在第一轮翻转课堂中重点讲解。

【活动二】新知讲解　微课 1

操作方式:上课前一天在钉钉平台上传微课 1,主要内容为连词的分类。

设计说明:将词汇有的放矢地重温,初步梳理了课文的基本框架,让学生在语境中再次巩固词组。

【活动三】知识内化(第一课时)

操作方式:

Step 1:创设情境

Teacher:What will happen if you study hard?

Student 1:I will pass the high school entrance examination if I study hard.

Teacher:Good. The word "if" is a conjunction. We use conjunctions to connects parts of sentences, phrases, or clauses.

设计说明:以"输出"的形式当堂检验学生对上一轮学习任务的掌握情况。

Step 2:构建知识图谱

Teacher:There are two kinds of conjunctions, coordinating conjunctions and subordinate conjunctions. Let's complete the mind map of conjunctions.

设计说明:抽象知识具象化,帮助学生掌握并列连词和从属连词的基础知识和区别。

Step 3:巩固重难点

Teacher:Here is a composition about hobbies. There are two grammar mistakes. Circle the mistakes and try to correct them.

Students 1:I found one mistake. "Not only my classmate but also my teacher like listening to the music." should be "Not only my classmate but also my teacher likes listening to the music."

Teacher:Good job. This sentence follows the principle of proximity.

Students 2: I found the other mistake. "Our hobbies will continue when we will grow up." should be "Our hobbies will continue when we grow up."

Teacher: Excellent. In this sentence, the tense in the subordinate clause is the simple present, and the tense in the main clause is the simple future.

设计说明：展示学生作文中出现的真实的语法错误，学生通过钉钉讨论区互动留言的方式进行讨论和分析，进而提炼连词使用中需要注意的重难点：就近原则和时态问题。

Step 4：随堂测验

操作方式：在钉钉平台班级填表功能中给学生布置随堂小测验。

主要内容：连词的达标测验。学生提交表单后通过后台进行答题情况分析并讲解疑难问题。

设计说明：利用随堂测验检测学情，在线解决发现的问题。

Step 5：知识总结

操作方式：让学生在线绘制思维导图，利用钉钉平台直播连麦功能进行口头复述。

设计说明：回顾本课所学，根据学生反馈进行拓展提升。

Step 6：作业布置

操作方式：学生完成同步配套练习。

设计说明：为第二轮诊断准备数据。

【活动四】新知讲解　微课 2

操作方式：上课前一天在钉钉平台上传微课 2，主要内容为学生作业的反馈。

设计说明：将作业中发现的问题通过微课讲解答疑，并罗列出新的重点、难点。

【活动五】矫正和巩固（第二课时）

Step 1：小组合作

操作方式：学生 4 人一组，对于上个环节没有通过的学生，教师诊断其薄弱点,在帮助其明确原因的基础上,为其提供学习补充材料以进行巩固性学习。小组中已经通过的组员通过钉钉平台的视频会议功能指导他们进行补充学习。

设计说明:个性化辅导能及时发现学生学习中的问题并帮助解决。

Step 2:拓展提升

操作方式:教师当堂讲解,或者播放由教师制作具有针对性的微课3,然后进行总结性检验练习。

设计说明:精讲知识配以微练习,确保"堂堂清"。

三、案例反思

(1) 教师通过利用微课资源进行课前导学,明显提高了学生学习语法的兴趣。导学过程中,由于教师能及时点拨反馈,使学生的课堂学习参与度很高,学习语法的专注度与兴趣得到明显提升。利用钉钉平台进行多轮诊断后,教师对学生的薄弱点一目了然,便能有效帮助学生及时矫正或巩固,实现精准高效教学。

(2) 从形成性测验和总结性测验的反馈情况来看,大部分学生完成得较好,表明本课学习目标基本达成。学习过程中,学生能充分利用所提供的信息,发现自己学习中的长处和不足,并及时采用适合自己特点的矫正手段,在未等学习误差不断积累并影响下一步学习之前就加以纠正,学习效果较以前有所提高,学习信心和学习动机相应增强。

(3) 本研究的教学模式相比于传统教学模式,教师的工作总量有所增加,工作强度也有所增大。这就要求教师进一步更新教学观念,创新教学方法,特别是需重视新媒介环境下自身信息技术运用能力的提高,以适应新时代教育改革的发展要求。

参考文献:
[1] 程晓堂,刘兆义.初中英语[M].上海:华东师范大学出版社,2008.
[2] 郑明瑜.浅谈基于英语信息化学习资源的翻转课堂创新研究[J].英语教师,2019(13):98-102.

浅析"互联网＋"背景下信息技术在初中英语听说教学中的应用

顾思翼

摘　要："互联网＋"背景下信息技术为英语听说教学注入了新的活力。本文就初中英语听说教学的现状、信息技术对听说教学的意义及课堂实践的应用等问题，探索信息技术应用于初中英语听说教学的教学策略。

关键词：信息技术　初中英语　听说教学

随着互联网技术的发展，越来越多的信息技术被运用于教育教学中。听说环节是英语教学中的一个重要组成部分。在"互联网＋"背景下将信息技术应用于初中英语听说教学，能为课堂带来更多活力与可能性。

一、初中英语听说教学的现状

《义务教育英语课程标准》(2011年版)指出，上海市中小学生应具备较为熟练的语言技能、比较丰富的语言知识、学习过程的体验及良好的英语交际能力。听说作为英语教学的重要手段，对提高学生语言交际能力，乃至全面提升学生核心素养具有积极作用。此外，英语听说测试被纳入了上海市中考英语的分数中，这表明了英语学习应是听说读写四项技能的综合能力培养，不再是从前的"哑巴英语"教学模式，这也对教师的英语听说教学提出了更高的要求。

在目前的英语听说课堂中普遍存在一些问题。

(1) 由于教学任务重、教学时间短，部分教师会缩减师生与生生之间的对话交流时间来赶教学进度,使听说环节流为形式。

（2）部分英语课堂缺少创造使用英语的情境与氛围,课堂所学与实际生活脱轨,导致学生学而不用。

（3）听说的课后作业难以保障,课外延伸的听说练习时间匮乏。

（4）由于学生心理素质和个体差异,性格内向、紧张焦虑等性格或状态的学生害怕犯错,羞于表达,若引导不当则会加深其紧张恐惧的情绪,导致不愿开口参与听说活动。

在这样的英语课堂中,久而久之,学生可能会丧失听说英语的兴趣和能力,这对语言学习是非常不利的。

二、"互联网+"背景下信息技术对听说教学的价值

随着互联网与信息技术的发展,教育信息化成为必然趋势。"互联网+"背景下的信息技术集文字、图片、动画、声音、视频、移动 APP 等多种元素为一体,使学生通过形象的画面、生动的语言、丰富的形式、良好的语境氛围等,更好地感知英语。实践证明:应用"互联网+"信息技术的听说教学具有以下特点。

（1）真实性。在真实语言环境中去学习与使用一门语言是最佳的方法,在互联网海量资源背景的支持下,挑选贴近学生生活的素材,为他们创设真实的语言环境,有利于听说教学的有效开展。

（2）趣味性。初中学生年龄集中在 12~16 岁,他们对待周围事物的认识处于感性阶段,对新鲜事物很感兴趣。结合学生的这一年龄特点,利用信息技术丰富多样的形式,如图片、声音、文本、视频等,调动多个感官,能最大限度地激发学生的学习兴趣,参与听说练习,相较于传统课堂,能更好地提高学生的学习积极性。

（3）交互性。交互式教学在语言学习中有着重要的作用。通过使用信息技术,如电子白板、移动 APP 等,可以在课堂中和课后更好地实现师生之间、生生之间以及学生与学习资源之间的互动。

基于上述特点,将信息技术应用于初中英语听说教学,可以为学生提供

丰富的教学资源,创设更为真实的语言环境,并营造良好的教学氛围,提高学生学习的积极性和主动性,从而提升初中英语听说教学水平和质量。

三、信息技术在初中英语听说教学中的应用

(一) 创设信息化情境,激发学习兴趣

建构主义认为个体、认知和意义都是在相关情境中交互、交流(即协作)完成的,创设情境是学习者实现意义建构的必要前提。在英语听说教学中,创设教学情境非常重要。教师可借助信息技术等手段为学生创设丰富多样、贴近生活的较为真实的学习环境,使学生进入真实自然的情境中,从而激发学生学习的积极性和主动性,激活学生的思维,为之后的听说活动做好铺垫。

比如,上海版牛津英语 8AU3 Listening: Descriptions of thieves 这一听说课是该单元 Reading: Dealing with trouble 课文内容的延续,学生需要听信息,来找到小偷。在导入环节,笔者播放了一小段《名侦探柯南》中柯南出场的经典视频。由于初中学生对这一类动漫人物很感兴趣,因此他们的注意力立刻集中起来。教师顺势引出创设的情境: Let's help Conan find out the thieves, shall we? 学生热情高涨,跃跃欲试,积极参与之后的听说活动。尽管视频非常短,但带来的作用却很大。名侦探柯南探案这一情境贯穿课堂,激发了学生的参与热情和表达欲望,很好地为学生提供了使用英语进行交际的机会。

(二) 转变听说模式,克服紧张情绪

传统的英语听说教学多由听材料、完成听力练习、跟读朗读、情景对话等课堂活动组成。由于部分听力材料较为陈旧或脱离学生实际生活,一味机械地听与说会导致学生丧失对英语听说的兴趣,久而久之,学生易形成听力就是为了解题的错误认识,也易在开展听说活动时形成紧张情绪。

利用网络信息技术可以弥补传统听说教学的不足,将文字、图像、声音、动画等多种元素与学生的实际生活有机结合起来,给予学生听觉和视觉的双重刺激,使学生在英语听说课堂中形成较为放松的良好心理状态,同时激发起学

生表达的欲望,提升学习兴趣,能使学生在英语交际活动中有效提高交际能力。

比如,上海版牛津英语 8AU2 Listening：Jack's weekends 这一听力材料描述了 Jack 周末的活动安排,重点在于听各项活动的时间和内容。教师在课前请两位学生提前录制了周末的日程表并用英语进行了简单的介绍,在进行完课本上的听力练习后将这两段视频作为补充听力材料,请学生们一起倾听、记录关键词,并进行小组讨论：你认为谁的日程表更好？为什么？"周末安排"这一话题学生很熟悉,因此借助视频这一信息技术使听说课堂从课本材料延伸到学生的日常生活。学生对同龄人的生活也很有兴趣,在这样一种轻松愉悦的课堂氛围中开展听说活动,能有效缓解部分学生的紧张情绪。而后小组讨论的话题又将课本材料与学生的日常生活联系在一起,使学生有话可说,而非机械操练,同时在讨论过程中也培养了学生的思辨能力与口语表达能力。

(三) 丰富学习资源,延伸课堂教学

作业是课堂教学的有效延伸,对于学生进一步巩固、拓展知识有着重要的作用,也是教学的一个重要组成部分。传统的听说作业通常为朗读和背诵,然而这些作业的检查和反馈并不容易,教师往往无法及时获知学生听说作业的完成情况,这使得听说作业的有效落实难以得到保障。随着信息技术和移动终端设备的不断普及和完善,教师可以利用移动 APP 作为平台来布置和检查个性化听说作业,让学生在课堂之外利用信息技术拓展学习内容,提高听说能力。

比如,上海版牛津英语 7AU5 Listening and speaking：On a removal day 以 Kitty 一家搬入新家为背景,文本内容为 Mrs Li 和 removal man 交流家具摆放位置的对话。教学重点在于理解并正确合理地使用方位介词(opposite、in front of、next to 等)来表达物体的位置关系。教师设计了一条作业：拍一张你卧室的照片,使用方位介词进行描述。借助"晓黑板"APP 这一互动平台将听说作业变得可视化,学生们纷纷拍照传到晓讨论中进行踊跃发言,描述完自己的卧室后还会去关注其他学生的发言并点赞评论,大大提高了听说作业的参与度,同时较好地延伸了课堂的学习内容,对方位介词进行了多次巩固。

再如，教师在教学班级中使用"轻松说霸"APP这一针对中考口语的交互式情境训练系统，其中围绕每一个 Unit 都有相应的同步练习。根据教学进度，基础薄弱的学生完成相应的词汇、句子、对话训练，需要提高的学生则完成思维训练和学习拓展，对症下药，有的放矢。不同学生的语言基础不尽相同，通过信息技术根据不同层次的学生展开分层口语作业的布置，这样的因材施教能更有针对性地进行训练和提升。

"互联网+"背景下的信息技术在初中英语听说教学中的应用，基于其真实性、趣味性和交互性的特点，教师能创设信息化情境，激发学生学习兴趣，转变传统听说教学模式，消除学生紧张情绪，同时丰富学习资源，实现课内向课外的延伸。信息技术的使用为英语听说教学带来了很大的便利，同时也对教师提出了更大的挑战。如何更好地将信息技术运用于英语课堂，进一步提高英语教学的效率和质量，需要我们继续尝试与探索。

参考文献：

[1] 邵正斌.融合现代信息技术，优化英语听说教学——浅谈信息技术在初中英语听说教学中的融合与应用[J].学周刊，2019(25)：140.
[2] 宋芹芹.信息技术支持下的农村初中英语听说教学策略研究[D].山东师范大学，2015.
[3] 潘玲梅.初中英语听说教学与信息技术整合的模式研究[D].东北师范大学，2012.

新媒介背景下英语听说教学的差异化评价
——以"来了100APP"多功能学习软件为例

须烨琛

摘　要：英语分层评价是针对学生特点和个性的不同而设置的评价模式，旨在满足差异化的教学，让学生在已有的现状和水平下自信地学习，并对培养学生学科兴趣起到关键作用，使不同类型的学生获得学习的成就感。随着教育的进步与发展，越来越多的学校设置了英语分层教学与评价，尤其体现在听说教学课堂中。为此，笔者应用"来了100APP"多功能学习软件，在七年级英语听说教学中开展差异化评价活动，分析新媒介对初中英语听说差异化教学的影响，并对新媒介在后续教学中的使用进行展望。

关键词：新媒介　英语　听说教学　差异化评价

差异化教学是一种"因材施教""因人而异"的教学模式，教师要从学生的实际情况、个别差异出发，有的放矢地进行有差别的教学，使每个学生都能扬长避短，获得最佳发展。

新媒介，作为一种继传统媒体报刊、广播、电视等发展起来的数字电视、网络媒体、手机媒体等新媒体形态，能最大限度地协助教师开展差异化教学。与传统的全班统一布置学习任务有很大的不同，新媒介在英语教学过程中的使用，充分考虑到学生的学习状态和现有水平。要求教育者站在信息化社会的角度下去思考新媒介对英语听说教学与评价产生的影响，为新媒介在以后的中学英语听说课堂中的广泛使用提供有效的借鉴。

一、差异化教学评价的工具选择

由于笔者所任教班级学生的英语听说水平参差不齐,所以在日常英语听说课中采用"差异教学"的模式进行授课,即"开发潜能,发展个性"。"差异教学"直面的对象不仅是学习者,即学生,同时也是教授者,即教师。借助"来了100APP"多功能学习软件,最大限度地调动学生的学习兴趣,挖掘学生的学习潜能,促使每一位学生的个性化学习得到最佳的发展结果,从而保障班级的"二级循环活动"顺利开展,促进教学质量更上一层楼。所谓"二级循环活动",就是开发和设计一套适合不同学生个性化发展的拓展任务、特色任务、创意任务,满足学生对选择性学习的需要。该活动将全班学生分为A组别(能力较强)、B组别(能力中等)和C组别(能力较弱)。由于C组别的学生学习能力与现有水平较弱,所以安排他们在班级内部进行"一级循环"——每位学生每天都要轮流参与笔者在"来了100APP"多功能学习软件布置的课本听说(跟读练习)和同步听力验收练习。而A组别的学生已经在预习过程中达成"一级循环"的目标,需要在听说课后巩固某些较为薄弱的环节,所以他们通过教师在"来了100APP"多功能学习软件分层布置的人机对话和辅导报听力任务,开启"二级循环"。B组别学生的起始任务与C组别并无差异,只是因其能力稍强于C组别的学生,所以B组别学生结束"一级循环"目标的用时更短,但进入"二级循环"需要的时间多于A组别的学生。笔者看来,这样的"二级循环活动"能有效调动全班学生个性化发展的气氛,让学生从死板、僵硬的统一课后任务中展示自己的天性,为日后更深层次的差异化学习打下坚实的基础。

在"二级循环活动"为大背景的听说教学过程中,"来了100APP"多功能学习软件将差异教学发挥得淋漓尽致,不仅如此,教师利用该媒介对学生的差异化评价也最为凸显。

二、差异化教学评价的实施过程

笔者曾在在自己所教授的两个班中实施了一个月的对比调查。结果显示,利用"来了100APP"多功能学习软件对学生进行差异化教学与评价的班级,总体学习热情高、学习动力足、听说能力呈现稳定上升趋势;而在另一个班,笔者使用传统教学和评价,统一为学生布置同等难度的听说练习。该班学生两极分化更为明显,对英语听说练习的欲望也并不强。能力较强的学生"吃不饱",能力较弱的学生"够不着",能力中等的学生"无头绪",班级整体听说能力的提升不显著。因此,利用"来了100APP"多功能学习软件实施"二级循环活动",从而进行差异化评价实为必要。就以上海牛津版教材7AU8一课时为例,笔者对所教班级实施了不同组别的学生差异化教学评价。

(一) 3个组别的"一级循环"与"二级循环"

在课前预习任务中,A组学生率先完成笔者在"来了100APP"多功能学习软件上布置的课本听说(跟读练习)和同步听力验收练习,跟读练习的得分率高于99%,同步听力验收练习的得分率高于98%。基于得分率,笔者利用"来了100APP"多功能学习软件的智能分析,将错误率最高的单词和听力题整理后,让A组中失分的学生再次朗读以及进行听力训练。可以说,A组学生通过自主预习,基本完成了"一级循环"任务。因此在第二天的新授课后,A组学生的家庭作业升级为人机对话和辅导报听力。相比前一晚的跟读与同步听力,人机对话和辅导报听力的难度有所上升,A组学生需要根据当天课堂所学,花费一些时间练习"听"与"说",从而完成这项作业。这种提升难度的"二级循环活动"会进行2~3天,直至A组所有学生的得分率均达98%以上。

相较于A组,B组学生的达成"一级循环"所需时间就会更长。同样在预习时通过"来了100APP"多功能学习软件布置了课本听说(跟读练习)和同步听力验收练习,学生的跟读练习得分率仅80%左右,同步听力验收练习的得分率大约是70%。因此,笔者在布置第二天的听说作业时,仍然让B组学生进行"一级循环"。通过"来了100APP"多功能学习软件智能,笔者分析B组学生前一晚错误率高的题型和读音不准确的单词,重新组卷,让其加强巩固,加快"一级循环"的达成速度。一旦B组学生在课本听说(跟读练习)和同步听力验收练习中的得分率高于98%,即可进入"二级循环"。根据试验结果,大部分B组学生能用2天时间完成"一级循环",而少数B组学生则需经过3天的反复"一级循环",才能顺利进入"二级循环"。B组学生在进入"二级循环"后,再需花费3~4天时间完成"二级循环"。

对于C组学生而言,需要反复通过课堂训练与回家练习,才能达成"一级循环"目标,因此笔者需多次组卷,达成"一级循环"的C组学生大约花费5天的时间,其得分率能在90%以上。因为每天回家的任务不同于A、B两组,重在巩固"一级循环",难度适中,C组学生在完成家庭作业时的兴趣更加浓厚,听课效率也提高不少。通过5天左右的"一级循环",C组学生会在周末时进入"二级循环",因此,他们也能拥有更多闲暇时间提升自己的听说水平,但鉴于C组学生本身的能力水平,笔者不要求每一位都达成"二级循环"目标,对于C组学生而言,"二级循环"就是一道加分、考验的"附加题"。

(二) 3个组别的评价制度

在学生差异化评价方面,最值得关注的是评价制度的改革:将过去以统一标准评价学生英语听说能力的制度细化为评选听力"进步生"、口语"进步生"、听力"特长生"、口语"特长生"与听说"全能王"等。没有一个孩子是完美无瑕、无可挑剔的,他们之所以要到学校接受教育是因为他们在不同的方面有不同的缺陷和不足,简要说来就是他们之间是存在差异的。以统一标准要求所有学生的评价方式存在诸多不合理。笔者执教班级推行的听力"进步生"、口语"进步生"、听力"特长生"、口语"特长生"与听说"全能王"的评选是非常人性化的,它关注到各个层次的学生发展状况。通过"来了100APP"多功能学习软件正可以根据学生的需求,布置多元的任务,从而帮助教师进行上文提到的细化评价。

就拿口语"进步生"来说,在B组中,一些学生的听力、阅读、语法、写作能力较强,但羞于开口表达,像这类学生主要把"口语表达"作为进步的目标即可。教师可通过"来了100APP"多功能学习软件选择具有针对性的口语练习,让学生的口语能力从"一级循环"上升到"二级循环",故而在评价学生时,只需重点关注该学生的"口语",以此达成更客观的评价。

后续的英语听说教学中,笔者制定各种激励学生的差异评价制度。不以统一的听说考核方式要求学生,除了一些基础的、必要的考试外,笔者为学有余力的学生设立更高层次的听说考评方式,这不但落实了差异教学的理念,更是实现了教育公平。一些学习能力较强的学生可以在完成基础教学目标的前提下,通过"来了100APP"多功能学习软件中高一级别的听说考评来发展自己的潜力。对于一些能力薄弱的学生,通过其"来了100APP"多功能学习软件中基础听说练习的结果进行评价,避免学生因为传统的"不及格"评分,自信心受挫,丧失其对英语听说学习的兴趣。

三、差异化教学评价的有效策略

学校是培养人的地方,而正是因为每一位学生具有个体差异性,所以教师不能用同一种方式对其进行教学。特别是"英语听说"这种极容易拉开差距的课程,教师应该灵活运用新媒介的强大功能,结合自身的教学经验、价值观,找到提升学生英语听说能力的突破口和创新点,让每一位学生拥有与众不同的训练方法,真正实现差异教学的目标。

通过使用"来了100APP"多功能学习软件达成"二级循环活动"并制定差异化评价制度,不同层次学生的学习兴趣得到提升。在传统的教学评价过程中,所有学生面对同一份任务,往往优等生的潜能得不到激发,后进生看不到进步的希望,中等生又无从下手。但实施"二级循环活动"后,优等生获得了更多上升的空间,后进生在听说学习中尝到甜头,中等生感受到自身学习的价值,促使了全体学生的全面发展。

此外,学生的课堂反映结果也有所不同。不同于以往课堂中只有优等生发言的场景,通过"来了100APP"多功能学习软件的差异化教学评价后,英语听说课堂的氛围变得更加热烈,不管学生的水平如何,他们都更愿意开口表达。差异化的教学评价使优等生冲刺、中等生提优、后进生保底,齐头并进,真正获得了"三赢"效果。

四、差异化教学评价的持续改进

过分让学生曝光在新媒体的教学下,可能也会产生一些问题:① 部分学生的注意力也许被媒体设备所吸引,反而致使训练时注意力不集中;

② 学生可能产生过度依赖电子媒介的情况,脱离了媒体设备,学生也许无法进行思维的碰撞;③ 电子媒介中存在部分暴力与色情内容,未成年的青少年在没有自我判断力的前提下,容易受到此类信息的干扰和影响。以上问题在新媒体技术运用过程中仍需引起高度重视。

创建有氧生活情境　打造高效听说课堂

——以上海版初中牛津英语 6A U8 The food we eat 为例

王丽娟

摘　要：本文旨在研究创联式教学在中学英语听说课中的应用，结合案例，创设与生活息息相关的情境，注重层层递进的教学内容，为每位学生提供了回答问题的机会，真正化学生被动学习为主动学习，大大激发他们的听说兴趣及提高参与课堂的活跃度。

关键词：情境　听说　创联式

一、教学内容和学生学习状态分析

本堂课为上海版初中牛津英语六年级第一学期第八单元"The food we eat"的第一课时。本课由情境导入与食物相关的单词，分类复习学生已掌握的词汇，与此同时操练已知句型，如：What kind of fruit would you like today? What kind of vegetables would you like? Would you like … or …（添加肉类相关词汇），等等，然后再次结合生活，创设情境，引导学生探索高难度菜谱的表达。以合作探究的方式找寻答案，通过"Show Time"平台应用操练本课重点句型及句型表达，最终教师以及其他小组成员采用对展示小组评价的方式，引导该组成员反思自己的学习方法、探究过程，形成相对严谨的思维习惯。

本堂课强调话题与生活紧密结合，教学目标主要为以下几点。

（1）复习与食物相关的词汇，并掌握本课生词，如 cabbage, garlic, prawn 等。

（2）在有效情境的创设下，学生通过小组合作探究的方式总结出带有配料的菜品表达方式，如 fried … with …; boiled … with …; steamed …

with ... ; baked ... with ...

（3）重点句型的操练贯穿整个课堂：如 What would you like for ...? Would you like ... or ...? I'd like ... for dinner, I'd also like ... What kind of ... would you like? I'd like ...，通过一系列环节的情境创设，难度层层递进，激发学生的听说兴趣，引导他们表达对不同美食的探索感悟，在此过程中也达成了本课的最后一个情感目标 Enjoy different kinds of food, enjoy life。

由于本堂课注重话题与生活紧密结合，加上教师层层递进的梯度设计以及与生活息息相关的情境创设，使每个学生都能在课堂中获得回答问题的机会，这也大大激发了他们的听说兴趣以及参与课堂的活跃度。

二、创联式教学的设计理念与实践尝试

常规教学中，教师通常会根据图片或者语句的形式，直接将菜谱的名称展示给学生，然后通过机械式操练使学生掌握表达。笔者发现，这样的方式虽然也能让部分记忆力较好的学生掌握知识点，但是需要花费他们大量的时间去死记硬背一些生词，且比较容易遗忘。尤其是介词的搭配，学生常常容易搞混，更重要的是，学生通过这样的方式即便记住了知识点，也不会有效运用，不会举一反三。这样的教学模式，看似一节课可以灌输给学生大量知识，实则是学生并没有真正成为课堂学习的主体，他们小组合作探究机会减少，分析和思考问题的能力也就大大减弱；其次，他们没有足够多的机会展示，听说技能就难以得到提升。长此以往，也就大大削弱了学生学习英语的兴趣。

基于此，在设计本堂课时，笔者将情境创设紧密联合实际生活，按照"创联式教学"模式进行设计，主要体现"创联式教学的"中涉及到的"导入""质疑""探究""应用""评价"5 个环节，具体如下。

（一）导入

在导入部分，笔者设计了一个过生日想邀请朋友回家吃饭的情境。这个话题可以引导学生很快进入到本课话题，在说到需要准备工作的时候，很多学生会将自己过生日准备的食谱分享给大家，这个过程有利于学生可以对已学食物名称做一个复习。这个过程中，笔者做的只是结合 Ben 的生日

以及学生生日准备食材的情况,抛给大家以下几个问题:What kind of fruit/vegetables/meat would you like? Would you like ... or ...? 这几个问题一来引导学生思考如何分类,二来复习已知句型,使学生有话可说,短短的几分钟导入就大大地激发了师生共同分享生日食谱的兴趣。

(二)质疑

随着情境慢慢推入,除了准备一些简单菜谱或者食材外,还倡导学生自主准备几道大菜,如:Lucy 喜欢大虾,Ben 想准备拿手的蒜蓉蒸虾;Kitty 喜欢饺子,而饺子的烹饪方式各种各样,到底如何表达,这些都是学生在学习至这个阶段产生的疑惑,也是他们需要探究解决的问题。

(三)探究

在学生提出质疑后,笔者没有直接给出答案,而是将学生分为 8 个小组,探讨大菜的表达以及不同的烹饪方式。当然在此之前,笔者曾给到学生一些提示,如给学生展示一段有关菜肴的小视频,再给学生不同的食物以及不同介词,由学生探讨选择恰当的介词,此外,又给出学生不同图片的烹饪方式,引导学生先说出相应的动词,再探究出相关形容词的表达。

(四)应用

在小组合作完成之后,笔者为学生搭建了一个平台 Show Time。这其实是为学生创造了"应用"的机会,让学生可以展示他们的探究结果。有了这样一个平台,不仅大大提高了学生的积极性,也增强了学生团队合作的意识,最重要的是,在听和说的过程中,本课教学目标也顺利达成。

(五)评价

在 Show Time 的过程中,笔者设计了他组评价的环节。每一小组的同学展示完之后,其他小组的成员可以就该组学生的肢体语言、展示内容、语音语调、语言表达等方面进行评价。评价的过程不仅可以让学生对本堂课的知识点进行强化,更重要的是培养了他们深度反思的意识和能力。

通过情境创设,导入本堂课的主题,由复习到探究新知识点,应用知识点,以及最后的评价环节,前后呼应,学生学习的积极性也得到大大地激发。

三、案例描述(片段)

(一) 课堂实录一: 导入

T: Today is Ben's birthday, so he wants to invite his friends to his home for dinner. But he doesn't know what kind of food to prepare. Can you help him?

S: Of course.

T: What kind of food do you usually prepare when you invite your friends to your house?

S: I usually prepare some fruit、vegetables and meat.

T: What kind of fruit would you like? (Show the students some pictures of fruit)

S: I like apples/ pears /watermelons … (different students offer different answers)

T: What kind of vegetables would you like? (Show the students some pictures of vegetables)

S: I like celery /carrots/lettuce …

T: Would you like to prepare some … or … for your birthday dinner? (Show some pictures of meat)

S: I would like to have beef/mutton/bacon …

T: Good, Ben knows what kind of food he can prepare now.

导入部分引进 Ben 过生日这个情境,立马吸引了学生的眼球,再结合学生平常自身过生日准备食材的过程,使学生有话可说。学生在与老师一问一答的环节,复习了很多已知词汇,少数同学也提到了一些生词,如 Prawns,这也是本堂课接下来食材中涉及到的词汇,这个情境的设置为本堂课的教学内容起到了一个推波助澜的作用。

(二) 课堂实录二: 质疑

T: Ben's best friend Lucy likes to eat prawns, and his friend Kitty likes to eat different kinds of dumplings. Do you know how to cook?

S: I know the expression of Chinese, but I don't know how to express it in English.

这个情境的导入,顺利将学生的思维引入到本堂课的重点,即各种烹饪方式以及复杂菜品的表达,显然学生是不太会表达,于是产生了疑惑。

(三) 课堂实录三: 探究

Show the students a short video about different dishes, then show them different words of food and preposition. Divide the whole class into eight groups. Each group has to solve two problems. First, how to match the food with correct prepositions. Second, how to describe the food in different cooking ways (The teacher just shows them some verbs about cooking).

在常规课堂中,教师通常会将菜肴搭配的介词和不同的烹饪方法先展示给学生,然后让学生操练。在本堂课中,我打破常规,由学生扮演不同角色,自主探索相关介词以及不同烹饪方式的表达,教师只是给到一些动词,由学生自行选择使用。实践证明,学生很喜欢这样的课堂学习活动,每一组学生的讨论都很热烈,经检验,8组同学中有6组探索出介词"with"的用法,以及4种不同烹饪方式的表达。如 fried, steamed, boiled, baked。仅有2组同学出现错误,但是在后面的应用和评价环节之后,这2组同学也及时纠正了自己的错误,并牢牢记住了正确答案。他们在摸索出这些词汇的用法之后,不仅掌握了教学目标中要求掌握的菜谱,还通过自主组合,创建出很多其他的菜谱名称,这无疑给了老师一个大大的惊喜。

(四) 课堂实录四: 应用

我把这个环节完全交给学生,成为其展示自我应用知识点的平台,笔者称之为 Show time。在这个环节,学生可以上台展示他们探究的结果。以下是一组学生的现场展示。

S1(Ben): What would you like, Kitty?

S2(Kitty): I like dumplings.

S1: Would you like steamed dumplings or fried dumplings?

S2：I'd like steamed dumplings. And I'd also like boiled dumplings.

S1：Ok, I will prepare them for you. Lucy, What kind of meat would you like?

S3(Kitty)：I'd like some red-cooked pork. I would also like some prawns.

S1：What about prawns with garlic?

S3(Kitty)：Good idea.

应用环节是基于探究的基础之上，在探究出各种菜肴的表达方式之后，学生就会随机组合，表达不同的菜品名称。在通过合作得知不同菜肴的烹饪方式之后，学生也会迫不及待地将小组的讨论成果在应用环节展示给同伴们。

(五) 课堂实录五：评价

T：Can you give this group some comments according to the following three parts：contents, pronunciation and structure? The total score is 10 in each part.

S1：I will give them 8 points in contents, because they didn't mention "baked".

S2：I will give them 9 points in pronunciation, because they didn't pronounce "Prawns" clearly.

S3：I will give them 10 points in structure, because they can organize their sentences correctly.

这个环节主要是鼓励学生多听多说，评价者的语言可以激励被评价者们深度反思，反思自己本堂课中需要完善的地方，从而形成严谨的思维习惯。

四、案 例 反 思

(一) 强调学习目标的实现程度

本堂课的主要目标首先是复习与食物相关的词汇，在此基础上，学生根据情境分组合作探索出本课新授词汇及菜谱相关表达，以及不同种类的烹饪方式，在合作探索以及应用环节，学生均需使用本节课的目标语来操练。

因本堂课的课型是听说课,因此,笔者在设计教学环节时为学生提供了大量听说的机会,由此引导学生学会"运用"语言,而不是将英语学死。

本堂课的任何一个活动环节,学生的参与度都非常高,课堂气氛十分活跃。有效的情境创设以及层层递进的教学内容,使班级中每个学生都可以找到表达的机会。如此贴近生活实际的情境创设也大大吸引了学生眼球,他们结合自我日常过生日的食材准备情况,不断探索出各种菜谱的表达。在此过程中,学生能够根据探究过程中研究出来的方法,组合了许多新型的菜肴名称。从本堂课的应用环节看,大多数学生掌握了本堂课的重难点,顺利达成了本堂课的教学目标。

(二) 对创联式教学设计及实施的启示

创联式教学理念打破了传统英语的课堂教学模式,将课堂真正还给了学生。有效课堂情境的设计也更能促进高效听说课堂,由此对创联式教学的设计及实施,形成3点启示。

(1) 情境结合生活,体现教学梯度。在创联式教学过程中,情境的创设至关重要。教师创设的情境不仅需要结合学生的语言认知水平,让其有话可说,还要结合学生的日常生活,激发其听说欲望。真实、合理的情境创设应当鼓励并引导学生进行深度思考与合作交流。本堂课中的情境设置始终结合学生日常生活,贯穿于整个课堂,并且随着情节变化而不断推进,学生的思维不断被打开。由于每个情境相对应的教学内容难度呈现层层递进的特征,有利于引导学生在已知的语言认知水平上不断探索新生知识。梯度教学的设计也为不同学习能力的学生提供了积极参与课堂学习的机会,让每个学生都能成为课堂的主人。

(2) 教师重引导,学生重探究。"创联式教学"打破了传统的教学理念,将课堂真正还给了学生。在这个过程中,教师只是引导者,倾听者,而学生才是"听"和"说"的主体。由于学生个体存在语言学习认知差异,个体的认知存在局限性,为提高课堂效率,我们可以让学生进行合作探究。这样一来,学生就可以在合作探究中习得同伴们的不同想法,在有限的时间内追求课堂学习效率的最大化。但是,合作探究的设计环节需关注的是,每个学生在此活动中都需要有任务。比如本堂课中,笔者设计的探究活动,每组中的5名学生任务安排如下:学生1~3负责分角色听说扮演,学生4记录总结,学生5

负责及时纠错。分工明确,学生才会有的放矢,更有针对性地去合作探究。

(3) 评价有智慧,学生乐展示。课堂评价的方式多种多样,有师评,生生互评以及学生自评等。本堂课,师评伴随整个课堂,老师在引导学生完成每一个课堂活动之后,都会伴有相应的评价语。笔者通常是先表扬学生优秀的地方,再委婉提出建议。学生在这样的课堂氛围下也更乐于共同分享各自的观点。此外,在生生评价的环节实施中,评价的学生也是以此模式,首先给同伴一个高分,其次再提到对方需要改善的地方,这样被评价者也更乐于接受,不会因此挫伤学生参与课堂学习的积极性。

(三) 创联式教学模式对教师素养的挑战

"创联式教学"强调在情境中引导学生探究学习。探究合作是课堂中很难把控的一个环节,这对教师的个人素养及课堂控班能力是一个很大的挑战。教师不仅要有效控制学生的探究时间,还要在有限的时间内引导学生探究出成果来,并且,在探究的过程中要确保"人人有任务,人人有思路"。由于创联式教学需要教师将课堂真正交给学生,教师本人主要起到引导作用,这就需要教师在设计教学活动时,精心思考如何更好地引导学生"走在大道上",而不是一不小心就跑偏。即便学生课堂活动中不小心"跑偏",教师也应具有随机应变的能力,及时将他们"拉回来"。凡此种种,都需要教师重视问题设计、精心预设,才能在课堂教学中结合学生实际情况做出恰当且及时地调整,不断创设问题情境,让学生在解惑的过程中体会成功的喜悦。

实践证明,创联式教学在中学英语听说课中的应用是可行且有效的。创联式教学作为一种新型教学方式,能化学生被动学习为主动学习,引导他们积极参与课堂对话。教师作为引导者、合作者、对话者,需组织学生更高效的参与学习,将知识点真正学活、会用,并通过不同的评价方式进行深度反思,从而形成学生独立思考解决问题的良性循环状态。创联式教学给我们的课堂教学带来了诸多益处,笔者也会深入研究并持续将该教法应用于不同的课型中。

参考文献:

[1] 王冰.探寻高品质课堂——初中创联式教学的实践研究[M].上海科学普及出版社,2019.

微视频在初中物理实验教学中的应用实践

郭金霞

摘　要：物理学是一门以观察和实验为基础的自然科学，物理中的实验情境教学是物理教学的一种非常有效的形式，对提高学生的学习兴趣、培养学生观察能力起到重要的作用。将时长5分钟以内的微视频作为一种媒介，呈现在课堂教学中，有利于促进教师的"教"和学生的"学"。教师可以通过微视频教学资源创设真实的情景，引导学生主动参与知识的建构过程，掌握相应的知识与技能。并通过适当的问题设计激发学生主动思考和探索的欲望，培养学生的学习兴趣。同时，可以通过布置学生微视频实验作业，体现作业多元化特征，培养学生的动手操作能力，提高作业的创新性。

本文主要研究微视频资源在初中物理实验教学中的应用途径，采用的研究方法：案例研究法。重点从5个方面来论述：①以微视频的形式呈现"学生不会亲自体验的实验"；②以微视频的形式呈现"不易观察、平时少见的物理现象"；③以微视频的形式"化平淡为震撼"；④以微视频的形式"即时直播实验过程，分享实验成果"；⑤以微视频的形式"完成回家作业"。

关键词：微视频　初中物理　物理实验

一、研究背景

随着社会的发展和时代的进步，移动互联网技术、现代信息技术为微视频开发、运用，提供了重要的支持，学校日益完善的多媒体设备和学校的计算机设备也让微视频走进课堂成为现实。在这样的背景下,微课已经迅速发展成一种新型的在线教学方式,而微视频作为微课的重要载体,也越来越多的应用到日常教学中。

物理是一门实践性较强的科目,学习过程中会遇到各种各样的实验,而理论知识的学习如果没有实验为基础,就会变得晦涩难懂。通过实验可以加深学生对物理理论知识的理解,从而在把握知识的基础上,习得动手操作能力。

目前教学中比较强调学生的学习结果,即考试成绩,一定程度上弱化了学生学习经历的体验,学习过程缺乏丰富有趣的感官刺激,学习的有效性不能得到很好的体现。如果创设适宜的物理环境,可以帮助学生有针对性地学习物理知识,而实验是学生学习物理知识的重要环节。为了更好地把实验过程展示给学生,教师可以将物理实验微视频应用于教学过程中,既丰富了物理教学的方式,又提高了物理教学的效应。

二、微视频在初中物理实验教学中的应用实践

(一)以微视频形式呈现"学生不会亲自体验的实验"

初中生的学习是建立在感性认识基础之上的,生活中有很多与物理有关的现象。有些感性认识,学生很容易从日常生活中获得,所以在物理知识的讲解中,教师首先应当积极引导学生联系生活,举出生活实例进行分析,让学生获得丰富的感性认识。但是有一些日常生活中不经常见到,学生也很难亲自体验的物理现象,就需要教师用实验形式为学生创设一个物理情景,让学生通过观察实验获得感性认识,认识和建立物理概念。下面以物理《大气压强》的片段教学为例说明。

1. 引入

(1)马德堡半球实验证明大气压存在且很大,大气压究竟有多大呢?

(2)用测定液体压强的大小替代测量大气压强的大小。

2. 新课

(1)教师演示实验:自制一根一端封闭一端开口的管子,装满水后倒置,管子里的水面不会下降;再拿一根长度稍长的玻璃管做同样的实验,管子里的水面仍不会下降;再拿一根长度更长的玻璃管做同样的实验,管子里

的水面还是不会下降。

(2) 问题：为什么水没有流出来？水对管口有没有压强？是不是不论管子有多长，水都不会流下来呢？大气压强最多能托住多高的水柱呢？

(3) 结论：如果知道大气压能托住多高的水柱，就能知道大气压强的大小。

3. 托里拆利实验

(1) 大组交流：引导学生阅读课本并讨论。

(2) 视频2：托里拆利实验。

视频配音：在长约1 m的一端封闭的玻璃管里灌满水银，将管口堵住，然后倒入插在水银槽中，放开堵管口的手指后，管内水银面下降一些就不再下降，这时管内外水银面的高度差约为760 mm。将管子慢慢倾斜，继续测管内外水银面的高度差，仍为760 mm，是什么支持着高760 mm的水银柱？学生答：大气压强。

1644年，意大利科学家托里拆利就是这样测出大气压强大小的。（玻璃管内外水银面上方分别是真空和大气，正是大气压强支持着管内76 cm高的水银柱，也就是76 cm高水银柱产生的压强与大气压强是相等的）

4. 讨论

(1) 托里拆利实验中如果改变玻璃管的粗细、倾斜程度、或上提和下压玻璃管，水银柱的高度是否会改变呢？

(2) 如果玻璃管上端敲破一个洞，管内的水银将会向上喷出还是向下落回水银槽？

(3) 1个标准大气压：通过$p_0=p_{液}=\rho_{液}g_h$液，计算得出大气压强的数值。

5. 分析评价

这个实验操作中要用到水银，而水银是有毒的，学生不能亲自完成实验，教师则通过创设适当的教学情景，使得实验通过微视频的形式重现，充分调动了学生的学习积极性，帮助学认识和建立物理概念，直观体现了微视频的优势。

(二) 以微视频的形式呈现不易观察、平时少见的物理现象

1. 呈现扩散现象

比如在《分子动理论》一节中，在讲到扩散现象时，首先老师演示了红墨

水滴入水中的实验,学生观察得到结论:液体具有扩散现象。接着老师播放视频:二氧化硫与空气之间的扩散现象、金与铅之间的扩散现象。

在这里,由于气体、固体之间的扩散现象平时生活中不易观察到,而且学生不能很快地做出来,教师可以通过微视频的形式展示实验过程,刺激学生的感官,帮助学生完善知识结构,收到很好的效果。

2. 呈现力的作用效果

再比如在学习《力》这节课中在研究力的作用效果时,原设计片段如下。

生:用力拉橡皮筋、捏橡皮泥、拉弹簧。

师:想一想,橡皮泥、橡皮筋、弹簧有什么变化?

说明力可以产生什么作用效果?

生:让运动的小钢球从磁铁旁边经过。

师:想一想,小钢球的运动有何变化?

说明力可以产生什么作用效果?

小组讨论交流:力的作用效果有哪些?

学生回答。

老师对学生的回答进行评价并补充。

上述设计通过学生的亲自参与合作,经历知识的形成过程,主要强调的是"体验式"教学。但这些现象平时生活中很常见,是比较简单的实例,并不能有效地刺激学生的感官,带给学生启发。如果此时引入一些有关形变的微视频,对学生的感官刺激则会强烈,效果会更加明显。比如,在本节课中加入微视频后,课堂实录如下。

生:用力拉橡皮筋、捏橡皮泥、用力拉弹簧。

师:橡皮筋、橡皮泥、弹簧有什么变化?学生回答。

师:你们有没有观察过玻璃瓶的微小形变?生:没有。

师:你们有没有观察过桌面的微小形变?生:没有。

师:播放微视频(玻璃瓶的微小形变、桌面的微小形变)。

师:这说明力可以产生什么作用效果?

生:讨论交流,力能使物体发生形变。

生:让运动的小钢球从磁铁旁边经过。

师:小钢球的运动有何变化?生:回答。

师：这说明力还可以产生什么作用效果？

生：小组交流讨论回答。

师：对学生的回答进行评价。（板书）力的作用效果：① 力可以使物体发生形变；② 力可以改变物体的运动状态。

（三）以微视频的形式带给学生震撼

以前文中提到的《大气压强》的课堂实验为例，托里拆利实验是让学生体验科学家的方法并逐渐加深认识的过程，教师可以在课堂上做 3 次试验，3 种不同长度的玻璃管装满水后，用纸片盖住试管口然后倒置，看看 3 种情况下能否托住水，在逐渐加长试管不断实验的过程中，对学生思路的引导是相当显著的，到底是不是、能不能无限延长呢？这种疑问一直会冲击着学生大脑。此时，如果引入学生无法亲自完成的微视频实验，看看到底能支持多高的水？将会给学生带来巨大的震撼，也为本节课创设了一个重要的情景。

加入微视频再设计后片段如下。

教师：同学们，我将这根自制的一端封闭一端开口的管子（长度为 10 cm）装满水后倒置在水槽中，会怎么样？

学生：水面会下降（教师操作，学生观察）。

教师：现在老师将试管（长度为 20 cm）再装满水，倒置在水槽中，大家观察！

学生：（有点意外）

教师：如果换用更长的呢？出示 50 cm 长的细管。

学生：哇！（开始议论纷纷）

教师按照之前两次的实验，继续进行这次实验，松开手后，水面依然，没有下降。

学生：（惊奇的表情）。

教师：顺势继续"火上浇油"，想不想用更长的试管做实验？

学生：想（异口同声）。

教师：但是老师确实没有准备那么长的试管，（学生有些失落）但是不要紧，毕竟教室内空间也是有限的，我们把实验搬到室外做，好不好？（学生的兴趣又被调动了起来，异口同声答：好！）但是我们只需安静地坐在座位上,请看大屏幕。

教师:播放室外大气压支持水柱的微视频实验。

播放完成后,教师引导学生分析水面下落的原因,引导学生说出大气压强与液体压强的平衡。

教师:如果换用什么样的液体,就可以在我们室内做实验了呢?意大利物理学家托里拆利就选择了一种密度更大的液体。请同学们查查密度表,看看什么液体密度更大,产生同样的压强,管内液面会更低一些?

通过同学们的分析和选择,引出托里拆利实验,并计算出大气压强的值,然后反过来让学生通过已知的大气压强的值,计算大气压能够托住的水柱高度,使得学生对大气压和液体内部压强平衡的关系更为明确。

(四)以微视频的形式"即时直播实验过程,分享实验成果"

物理是一门以实验为基础的科学。课堂上老师提供教学资源,创设学习情境,引导学生进行猜想、假设、探究实验、记录数据、交流讨论等。在这个过程中,由于学生个体的差异,可能会出现不同的结果或错误,也可能是每个小组由于时间有限,不能完成每种情形下的实验,而"分享"成为了教学中的关键环节,通过微视频的形式可以即时直播给同学们,从而达到分享实验过程或实验数据这一目的。

比如:在《密度》这节课中,引导学生探究不同体积的同种物质分子的排列紧密程度。

问题1:要想了解分子的排列紧密程度,我们需要测哪些物理量?

问题2:请同学们根据给出的实验仪器,讨论测量质量和体积的方法(每组可能不同)。

第一组:电子天平、量筒、大铁块、中铁块、小铁块。

第二组:电子天平、量筒、大铝块、中铝块、小铝块。

第三组:电子天平、烧杯、量筒、水。

问题3:请学生介绍测量方法。

教师适时引导学生回答下列问题。

(1)先测质量还是先测体积呢?

(2)加入适量水的含义是什么?

(3)如何测水的质量体积才能减小实验误差?

问题4：接下来请同学们小组讨论设计实验表格。

在这个过程中，老师应用同屏器以拍照的形式将小组表格的设计情况与大家"分享"，经过大家讨论交流，确定实验的记录表格。

问题5：指导小组合作进行实验。

在实验过程中，老师应用同屏器以拍照或即时直播的形式，将学生的实验情况与大家"分享"，点出错误的操作或方法以此提醒同学们需要注意的事项。

实践：引导学生直观的表示出质量与体积的关系，做 $m-V$ 图像。

因为本实验中不同小组可能是用不同物质做实验，为了使实验的结果更具有普遍性，需要每个小组分享自己的实验数据，放在一起进行交流讨论。在课堂上，老师把用不同物质做实验画出的 $m-V$ 图像放在一个坐标系中（每个小组画出的图像坐标系的横纵坐标标度完全相同），用同屏器进行拍摄直播，同学们看到不同小组做出实验的相同点和不同点，整个过程清晰明了，有很强的视觉冲击。经过交流讨论，教师引导学生分析实验数据，学生很容易得出实验结论，进而引出密度的概念。

（五）以微视频的形式"完成回家作业"

在课堂上，当老师带领学生探究完单摆的周期与哪些因素有关后，给学生布置作业：在家自己制作一个单摆，并验证单摆的周期是否与摆长有关，录制微视频并上传。比如在学完《音调》一节后，让学生回家研究用空啤酒瓶装水的多少跟音调高低的关系，并录成微视频形式。比如在学习《声音的产生和传播》一节时，让学生在家里自制土电话并表演固体可以传播声音录成微视频并上传。比如在学习完《串并联电路的特点》一节后，让学生自己录制微视频，探究串并联电路的特点。上课时，老师可以将做得比较好的微视频实验在课堂上让学生进行分享，并保存为学习资源供学生复习时使用。

实践证明，通过微视频的形式完成回家作业，可以提高作业的有效性，改变作业的传统方式。以往或者现在我们还较多停留在书面这种单一作业模式，对于实验题也是纸上谈兵，缺乏学生的亲身体验。而微视频作业的开发可以弥补这一状况，使学生的作业更加多元化。在微视频的录制过程中，能够让学生真实体验实验的乐趣，更好地培养学生学习物理的兴趣。

物理是一门理论与实践并重的学科，初中物理实验的重视程度也在逐渐提高。为了让学生更好地学好物理，教师应充分利用身边的生活资源，给学生创造良好的学习环境。微视频的出现，丰富了物理教学的模式和内容，教师要充分利用多媒体传播功能，把微视频引入到课堂教学之中，激发学生的学习兴趣，提高学生的实践探究能力。

参考文献：

［1］朱斌."微视频"与初中物理教学的深度融合[J].华夏教师,2017(16)：68-69.
［2］葛孚瑾.微视频在初中物理教学中的应用[J].中学课程资源,2015(7)：12-13.
［3］许桥.谈谈新课改形势下物理教学的思考[J].教育前沿：理论版,2009(1)：109.

基于二维码技术的初中化学作业设计

王 静

摘 要：作业是课堂学习结束后的一个重要环节，同时也是帮助学生巩固所学知识的一种有效途径。随着移动终端技术的普及和发展，二维码技术以其获取方式的便捷灵活、承载信息丰富多样而被广泛应用。笔者在校本作业编写的过程中，以单元作业目标为主线，借助二维码应用于不同的作业类型，设计学生喜爱的作业，增强学生的作业过程中体验感，以期达到优化作业设计的目的。

关键词：初中化学　二维码技术　作业设计

一、问题的提出

作业是教师检验学生学习效果的重要手段，是学生获得反馈的重要途径，如果这个环节不能有效落实，再精彩的教学设计也只是表面热闹，未能真正激发学生的学习动机。传统作业的布置与反馈方式无法满足学生日益增长的学习需求，机械性刷题只会导致学生思维能力下降，失去学习兴趣。因此，必须改善作业的呈现方式，设计学生喜爱的作业，增强学生的体验感。

在"互联网＋"时代背景下，无线信号实现了全覆盖，iPad、手机等成了人人必备的新媒介工具，新媒介为优化学生作业创造了条件。二维码技术作为网络大爆炸的产物，以其传播载体灵活、传播速度快、操作简便等特性为人们所青睐。报纸杂志、广告牌、生活用品等，无处不充斥着二维码的身影。随着全民高涨的扫码热情的迅速升温，国内外的教育专家把目光投向了二维码在教育领域中的应用。二维码是一种可以承载图片、视频、文字、链接的条码,依托二维码技术,教师或者资源的提供者可以将学习资源提供给学习者,学习者使用移动终端,根据提供者的学习要求进行自主学习、分析、探索、实践、质疑、创造等来实现学习目标和个性化学习[1,2]。

基于对现实情况的分析,本研究采用二维码技术与微视频等教学资源相结合的方式,由教师预先将材料录制成微视频,存储在视频资源网站中,将该视频产生的二维码附在向学生下发的家庭作业或者其他纸质材料中,学生拿到教师制作的有辅导资源的学习内容,能够实现有目的有针对性的自主学习。

二、"第五单元　初识酸和碱"课例探究

本课题中的作业是按单元进行作业设计,参考《上海市初中化学学科教学基本要求(试验本)》(以下简称《基本要求》)设计单元作业目标,每一条目标对应《基本要求》中的一个知识点。作业中所有题目均与单元作业目标对应,也就是与《基本要求》中的知识点对应。

(一) 作业的顶层设计——单元作业目标设计

基于《基本要求》对单元知识点以表格的形式罗列形成单元作业目标。根据题目的考查知识点,为单元作业中的每个题目对应目标。这相当于给作业里的每个题目制作一个名片,题目考查的知识点和考查水平就是这个题目的名片。表1为第五单元初识酸和碱的作业、试卷单元目标设计表。

表1　作业、试卷的单元目标设计表

目　标　描　述	目标维度与学习水平	对应学科教学基本要求编码	自我评价
知道含氧酸和无氧酸、一元酸和二元酸的分类方法;说出常见酸的名称,并写出常见酸的化学式。	A 知道	3.2.1	
知道盐酸的主要物理性质。	A 知道	3.2.2	

(续表)

目　标　描　述	目标维度与学习水平	对应学科教学基本要求编码	自我评价
知道碱可分为可溶性碱和难溶性碱、说出常见碱的名称并写出常见碱的化学式。	A 知道	3.3.1	
知道氢氧化钠的物理性质，记住氢氧化钠的俗名。	A 知道	3.3.2	
知道氢氧化钙的物理性质，记住氢氧化钙的俗名。	A 知道	3.3.5	
知道中和反应的概念、放热特征，书写常见中和反应的化学方程式。	B 理解	7.3.4③④	
利用多种手段获取信息；客观记录有关的实验现象和数据。	技能	12.4.1②	
学会选用图形、表格等多种形式整理和表达数据，反映数据之间的一些关系。	能力	12.5.1①	

（二）二维码应用于不同类型作业

（1）单元作业中的"预习作业"是作业设计的起点，由复习旧知（与新课内容相关）、视频预习（新课中较简单的知识）、课前质疑（设计引发学生思考或质疑的题目）等内容组成。预习作业主要是激发学生对新知识的学习兴趣，为新课学习做铺垫，因此采用"扫码观看视频"的方式能在空间上让学生对新学的知识有正面的了解，并以问题、图表填空的方式对学生进行预习效果反馈。本案例中的第4课时预习作业采用了微课之家制作视频二维码，帮助学生提前学习巩固碱在生活中的用途。作业样例如下。

第五单元　第4课时　碱的性质（节选）

课前预习

扫描二维码根据视频预习氢氧化钠和氢氧化钙的物理性质和用途，并比较氢氧化钠和氢氧化钙的物理性质差别：

	NaOH	Ca(OH)$_2$
俗名	氢氧化钠固体俗称：_____、_____	氢氧化钙固体俗称：_____ 氢氧化钙水溶液俗称：_____ Ca(OH)$_2$的悬浊液俗称：_____
腐蚀性（化学性质）	有极强的腐蚀性 用天平称时放在_____中	腐蚀性较弱
溶解性（物理性质）	固体氢氧化钠_____溶于水，并_____大量热，易吸收空气中的水分而_____，必须_____保存。可用作_____	固体氢氧化钙_____溶于水
用途		

(2)"课后作业"中的二维码，有两种类型：① 在实验题中，利用二维码所带有的视频将实验题从静态变为动态，加深学生们对实验现象的直观感受，从而学会思考现象背后的原因，感受化学实验事实和实验分析的真实性；② 二维码所附加的视频是对部分题目的讲解分析，对题目或者做题过程中有困难的学生可以反复听直到理解为止，从而获得一定的成就感；而教师则在评讲家庭作业上大大节约了时间和精力。作业样例如下。

第五单元　第 4 课时　碱的性质　课后作业（节选）

课后作业

同学们继续运用对比的学习方法探究氢氧化钠的化学性质（对比实验视频可扫描二维码观看）：

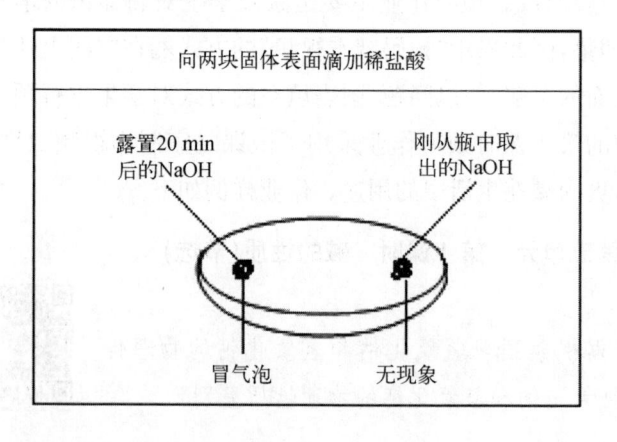

上述实验说明 NaOH 露置在空气中因吸收_____而变质,变质的化学方程式为_____,所以氢氧化钠必须_____保存。

▲ 以下碱的用途中,能体现与其他 3 条化学性质不一样的是_____。

A. 用氢氧化铝作胃药

B. 用石灰浆粉刷墙壁

C. 工厂化验室用氢氧化钠溶液洗涤石油产品中的残余硫酸

D. 用熟石灰中和酸性土壤中的硫酸

▲ 某同学在进行酸碱中和反应的实验时,向烧杯中的氢氧化钠溶液滴加了一定量的稀盐酸。

(1) 充分反应后,你认为溶液中的溶质组成最多有_____种情况,这几种情况中一定含有_____。

(2) 由于忘记滴加指示剂,为了确定盐酸与氢氧化钠是否恰好完全反应,他从烧杯中取了少量反应后的溶液滴入一试管中,并向试管中滴加几滴无色的酚酞试液,振荡,观察到酚酞试液不变色。于是他得出两种物质已恰好完全中和的结论。(实验和评讲可以扫描二维码观看)

你认为他得出的结论是否正确?_____,为什么_____。

(3) 请你设计一个实验,探究上述烧杯中的溶液是否恰好完全中和。填写下表:

实 验 方 法	可能观察到的现象	结　　论

(3) 单元实践活动作业的二维码所带有的视频该往往是具体的实验操作步骤。家庭实验中,部分学生们通过读文字的方式还不能较好地掌握实验操作技能,而通过看视频的方式,学生们则能够较好掌握操作要点,实验成功率较高,实验探究成功,也激发了他们对家庭实验的兴趣。该类作业布置频率为 2～3 周一次,提倡小组合作完成,作业提交多以学生拍照或拍视频上传到班级化学家校联系群,采用自评、互评和教师点评相结合的方式进行评价。作业样例如下:

在家中找到如下用品:白醋、生石灰干燥剂、透明玻璃杯。利用上节课制备的紫甘蓝指示剂与父母合作完成"白醋与石灰水溶液是否反应？"的探究任务。请按照样例格式撰写实验报告，并将实验过程录制视频上传到班级家校化学交流群。

自制紫甘蓝汁 　　食用白醋 　　透明玻璃杯 　　自制澄清石灰水

实验提示：可根据下列文字说明或扫描二维码观看视频，自行配置石灰水。

扫码可观看制作视频

配制石灰水的步骤

（1）用剪刀将海苔包装袋中的干燥剂包剪开，将生石灰固体倒入玻璃杯中（请勿溅入眼睛）。

（2）向玻璃杯中加入常温下的清水，水量约为生石灰固体的3倍，用木棒轻轻搅拌，得到一杯氢氧化钙悬浊液。

（3）静置一段时间，待悬浊液分层后，将上层清液缓缓倒入另一玻璃杯中备用。

（4）将剩余的氢氧化钙悬浊液全部倒入矿泉水瓶中，并盖紧，在矿泉水瓶外贴"石灰乳"的标签，放在家中安全位置，为"碱的性质探究"做好准备。

实 验 报 告

实验目的：_____

实验药品与器材：_____

实验步骤：　　　　　　　　　　实验现象：

1. 取10调羹石灰水放入玻璃杯中，向其中滴加2～3调羹白醋，观察现象。　　现象：_____

2. 取10调羹_____放入玻璃杯中，加入1调羹紫甘蓝汁，观察颜色变化。　　现象：_____

3. 一边搅拌，一边向步骤2的玻璃杯中滴加_____，至溶液颜色恰好变为蓝色为止。　　现象：_____

实验结论：通过_____现象证明白醋与石灰水发生了_____反应（填"反应类型"）。

学生利用微信平台在"家校化学交流群"与老师和同学交流实验心得，分享实验过程，互相点评，极大提高了学生学习化学的兴趣，提升了合作交流的能力。

三、总　　结

（一）预习作业中的二维码功能，能强化学生的预习效果

对于化学课程的学习，有效的预习环节是培养学生自主学习能力和科学思维的重要途径，预习不仅可以激发学生的积极性，也为新课的学习做好充足的准备。二维码技术支持的化学课程预习作业的设计与实施，有利于促进学生对化学预习的喜爱，对化学技术与所学知识的了解，有利于促进新技术与课前学习活动的整合。

（二）课后作业题干中的二维码功能，能把情景描述从静态变为动态

一般情况下，学生作业以阅读书写为主，借助新技术让作业变得更生动。如题干要求学生根据文字描述的实验现象分析原因，而题干旁边的二维码将文字描述变成了实验视频，学生扫描二维码可以直接看到实验现象，给学生更加直观的观察体验，加深了学生对"透过现象看本质"的化学哲学思想认同。借助二维码的方式，作业方式新颖、有趣。

（三）课后作业讲解分析中的二维码功能，能促进学生个性化学习

二维码中由于教师使用微视频等影音学习资源，使得知识的传播方式更直观。教师将部分作业的解答录制成微视频以二维码的方式呈现给学生，学生依据自身学习情况进行扫码完成学习。基础薄弱的学生，可以多次听教师的讲解，直到会做题，基础较好的学生可能不需要看讲解，实现学生个性化学习，同时教师节约了回家作业讲评时间，大大提高了课堂效率。

（四）实践活动作业中的二维码功能，能成为学生完成实验的小帮手

实践活动作业需要学生课后完成实验活动，这些探究活动需要准备实验试剂。虽然题目中对学生都给予了提示，但每个学生对文字提示的理解

能力有高低,通过二维码将老师录制的实验准备小视频呈现给学生,可以提高学生家庭实验的成功率并减小准备实验的难度,学生既可以阅读文字又可以观看视频来完成实践活动题,既提高了实验成功率,又激发了学习兴趣。

参考文献:

［1］肖索科.基于"二维码"的网络自主学习应用探索[J].中国教育信息化,2018(10):90-92.

［2］赵玉良.基于二维码的小学生作业管理系统初探[J].甘肃教育,2017(08):75.

新媒介直播手段在初中科学学科教学中的应用

陈惟肖

摘 要：初步探索当下比较成熟的直播这种新媒介手段，如何在初中科学教学中进行有效应用，包括课堂学科新知教学中的应用及课后辅导线上应用，如课堂上的以学生为主体的采访模式的直播、课后生活中小实验的直播分享等，体现了直播手段在科学教学中的互动性、趣味性特征及积极影响。

关键词：科学学科 直播手段 策略应用

直播作为新媒介井喷式发展中的产物，有较强的互动性、实时性等优点，其迅速发展的态势已被认可。而其是否可以作为传统教学转向新媒介辅助下的教学新形式，需要更多的教学实践尝试。

与传统式教学相比较，直播教学在诸多环节中存在差异，直播教学与传统式教学对比见表1。

表1 直播教学与传统式教学对比

教学环节	传统式教学	直播教学
新知教学	学生活动为主	教师演示为主
课后辅导	教师示范为主；师生点对点提问为辅	教师示范、点对点、点对面互动多种形式，并辅以及时的数据统计反馈

基于上述差异，本文将以初中科学学科为例，简要分析不同教学环节中，如何实施有效的直播形式，凸显其优势，进行研讨和交流。

初中科学是开设在六、七年级的一门包含物理、化学、生命科学等多个学科,旨在培养学生基本的科学素养和学习科学兴趣的基础性学科。该学科与生活联系紧密,以实验为基础,并以培养学生的做、想、讲的能力作为学科素养。

科学学科的鲜明特点,使课堂教学需要不断丰富教学形式,增强学生的主动参与度,课下要倡导学生积极关注生活中的科学现象和科学小实验。这两方面的要求都可以利用新媒介手段,帮助学生高效率的达到预期效果,其中直播作为最简单可行的互动形式,更是受到学生的普遍欢迎。直播手段的使用可以分为课堂新知教学和课后辅导。

一、直播手段在学科课堂新知教学中的应用

科学学科的课堂,以学生为主体,以多个学生活动为载体,在教师的引导下,达到学习目标。所以学生活动的设计显得尤为重要。在学生活动中,以 2 人或 4 人的小组探究为主,在小组活动中,教师通过引导学生有分工,有任务,有合作,使小组成员在探究过程中体验团队合作的快乐,体会合作精神的重要。传统的课堂教学可以为学生提供充分动手合作、讨论的条件和机会,但班级中各个小组间分享探究结果的环节,往往易被师生简化或淡化。在组间的分享过程中,学生们之前"做"的能力会逐渐向"想"和"讲"过渡,而组间分享作为团队合作的一种好形式,应该作为科学学科课堂教学中的重要活动环节,并引起充分重视。

组间分享虽然重要,但在教学实践中,绝大多数的形式都非常单一,以学生代表发言为主,教师引导启发性问题为辅,其他学生参与度比较低。因此,采取一种新颖的形式,提高学生们的兴趣和参与度,至关重要。直播手段以其鲜明的特点,较好地满足了课堂中组间分享环节的目标要求,提高了教学活动的趣味性和学生的参与度。现以牛津版七年级第一学期科学第五章第三节《认识一些开阔视野的方法》为例,对比分析采用传统方式的组间分享和直播手段的组间分享的不同特征。

《认识一些开阔视野的方法》这节课中,以探究光反射时反射角与入射角大小关系学生活动为例,在小组内探究完成后,进行组间结果的分享;如

采用传统式的组间分享,一般教师会采取点对点的提问,下面选取一个课堂片段还原这个过程。

师:刚刚各个小组完成得都不错,哪一组同学想和大家分享一下你们的结果?

生(举手示意):我代表我们组讲一下我们的结果是反射角等于入射角。

师:能讲讲你们是怎么做的吗?怎么选取的实验数据?

生:我们做了3组实验,分别选了30°、40°和60°的入射角,并测量了相应的反射角度数,归纳总结出了我们结论。

师:很好,他们做了3组实验来归纳总结普遍规律;但是老师在巡视过程中,发现有些同学的数据得到的结论是反射角和入射角相加等于90°,你能说说他们可能在读数时出现了什么问题吗?

生:我猜测他们可能读角度时,误读成了光线与反射面的夹角;还有可能平面镜在使用过程中位置发生了转动。

师:所以你是要提醒大家,注意角度的定义和实验过程中平面镜的位置不能改变,是吗?

生:是的。

师:很好,非常棒,请坐。

从这个片段可以看出,除了教师鼓励学生通过组间分享得出结论之外,还要提醒同学们进行实验的一些注意事项。在这个问答方式的传统分享过程中,主要以教师和学生的"一对一"语言交流过程来体现。该形式主要存在的问题:形式过于单一,其他同学参与度偏低,导致没有激发起相应学生主动反思的欲望,只是被动地接受。而如果将形式改成直播,效果则会明显改善,下面以课堂中采用直播进行组间分享的片段为例进行说明。

师:接下来,请完成得最快的一组同学到前面来,以直播的形式,给大家分享一下他们的实验过程。

(小组两个学生同时上台,教师用手机拍摄,模拟采访记者的角色;采用同屏技术或直播软件,将手机中的画面,同时播放在投影仪屏幕上。展示小组热情高涨,其他同学感觉自己在看现场新闻直播,也跃跃欲试。)

师:请两名同学,一名同学动手操作,一名同学做解说,并回答作为记者的老师的问题,我们开始吧。

解说学生：我们根据光具盘的说明书,我们先将平面镜固定,打开激光器,调整入射角度,读出入射角和相应的反射角；并重复3次(动手操作同学随着指令在做相应的操作)。

师：请问,老师在巡视时,发现有学生这样操作(师转动平面镜),在座的其他同学我们一起读一下此时光线对应的刻度,请问此时的刻度还是入射角和反射角吗？

生齐回答：不是。

师：所以请问平面镜在实验过程中,还能转动位置吗？

生：不能。

我分别在两个班级采用传统课堂的分享形式和直播分享形式之后,进行了调查问卷。共发布86份调查问卷,实际填写有效问卷80份,分别对分享过程中的参与度、分享的趣味性、知识的掌握程度进行满分5分的打分。传统形式与直播形式组间分享效果对比如图1所示。

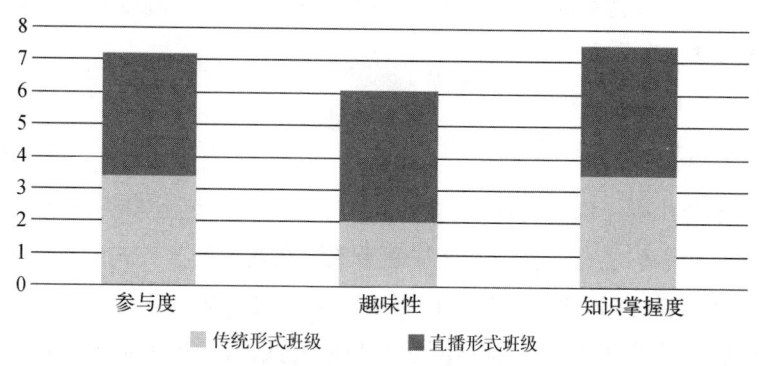

图1 传统形式与直播形式组间分享效果对比

以上数据对比显示：加入直播形式的分享较传统式分享,在参与度、趣味性、知识掌握度上,学生都有一定程度的提升,尤其在趣味度上,直播形式使其指数大幅度增加。

由此可见,直播形式较传统方式有下述优点。

（1）形式手段比较多样,有采访式的问答,有描述性的语言介绍,有实际操作的直观演示,多维度的分享较传统的单一语言对话式的分享,更能刺激学生的多种感官和激发学习热情。（2）增加了分享者和被分享者间联系的紧密度。由于直播形式的特点,使每个被分享者感觉自己身临其境,如果教学条件允许每个学生联网教学,甚至可以在直播过程中,将自己的想法以弹幕的形式,第一时间表达出来,相当于每个在座的学生都在做组间的分享,使传统的组间分享不再是一对多,可以进一步实现多对多的分享。在分享的过程中,有了及时的互动,而不再是单方面的输出,分享者和被分享者间紧密的互动和联系,使交流合作更加丰满,使课堂中的信息真正的流动起来,课堂也变得生动鲜活。

二、直播手段在科学学科课后辅导教学中的应用

科学学科具有与生活中的现象紧密联系的特点,学生在课堂上学习到的知识,如果能在生活中得到印证和应用,将能更好地激发学生对科学知识的渴求,并养成在生活中善于观察、乐于动手的好习惯。但基于六、七年级学生年龄低,自觉性较弱的特点,学生自主开展生活小实验的难度较大,则需要教师的引导、指导。在课后的学生非集中环境下,直播成为科学教师引导学生较高效地完成课后辅导的好方法。在课后辅导环节,直播形式较传统教学形式,在互动形式、数据反馈上都有较大的优势。直播根据其主要的互动形式可分为弹幕互动、视频语音互动和检测类互动,不同直播互动形式特点对比见表2。

表2 不同直播互动形式特点对比

	弹幕互动	视频语音互动	检测类互动
学生参与度	一般	较低	较高
学生主动性	较高	较低	一般
数据反馈度	一般	一般	较高
执行效率	较高	较低	一般
问题类型要求	一般	较低	较高
直观效果	一般	较高	一般

根据上述互动方式的各自特点,教师要针对不同的学生、知识点、和教学环境,选取恰当的互动方式。

比如在科学学科教学中，为六年级学生介绍了大气压强，并课堂上做过模拟马德堡半球等实验后，学生们对大气压强有了一定的认识，但并没有机会直观在自己的生活中体会大气压强的存在。而科学学科对学生"做、想、讲"综合学科素养的培养，不仅体现在课堂，更是要学生在生活中能够学以致用，善于发现科学现象，勤于动脑思考。因此，需要教师引导学生在课后的生活中，主动去发现、体验大气压强的特点，更好的帮助学生实现学习目标。

针对以上分析，教师可以选择一个生活中的小实验，如玻璃瓶吸鸡蛋，采用直播方式，带领学生一起在各自的厨房里，利用简单的生活中的材料，跟随自己的老师和同学们一同完成实验，体验生活中的科学奥秘。在实验操作过程中，可利用直播软件中的弹幕留言，分享学生各自的操作经验。弹幕形式有较高的执行效率，学生没有抵触心理，乐于分享。在实验现象分享过程中，可以采用连麦方式（视频语音互动），让学生和老师共同分享做实验的图像画面，调动了学生的试听感官，并积极参与学习过程。在知识掌握情况的互动中，可以采用检测类互动，如钉钉中的填表功能，让全体学生都匿名参加，学生心理压力较小，及时的数据反馈，帮助教师对学生情况获得及时有效的了解。因此，采用直播的方式，既增强了学习活动的趣味性，又能够较好地调动学生参与生活小实验的积极性。

结合课后辅导环节的学生调查问卷，主要从知识点掌握程度、学生主动参与、注意力集中性3个维度进行评价，得出的传统形式与直播形式课后辅导效果对比如图2所示。

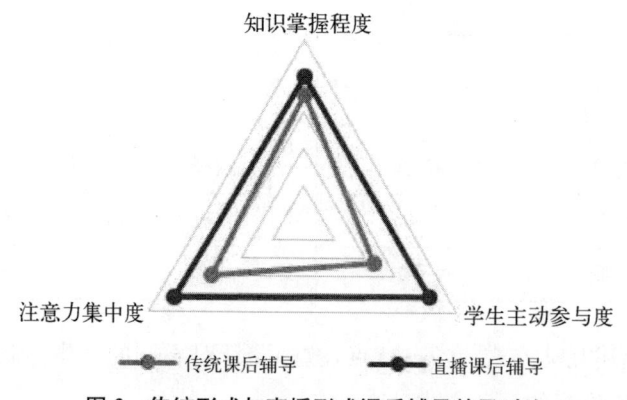

图 2 传统形式与直播形式课后辅导效果对比

从中可以看出,直播形式的课后辅导在学生主动参与度及注意力集中度上,都有较明显的提升。

另外,直播的形式能使"课堂"在时间和空间上显得更加灵活,利用碎片化的时间和不限的场地要求,使学生的学习过程更加轻松。2020年初由于新冠病毒肺炎疫情,受传统教学场地的限制,学生不能集聚在课堂内上课,而直播以其特有的"灵活性"优势,成为了特殊时期独特的教学方式。

直播手段既可以作为传统课堂新知教学中组间分享的新颖形式,并与传统课堂教学进行有效结合,使教学集虚拟性和真实性于一身;又可以作为传统课堂教学的课后辅导的新形式,甚至是特殊时期的传统教学的阶段性替代手段。在高速发展的信息时代,无论从哪个角度思考,直播手段都是学科教学不可或缺的新媒介手段之一。未来,将传统教学与直播教学有机组合,辅以监督检测类APP,调动学校、家庭、社会等各方资源,打造"云"学习环境,需要我们继续不懈地实践和研究。

参考文献:

[1] 高全华,徐春龙,侯兆阳.一种新的大学物理答疑方式的探索与实践[J].赤峰学院学报,2018(8):158-160.

[2] 许文龙,陈士来.如何利用同屏软件提高课堂教学效率[J].实验教学与仪器,2018(10):42-43.

[3] 丁丽飞.无线同屏技术在初中科学课堂中的应用[J].实验教学与仪器,2018(9):45-46.

新媒介在《道德与法治》课堂教学中的运用探究

韩银环

摘 要：在初中《道德与法治》课堂教学中，新媒介的介入，有助于激发学生对时政和社会生活的关注度，丰富学生对案例和理论的内在感知和理解。因此，教师要巧用各种网络资源积极创设教学情境，善用多媒体设备提高教学效率，活用网络应用拓展学生学习视野，妙用整合信息技术的软、硬件功能，创新学科训练形式。高效的教育教学活动，有利于帮助中学生树立正确的价值观、人生观和道德观念。

关键词：新媒介　道德与法治　课堂教学

随着我国经济的发展，对于社会道德、法治素养的要求会变得越来越高，所以在初中阶段培养学生的道德与法治观念就变得至关重要。但是，在增强学生道德与法治观念时，一定要找对办法，不然很容易让这些处于叛逆期的学生产生逆反心理，其效果也会适得其反。要借助现代化的多媒体手段，由浅入深，将抽象的知识形象化。要运用信息技术辅助道德与法治教学，提高学生的参与度，促进课堂教学质量的稳步提升。

一、新媒介引入《道德与法治》课堂教学的必要性

2019年秋季，沪教版《思想品德》已经全部更换为部编版五四学制的《道德与法治》教材。新教材将国家和社会发展的前瞻性要求与青少年思想品德发展、法治素养提升、健康人格形成的基本规律相结合，重点聚焦"培养什么人，怎样培养人，为谁培养人"这一时代命题。

这套《道德与法治》教材具有"综合性"和"实践性"特征。加上新课改中也提出了新的教学理念,要重点培养学生的"学科核心素养"以及"综合素质"。初中《道德与法治》课程的核心素养是指道德品质、心理健康、法治观念、国家意识、政治认同、文化自信、社会和谐和人生价值这 8 个方面。

在传统课堂教学中,老师都会在课堂中为学生讲解课本中的内容,学生在几十分钟的课堂中是被动的听讲。老师这样的讲课形式与方法,学生们在课堂中无法对道德与法治课程产生兴趣,那么让初中生建立起道德与法治的观念就更难了。作为老师,道德与法治课程的丰富性和复杂性,要求我们必须在以往思想品德课教学的基础上改变思路,多为学生创设生活化的情景模式,让学生们能够把课本教材的内容与社会、与生活密切的联系在一起,这样才能更有效地增强学生的道德与法治观念,全面提高学生的综合素质。

新媒介的合理利用,有助于打破这一尴尬境地,提高道德与法治课堂的实效性。甚至有老师说,多媒体以其形式多样、生动活泼、直观影像、情境真实、高度交互等优势,与初中道德与法治课堂教学课程进行整合,从根本上改变了教师固有的教育观念、思想、理论以及教学模式、内容和方法,毋庸置疑,这是课堂教学的一场革命。

二、新媒介在《道德与法治》课堂教学中的运用特征

(一) 发挥新媒介时效性功能,将时事热点和课堂教学紧密结合

时事热点即发生在国际、国内的新鲜热门事,针对初中生对社会的好奇心,将时事热点融入初中生的道德与法制教学过程中会激发他们的学习兴趣,引发学生思考、分析时事热点,在教学中能起到事半功倍的效果。时事政治也是初中《道德与法治》学科中的必考内容。为了提高学生对社会时事的评价能力,确保学生在中考这部分内容不失分、少失分,作为老师,必须做到教学过程中紧扣时代脉搏,指导学生梳理时事政治部分的重要知识点,培养学生分析、评论重大时事的基本能力。

(1) 合理利用多媒体资源,向学生展现立体、真实的时政新闻。作为道

德与法治学科教师，面对网络中多如牛毛的时政新闻，不可能眉毛胡子一把抓。所以，我每天阅读人民日报微信客户端的新闻报道，了解当天热点，并通过"学习强国"APP及时了解国内外时政要闻。在提升自身思想政治修养的同时，用敏锐的嗅觉搜集重要时政要闻，在分析学情的前提下，选取1~2个新闻，以PPT或者微视频的形式，在课前导入，吸引学生的学习兴趣，引导学生主动摄取有效新闻信息，培养学生分析时事热点的能力，提高学生的公民道德、法治水平，对学生正确人生观、道德观、价值观形成正面影响。

（2）指导学生用好网络信息，汇报展示各自搜集的时政热评。时事热点融入初中道德与法治教学是时代进步的需要，更是社会进步的要求。除了让学生接受来自老师的时政热点并展开评论外，我每学期会安排学生轮流上台做时政新闻报告，旨在培养学生自己甄别、择取、整理加工时政信息的能力。教师指导学生合理查找、利用网络资源，让学生整合、加工网络、电视里的时事信息，提高学生整合、分析时政热点的能力。这样可以有效地将社会热点和学生的实际生活紧密联系一起，引发学生的深入思考。

（二）注重新媒介的情境性，将课程教材和学生生活紧密联系

教材是最主要的课程资源。因此，教学时首先要结合学生的生活实际与发展需求，用好、用活教材。《道德与法治》教材上的所有理论，终究是来源于生活。作为教师，则应精于教学设计，带学生"走出"课堂，创设特定场景。陶行知先生的生活教育论，主张让学生从生活中汲取课堂教学所需素材，用以启发学生思考，调动学生自主学习积极性，有效落实教学目标。初中学生易被新鲜活泼事物吸引，探索欲望与求知欲较强。针对这一阶段的学生特点，要求道德法治课教师在教学活动中重视教学情境的创设，在此基础上，开展师生互动的教学活动。

教学导入环节，我经常会导入社会新闻。例如在八年级上《责任与角色》一课时，我在导入环节播放一则关于TFBOYS成员王源回应抽烟向公众道歉的新闻事件，同龄明星肩负公众人物的角色以及责任，引发学生的共鸣。让学生依靠自己的判断和认知去判断事件的本质，对于学生的错误认知，给予及时指正，并给学生讲解其中蕴含的道理，培养学生明辨是非的能力，促进学生道德素养的提升。

通过合理利用新媒介,引入鲜活的生活案例、社会事例,创设丰富多彩的教学情境,不仅能够引导学生发现问题、分析问题、解决问题,而且还能够让学生更加深入地理解知识的内涵,激发学生对知识的渴求,调动学生参与教学活动的积极性、主动性。

(三) 强调新媒介的互动性,打破学校和家庭的时空限制

新媒介的特点之一,就是即使跨越时空,依然具备互动性。体现这一特点的最突出案例就是:2020年春节"新型冠状病毒"疫情期间,多地延长寒假,推迟开学,教育部提出"停课不停学"的口号。让这个口号付诸实践,新媒介成为必不可少的信息工具。在道德与法治课程教学上,我利用"钉钉"APP,实现了和所任教的所有班级家长、学生的有效对接。寒假延长期间,收到每一个学生的寒假作业,学生将所完成的作业拍照上传,而我对他们的作业予以一一点评和反馈,让学生在家里依然能够合理地利用好时间。另外,我又利用"直播"的方式,对任教班级进行网络授课,即可以和学生看到彼此,并通过"连麦"或者打字的方式进行互动,保证"停课不停学"真正得以实现。

在这种特殊情况下,新媒介在教学中的"互动性"功能放大到非常重要的地位。这也提醒我们,不仅仅在疫情期间,还可以在放学、周末、寒暑假等时段,以网络互动形式指导学生的学业,显示了新媒介为教学提供广阔空间的优越性。通过构建"互联网+"家校共育空间,以真挚的爱心和科学的方法教育、引导、帮助学生进步成长,并同家长配合实现学生的高效学习。

三、新媒介在《道德与法治》课程教学中的实现途径

《道德与法治》课程的学习内容大多是学生生活中看到过、听说过甚至经历过的问题,若老师不把生活中的素材与内容运用于课堂教学中,不用其激发学生的内在情感,那么《道德与法治》课就成了讲大道理的课堂。

(一) 利用生活素材,激活学生内在体验

(1) 运用新媒介硬件设备,展现丰富课堂。在八年级上册《我与社会》

一课中，我先请同学们将自己参与社会生活的照片带到学校来，可以是雏鹰假日小队活动，可以是学校组织的社会实践活动，可以是自愿参与的志愿者活动等。我将这些照片投放于投影仪上进行展示，不仅让所有学生都能够了解到丰富多彩的社会生活，还请部分同学分享参与这些社会生活的感受，理解社会生活的积极意义。除了投影仪，还有展示台、白板、音箱、激光笔等日益丰富的硬件设备，大大提高了课堂教学效率。

（2）发掘网络资源，"嫁接"课堂教学。《维护秩序》一课时，重点是向学生展示社会秩序的重要性。如果只通过口头描述，显然很难引起学生重视。因此，我在网络上收集下载了很多社会生活中不文明的高清图片，作为学生想象、思考、分析的材料依据。同时以PPT形式在大屏幕上展示教材"运用你的经验"图片及材料思考后面的问题。学生观看图片后，能够积极思考教师推出的问题。同时鼓励学生发言，描述缺乏社会秩序的场景，如没有课堂秩序、没有交通规则将会是怎样的状态等。将学生们所描述的场景一个个拼接起来，简直是一幅"世界末日"的悲惨画面，让学生自己总结出"没有秩序真可怕"的后果。由此提出：秩序对我们的生活是多么的重要。类似收集"嫁接"已有网络资源，应用到教学场景中，在《道德与法治》课堂中运用得非常多。这也要求教师具备较高的信息整合能力，善于把网络资源和教材知识点巧妙对接，让学生产生奇妙的"代入感"，形成自己的思考并得出结论。

（二）自制微视频，突破教学重难点

《道德与法治》教材中，法律相关的内容较以前的《思想品德》明显增多。尤其是八年级下册，几乎全部都是法律相关内容，如八下第一单元就是《坚持宪法至上》。宪法是我国治国安邦的总章程，但是这部分内容既抽象又枯燥，教师也觉得无从着手、难以把握。由于这部分内容与学生的日常生活有一定距离，且学生对这部分知识储备有陌生感。而要突破教学的重难点，只靠传统的教学方式显然会让课堂变得枯燥无味，甚至让学生昏昏欲睡，难以达到很好的教学效果。为此，不得不借助新媒介途径。但是，网络上的素材质量参差不齐，不能随手拿来扔给学生，这样很有可能只是增加了课堂的"热闹"，却不能让学生领悟到真正的宪法内涵。

在《宪法》这一课中，老师一般会借助已有的网络素材，结合课本知识

点,自行制作微视频素材。我的做法:制作了2分多钟的"解读国家宪法宣传日",把贴近学生的社会生活素材、课本知识点、国家政策方针融合在一个微视频里,让学生领悟到宪法的至高无上的权威性,从个人和国家两个层面帮助学生理解宪法的地位和作用。

对于这一类学生既难以理解,又有距离感的知识点,教师完全可以利用自己的知识储备和信息素养,原创微视频内容,用起来得心应手,也不会在课堂中突兀呈现,有助于提高教学效率。这也要求教师必须掌握制作微课的技巧,制作出适合学生学情的资源包,更好地服务教学。

(三) 适切应用 APP,让教育内潜化、数据化和系统化

(1) 引导学生关注各类时政公众号,培育学生对时政的敏感性和价值观。初中《道德与法治》课程既是初中教育课程体系的重要组成部分,也是促进中学生身心健康成长、提升综合素养的重要课程。当今自媒体如雨后春笋,网络上的各类信息真假难辨。这就要求教师抢占"网络"教育阵地,引导学生树立正确的是非观念。初中生猎奇心理旺盛,价值观不够稳定,同时又缺乏社会经验。为此,我在课堂教学中引导学生关注"人民日报""新华社""半月谈""全民较真"以及一些学科类公众号,通过课堂上分享案例的形式,引导学生在网络生活中去伪存真,明辨是非。

(2) 利用"问卷星""钉钉""晓黑板"等 APP,检测学生知识掌握情况。目前教育类应用功能越来越强大。在学生自学之后,我利用手机"问卷星"APP 出题,检测学生的知识掌握情况,及时进行数据分析。同时利用"晓黑板""钉钉"等的"投票"功能,或者巧妙设题,根据学生的学情,提出探究任务;或者反馈学习效果,数据结果会在学生提交后一目了然,非常便捷。

(3) 利用新媒介技术和思维导图相结合,有利于学生自主构建知识体系。有教师提出,在道法课堂教学时,可采用"翻转课堂+信息技术+思维导图"教学模式。这种教学模式其实也经常被我们使用,在开展教学活动前,教师利用新媒介为学生播放相关视频,激发学生的学习兴趣,使其对所学内容产生期待。随即教师利用电子交互白板或 PPT,提出学生自主学习任务,继而创设翻转课堂,确保"教"与"学"的目标一致。同时以 PPT 为载体,展示思维导图,该图关键词为学生学习任务。学生通过自主学习填充思维导图的过程,就是梳理学习思路、提炼重要知识点的过程。新媒介的手段

多种多样,思维导图的电脑终端、手机应用 APP 也有着非常强大的功能,方便教师呈现在教学过程中,让知识以更为系统、清晰的方式呈现出来;它也可以引导学生手工绘制、自主绘制,构建自己的知识框架,梳理知识脉络。新媒介与思维导图教学法的融合,能让《道德与法治》课程的教学模式焕然一新,让琐碎的知识点"串"成美丽的珍珠,印刻在学生脑海中,教学效果显而易见。

总之,初中《道德与法治》课程既是初中教育课程体系的重要组成部分,也是促进中学生身心健康成长综合素养全面发展的重要课程。作为一名《道德与法治》课程教师,肩负着培育有道德、知法守法学生的教育使命。因此,我们需要借助新媒介力量,运用已有的硬件和软件功能,通过深入的教学实践,不断探索更加丰富、精彩的教育教学模式,使初中"道德与法治"课堂教学更加活泼、精彩和优质。

参考文献:

[1] 郑君唐.初中道德与法治课如何培养学生素养[J].学周刊,2019(7).
[2] 葛文勤.核心素养下初中《道德与法治》生本课堂的构建[J].教学研究,2020(1).
[3] 徐炳强.信息化时代初中道德与法治教学模式研究[J].信息技术与教学,2020(1).
[4] 金玲.初中道德与法治课教学中互动式教学模式的应用[J].名师在线,2019(36).
[5] 石雪珍.思维导图在道德与法治教学中的运用[J].教学动态,2020(2).

新媒介环境下影视资源在历史学科教学中的应用

唐逸飞

摘　要：随着新课改的深入，对教材的改革也愈来愈受到重视，历史教材逐渐从教本向学本转变。因此本文通过结合2019年人民教育出版社出版的教材与相关影视资源进行比较结合，意欲为课堂教学中新媒介的使用提供些许建议。

本文主要描述影视作品的分类，并且结合公开课例《开国大典》，分析影视作品在课堂教学中的作用。除此之外本文还通过总结影视资源运用的相关原则、影视资源的应用策略、影视资源在应用过程中的注意事项等方面，总结分析新媒介的优势与影响。

笔者选取具有代表性的历史教材及影视资源，希望从教学方法、教学内容、教学原则、注意事项等多个方面进行全方位地剖析，以期能够对新媒介下课堂教学的发展进行探讨。

关键词：新媒介　影视资源　历史　课堂教学

在新一轮的教材改革中，历史教材经历了比较大的变化，初高中教材都采用部编版的新教材，人教社共计为教材配套的教学光盘共有6盘，其中包括中国历史4盘和世界历史2盘。教材中的教学光盘不仅为我们提供大量图文史料、相关习题，更有丰富的视频资源为教师提供支持。由于这些资料是经过资深史学家、教育家的审核，史料价值更显珍贵。

随着时代的进步，网络技术日新月异的发展，学生能够接触到新媒介的机会也越来越多。在我们的互联网中出现了很多学习类的网站，这其中自然包括了与历史教学有关的网站。上海教育资源网（http：//www.sherc.net）是在21世纪初为上海市二期课改所构建的一个资源网站。此外，北京的人民教育出版社(http：//www.pep.com.cn)由于包含历届历史教材资源,因此资源比较丰富;广东的中学历史教学园地(http：//www.zxls.com)是由广大历史教师以及历史专家共同建构的点击率较高的教学网站。另外,一些专家学者通过网络建立了个人的博客,同样提供了一些相关的影视资源。

一、影视作品的分类

笔者在此对八年级(下)的影视资源进行简单的整合,以期对课堂历史教学中的运用提供些许建议,见表1。

表1　影视资源的整合

教　　材	影　视　资　源
第一单元 中国开始沦为半殖民地半封建社会	《西方文明冲击与民族危机》 《甲午海战》
第二单元 近代化的早期探索与民族危机的加剧	《戊戌变法》 《义和团》 《八国联军侵华》 《孙中山的一生》 《同盟会》 《黄花岗起义》
第三单元 资产阶级民主革命与中华民国的建立	《救国道路的新探索》
第四单元 新民主主义革命的开始	《中国共产党成立》 《建党伟业》 《五四运动》
第五单元 从国共合作到国共对立	《开国大典》 《上甘岭战役》 《毛泽东接见红卫兵》 《文化大革命》 《大跃进运动》 《乒乓外交》

(续表)

教　材	影视资源
第六单元 中华民族的抗日战争	《九·一八事变》 《卢沟桥事变》 《南京！南京！》 《南京大屠杀》 《细菌战》 《地道战》 《哑铃战术》 《百团大战》
第七单元 人民解放战争	《开国大典》
第八单元 近代经济、社会生活与教育文化事业的发展	无

(一) 按照性质分类

对影视作品的性质进行分类，基本上可以分为如下3类。

(1) 电视连续剧，这种作品的内容形式大多以文学手法为基础，添加编剧的个人想象成分，如《鸦片战争》《雍正王朝》等。

(2) 讲座纪实系列，这种作品的内容形式是通过邀请专家、学者来到屏幕前，就历史事件发表自己的看法，如《百家讲坛》《一千零一夜》等。

(3) 纪录片等，这种作品的内容形式大多采用真人记事的方式一般为口述访谈情况，如《二十二》《大国崛起》等。

(二) 按照内容分类

按照影视作品的内容进行分类，可以分为如下3类。

(1) 事件类，这种作品的内容大多选取历史重大事件并进行详细阐述，如《开国大典》《西安事变》等。

(2) 人物类，这种作品的内容大多选取对于历史产生重大影响的人物的生平进行阐述，如《开国领袖毛泽东》《康熙王朝》等。

(3) 纪实类，这种作品是基于现场拍摄的产物，如《南京大屠杀》等。

(三）按照历史事实相符程度分类

根据历史事实相符程度,可将影视作品分为两类。

（1）历史正剧,主要依据历史上出现的人物、事件等为依据而产生的影视作品,如《开国大典》《建党伟业》。

（2）历史演义剧,是根据真实的历史事件,适当添加艺术想象成分,如《三国演义》《隋唐英雄传》等。

二、影视作品的运用探究

影视作品在历史教学中的运用,能够使日常历史教学变得更加生动、直观。下面以部编版教材八年级上《开国大典》为例,通过出示各个环节的教学设计,了解影视作品的益处。本文选取的《开国大典》是历史事件类正剧。

环节一：出示六年级《开国大典》的语文教材,要求学生回忆相关教材内容。

设计意图：创设情境,联系客体,为学生的学习奠定良好的基础。

环节二：PPT播放《开国大典》视频,提出问题思考：请同学们仔细观看视频,从视频中我们可以找到哪些历史信息？学生：开国大典热闹的场景；开国大典的时间、经历。

设计意图：通过影视作品,使得学生身临其境,明晰时空的价值观。

环节三：从影视资源中截图出相关人物肖像,猜一猜：他们都是谁？他们的身份又是什么？分别出示在天安门城口上出现的各个人物,要求学生通过自己的课外拓展回忆他们的身份。

设计意图：通过真实人物肖像,使学生从内心产生敬佩之情。

环节四：紧接着通过对于天安门上的人物进行系统的归纳,按照类别共分为五类,代表参与开国大典是全党各族人民共同参与的大事。

设计意图：运用饼状图,向学生展示中国共产党领导下多党合作的魅力。

环节五：通过视频资源中截图天安门城楼下北京城百姓共和欢庆的场景以及开国大典"广场上不断欢呼、欢乐充满整座北京城"的气氛,让学生相互印证,认识到开国大典是在中国共产党领导下各族人民欢庆、喜悦共同的大事。

设计意图：通过影视资源的播放，使学生能够身临其境，感受当时人民的喜悦之情，调动学生的学习积极性。

这节课的教案设计，以《开国大典》这一影视资源视频为形象载体，让学生从背景、时间、经过、结果等多个角度，全方位地了解开国大典的宏伟场景，培养学生的家国情怀，与部编教材"立德树人"的教学目标紧密吻合。

三、影视资源的运用原则

在历史教学中，基于历史影视资源的特征，应当遵循以下几条原则。

(一) 真实性原则

真实性原则是在挑选历史影视资源时必须要做到的，即影视资源必须做到反映真实的历史。在影视资源中，历史的真实性包含两个方面：① 内容的真实性，即客观地还原历史真相；② 评价的真实性，即站在特定的历史背景下，对历史作出客观、真实的评价。

在真实的课堂情境下，我们一方面要强调影视资源的真实性，但是也绝非排斥虚构性的知识。如在课堂中，遇见许多晦涩难懂的新名词，学生难以快速理解，但作为教师的我们，可以快速创建虚拟场景，让学生通过"身临其境"的方法，将问题迎刃而解，培养学生思考问题、解决问题的能力。

(二) 有限性原则

有限性原则可以说是影视教学的基础原则，影视资源的教学作用是有限的，无法取代学生的思考、交流。随着教学的不断发展，历史教学摒弃了"满堂灌"的传统式教学方法，将更多的课堂时间交还给学生，使学生做到"从做中学"。具体在课堂教学中，运用"合作学习""探究学习"等方式，替代教师的"一言堂"讲解。一名优秀的教师要善于给学生"留白"，即采用多种方式融合于课堂教学。对于影视资源的使用时间，大部分学者提出不超过"10分钟"，否则会减少了给学生深入思考的时间，难以对本堂课的重、难点知识进行巩固。

影视资源播放时间往往偏长，这就要求我们老师能够掌握相应的信息技术，并且对于整部影视资源有一个系统的了解，才能对影视片段进行分类整合，以免给学生造成过重的学习负担。这其中教师可以根据教学内容的多寡，将影视资源以"碎片化"的形式进行呈现，一来学生不易分心，二来使得课堂节奏更加紧凑，能够快速、有效地完成教学任务。

（三）有效性原则

2017年部编版历史课程标准中提到：历史教学必须涵盖五大核心素养，即唯物史观、历史解释、时空观念、史料实证与家国情怀。因此，作为教学辅助工具的影视资源，必须做到满足五大核心素养的要求，做到影视资源的有效性。

（1）唯物史观。要求教师基于客观角度看待历史人物、时间是它的基本含义，在挑选影视资源时，选取"客观性"的资源，紧扣教学目标。

（2）历史解释与史料实证。要求教师能够将画面与文字有机结合，引发学生的积极思考，促进学生的探究欲望。

（3）时空观念。影视资源是时空观念的完美结合体，从编辑与制作，必须紧扣时空观念的主题。

（4）家国情怀。影视资源是家国情怀最好的烘托物，影视资源中的背景音乐、画面内容、人物神态等，都能给学生的情感共鸣，烘托良好的背景。因此在课堂教学中必须充分利用这一点，做到"物尽其用，人尽其才"。

（四）联系学生生活原则

在新一轮的历史课程改革进程中，愈来愈强调学生的"主体性地位"。体现在课堂教学中，尤其是史料的选择上，不能仅凭教师的主观意志来进行筛选，而是需要通过了解学生，走近学生，联系学生的生活，指导学生重视已有生活知识的积累，从而建构起对学生发展最具价值意义的知识框架。

四、影视资源的运用策略

（一）运用影视资源，创引建构

影视资源给人最大的感受即真实，创联式教学的第一步创引建构能够吸引学生兴趣。如在介绍汉朝的历史时,教师可以先播放"汉武帝文治武功"的视频,或者相关历史事件的资料。这样可以激发学生的学习兴趣,将学生带入特定的历史场景中,让学生站在特定的历史背景下去完成老师所提出的问题,提升自己的综合素养。

但是具体在课堂操作中,切记禁止"为了导入而设置"的弊端。我们要充分利用影视资源的优势,激发学生的情感,在影视资源播放之前,事先可以设置相关问题,注重发掘学生的主观能动性。如在中国近代史《卢沟桥事变》中,为了将新世纪的学生拉回到曾经那个年代,激发学生的家国情怀,我们可以从网上搜索有关抗日战争的相关资源,时长超过 20 分钟以上的视频有 2 000 多条,这也为我们的课堂教学提供了很多的资源借鉴。

(二)影视资源与文本相结合,突破重难点

由于初中学段的学生刚刚接触历史,对于历史名词、历史解释的理解存在一定的困难,因此在课堂教学中学生对于教材内容往往比较陌生。针对这种情况,教师可以适当在课前让学生完成课文的预习工作,以便学生能够了解阅读的障碍。在课堂教学中,让学生根据课文内容或教师提供的相关史料,联系影视资源的内容,感受语言文字的魅力,了解历史发展的脉络。

(三)重视影视教学与其他教学方式的整合

影视资源固然重视,但也必须以基本教学方式为模型而运用,如在阐述中国近代史《南京大屠杀》的相关内容时,我们不仅可以运用情境创设、问题探究的方式,还可以运用影视资源、图片、史料等一系列教学方式;又如在介绍"南京大屠杀的相关内容时",我们可以一方面出示电影《南京!南京!》的相关片段,另一方面可以提出问题,让学生在书本上寻找到南京大屠杀的相关内容,增强学生自主思考、自主解决问题的意识和能力。

五、影视资源在应用过程中的注意事项

(一)对影视资源进行筛选

传统历史备课中,对于材料的选取较为严谨。在传统备课中,主要的参

与者皆为历史老师或历史专家,通过查阅文献、教学参考等方式进行备课。但是在新一轮的影视资源教学中,教师在备课中借助互联网资源,通过简单的搜索引擎,成千上万条影视信息进入我们的眼帘。作为影视资源,它们的制作者往往来自各行各业,海量般的资源虽然拓宽了教师的选择性,但是我们仍必须依据《2017年历史课程标准》(实验版)的相关内容进行筛选。

(二)深入挖掘影视资源信息

在《抗日战争》一课中涉及"日本投降"的事件,曾有一位历史教师出示美国出动原子弹轰炸日本广岛、长崎两个地方,造成日本民众死伤惨重的影视资源画面,导致学生出现相关疑惑:"日本本土的人民究竟做了什么样的事情惨遭如此毁灭性的打击,不禁心里一阵难过",而教师亦是简单出示,敷衍了事。而于笔者观之,此即训练学生一分为二看待历史事件的重要契机。针对这道题,笔者的想法是:一方面,原子弹给日本人民带来严重的灾难;另一方面,原子弹加速了世界法西斯力量的衰亡。因此我们可以多角度、全方位地看待各类历史事件,培养学生的家国情怀。

六、结　语

随着部编版教材的逐步推行,影视资源的功能亦日趋显著。作为历史学科教师,我们应该积极开发、利用影视资源,将影视资源的教育功能服务于历史教学,改变历史课堂传统教学模式,优化历史课堂教学过程,让学生在历史教育的熏陶中成长和发展。

参考文献:
[1] 姜姝媛.历史题材影视资源在初中历史教学中的应用[D].鲁东大学,2015.
[2] 胡素敏.历史题材影视资源在高中历史教学中的应用研究[D].河南大学,2017.
[3] 孙杨.影视资源在中学历史教学中的应用[D].渤海大学,2015.
[4] 方爱琴.历史影视资料在历史教学中的作用及使用注意事项[J].甘肃教育,2014(13).
[5] 李亚萍.历史教学导入环节应用影视资料的实践[J].新课程导学,2014(15).
[6] 沈中苏.历史影视作品在高中历史教学中的运用[J].新课程导学,2014(9).
[7] 昝金国.大胆、巧妙、谨慎—影视资源在初中历史教学中的运用[J].学周刊,2014(4).

[8] 李永新.合理利用影视资源,优化中职历史课堂[J].考试周刊,2013(A1).
[9] 徐明凤.宁缺毋滥,适可而止—浅谈影像资料在历史教学中的应用[J].学周刊,2013(33).
[10] 许强.初中历史教学资源有效利用的问题和策略[J].新课程(中学),2013(9).
[11] 沈卫冬.刍议高中历史课堂教学中影视资源的运用[J].高中生学习(师者),2013(09).

基于 iPad 学习环境的初中历史教与学的探究

斯丹梅

摘　要：《义务教育历史课程标准》提倡开展探究式学习。在历史课程标准和新课改理念的指导下，教师可有意识、有目标地开展基于 iPad 学习环境的初中历史探究教学，引导学生利用 iPad 等新媒介，进行网络探究、协作学习、项目式学习等初中历史教学探究性学习活动。
关键词：iPad　初中历史　探究

教育部制订的《义务教育历史课程标准》(2011 版)之"课程基本理念"中提到"鼓励自主、合作、探究式学习"，在"过程与方法"中也提及"学会与教师、同学共同对历史问题进行探究与讨论"。由此可见，新课程标准是探究式学习的重要依据。

笔者的初中历史教学，以历史课程标准和新课改理念为指导，有意识地引导学生利用新媒介开展历史探究，重点致力于基于 iPad 学习环境的初中历史探究的教学实践。这里的 iPad 不光指苹果公司的平板电脑，也泛指其他品牌的平板电脑。我的教学实践主要如下。

一、基于课程标准，梳理适于 iPad 环境的课程目录

"探究式学习"又称为研究性学习，是指从学科领域或现实生活中选择和确立主题，在教学中创设类似于学术研究的情境，学生通过动手做、做中学主动地发现问题、实验、操作、调查、收集与处理信息、表达与交流等探索

活动,获得知识,培养能力,发展情感与态度,特别是发展探索精神与创新能力。

虽然在初中历史探究中学生是主体,但教师的作用仍然不可忽视,比如:如何帮助学生确定主题或问题,如何组织学习活动,如何提供指导,如何控制和检查学生的学习进度等。

探究式学习作为初中历史教学的一个组成部分,必须基于历史课程标准,结合课程内容,符合历史教学基本要求、历史学科核心素养、新中考改革等要求,服务于教学目标,而不是漫无目的探究。

同时,历史探究教学也必须符合本校学生实际,在教学中教师须以唯物史观为历史教学指导思想,课堂教学中需结合教学内容落实时空观念,注重史学思想方法的示范,引导学生模仿和迁移,帮助学生提高史料实证和历史解释能力,关注教学目标的达成,多让学生感悟,培养和激发学生的家国情怀。

iPad作为科技手段,是历史学科教学的辅助,是为了更好地达成教学目标,在使用过程中必须注意其适切度,不追求炫技和次数,而是注重质量和效果。当然,我们也可以突破学校教室的藩篱,在广义的课堂教学中利用iPad。

基于2018年秋季上海七年级学生启用统编的历史教材,考虑对未来几年教学的适切性和提高持续支撑功能,我聚焦于七年级统编教材内容,重点围绕"过程与方法"目标的达成来设计典型课程。在教材和历史图册这些已有的资源外,适当补充课程资源,并基于iPad学习环境开展历史教学,形成了适合于开展基于iPad学习环境的课程目录,见表1。

二、根据 iPad 课程目录制作课程资源包

学生的自主探究学习,需要大量的信息。丰富的学习资源是探究学习得以开展的必要条件之一。教师必须依托历史教材中可有效促进学生历史核心素养培育的内容或者典型问题,积极搜集资料,逐步丰富相应的历史学习资源,促进学生的探究性学习。课程资源的来源多样化,如博物馆藏品信息、网上博物馆、网络新闻、网上微课、微信文章、杂志文章、教师搜寻或购买

表 1　初中七年级历史教材 iPad 主要课程目录

史学思想方法	上海初中历史课程目标相关编码	目标具体阐述	根据目标选择的典型知识内容	基于 iPad 学习环境的补充资源	学生相应活动成果
搜集证据辨据	2-1-1	懂得历史记载、著作和教材中的内容都是作者认识的结果，能指出其中含有价值判断或观点的表述	北魏孝文帝改革的意义	北魏孝文帝改革 https://baike.so.com/doc/263523-278959.html	结合教材，课前观看教师推送的视频，了解改革的意义，从多个角度理解孝文帝改革的意义
	2-1-2	懂得文献检索和调查访问是获得实物、文本、口传等史料的基本途径	都江堰	《都江堰》视频	观看教师推送的视频，了解都江堰，有条件的结合都江堰旅游经历
			汉武帝生平 汉武帝巩固大一统的措施	《汉书卷六 武帝纪第六》http://www.guoxue123.com/shibu/0101/01hsyz/006.htm	初步了解《汉书》中《武帝纪》《史记》《资治通鉴》是了解汉武帝的重要史料来源
			明代长城	长城图片和视频	观看长城视频，近距离或宏观地看长城
			改革开放	《咱家的三代秀》学生 ppt 报告	学会通过对长辈的访谈增加对改革开放成果的感悟，并在班级释交流分享 PPT 报告

基于 iPad 学习环境的初中历史教与学的探究　173

（续表）

史学思想方法	上海初中历史课程相关目标编码	目标具体阐述	根据目标选择的典型知识内容	基于 iPad 学习环境的补充资源	学生相应活动或成果
搜集证据辨据	2-1-3	懂得文学艺术作品的史料价值，汲取和整理其中的主要信息	唐诗 绘画 宋代商业贸易的繁荣	专家的论文《读唐诗看看都长安的繁华》 学生绘画史探究 PPT 《清明上河图》https://tv.sohu.com/v/dXMvMzM1OTQwODUxLzE2MTE1MDk0Mi5zaHRtbA==.html	课前看教师推送的论文，初步了解唐诗中的长安 学生小组上网探究隋唐之前的中国绘画史，制作 PPT 报告，班级群里交流 欣赏《清明上河图》，去中华艺术宫参观高科技辅助制作的动感图画
	2-1-4	懂得"原始史料"与"非原始史料"、"直接证据"与"间接证据"的区别，正确汲取和整理其中的主要信息	青铜器 唐代的画 商鞅变法 宋代的手工业 南京大屠杀	上海博物馆的大克鼎资料 《送子天王图》视频 上海博物馆之商鞅方升介绍 南宋朱克柔丝名作介绍 南京大屠杀视频	阅读教师推送的关于天子文章，或上网或去上博实地了解大克鼎、商鞅方升等 观看教师推送的《送子天王图》视频，感受仿模作 观看教师推送的《南京大屠杀》视频，结合所学制作南京大屠杀介绍 PPT

（续表）

史学思想方法	上海初中历史课程相关目标编码	目标具体阐述	根据目标选择的典型知识内容	基于iPad学习环境的补充资源	学生相应活动或成果
诠释评价	2-2-1	从时代特征、社会地位、文化背景、思想认识的视角，解释与评价历史人物	汉武帝 北魏孝文帝 吴道子	CCTV汉武帝视频 《中国通史：北魏孝文帝改革》（记录片）https://www.bilibili.com/video/av465242 吴道子视频	观看视频，感悟杰出历史人物的事迹，结合所学评价历史人物
	2-2-2	从时代特征、自然环境、文化传统、社会生活的视角，解释与评价历史事件	汉武帝巩固大一统王朝 北魏孝文帝改革	"推恩令"故事学习单 教师自制《孝文帝改革》微课	根据所学和教师推送的学习单和资料合理推想编写恩令的台词 观看教师自制的视频，尝试解释孝文帝改革
	2-2-3	从基本特征、主要贡献的视角，解释与评价优秀文明成果	唐诗	教师自制《唐代的诗》微课、学习单	观看教师推送的微课，结合所学完成学习单

（续表）

史学思想方法	上海初中历史课程目标相关编码	目标具体阐述	根据目标选择的典型知识内容	基于iPad学习环境的补充资源	学生相应活动或成果
诠释	2-2-4	运用时间与空间、相同与不同、背景与条件、原因与结果、动机与后果的概念或范畴，分析、归纳、综合，比较基本史实和相关问题	红军长征 从"贞观之治"到"开元盛世" 盛唐气象 淝水之战 张骞与丝绸之路	长征路线示意图PPT 几个长征小视频 《从"贞观之治"到"开元盛世"》学习单 《盛唐气象》学习单 淝水之战拓展阅读 张骞https://v.youku.com/v_show/id_XMzgwODg1MDU2MA==.html?spm=a2h0j.11185381.listitem_page1.5!11~A	结合所学和填充长征重要事件 利用教师推送的学习单预学，比较唐朝前期3个重要皇帝的治国措施 课外延伸阅读淝水之战前秦失败原因 结合推送的形成气象形成原因，教师投屏分学生讨论和填写的成果 观看教师推送的张骞视频，了解张骞对丝绸之路的贡献
评价	2-2-5	根据一定的史实、史料或视角，置疑有明显缺陷的历史叙述或解释	大跃进 人民公社化运动	大跃进、人民公社化PPT	仔细观看教师推送的资料，班级群内思考和讨论其可行性
	2-2-6	懂得辨别史料性质，检验思维方式有助于认识历史真相	大跃进	《稻穗上的姑娘》等照片和回忆	仔细观看教师推送的照片，思考和讨论其真实性和史料价值

的 CCTV 纪录片、照片资料、正史、互联网站（中国国家博物馆网站、中国国家图书馆网站、上海图书馆网站、中国第一档案馆网站、中学历史教学园地）、微信公众号（历史园地、姜鹏国学书房、张元谈历史话教学）；教师自制的电子课件、电子课本、自制微课、自制导学单、学习单等。同时，也应适当发动学生参与构建课程资源包，如请学生探究中国绘画史后制作 PPT 报告，访谈家人制作三代秀 PPT 报告，制作 PPT 报告或录制视频故事介绍历史人物，撰写历史小论文。目前，已经形成了一个除教材内容外的课程补充资源包，并在此基础上建构了一个基于 iPad 学习环境的历史课堂教学校本资源库，见表 2。

表 2 基于 iPad 学习环境的历史课堂教学资源库

适用课型	类别	资源名称	iPad 的主要使用方式
历史基础课	教师教学设计	《唐代的诗与画》《汉武帝巩固大一统王朝》《北魏政治和孝文帝改革》	教师 iPad 推送补充阅读文章、学习单供学生课前自主学习 课上学生自主上网搜集史料 使用 iPad＋希沃授课助手，投影学生作业于大屏幕
		《西欧和日本》	主要利用 iPad 和 Aischool 的投票和思维导图功能
	微课	《孝文帝改革》《唐代的诗歌》《长征》《张骞和丝绸之路》等	iPad 推送，课前导学，课上教学
	学习单	汉武帝巩固大一统的措施学习单、汉武帝生平学习单、"推恩令"故事学习单、《唐代的诗与画》学习单、《从"贞观之治"到"开元盛世"》学习单、《盛唐气象》学习单	iPad 推送，课前导学，课上学习
	视频	都江堰、汉武帝、张骞、吴道子、《送子天王图》、北魏孝文帝改革、《清明上河图》、长城、长征故事等	iPad 推送，学生细致观看、讨论

（续表）

适用课型	类别	资源名称	iPad的主要使用方式
历史基础课	教师搜集文章等	《大克鼎》、宋代缂丝名作、《稻穗上的姑娘》《稻穗上的孩子》	iPad推送学生欣赏、分析、讨论
	学生作品	视频故事：《曹操》《隋文帝》《武则天》《李清照》等；PPT：《中国绘画史》《汉武帝生平》《汉武帝巩固大一统的措施》《工业革命》《英国资产阶级革命》《美国独立战争》《美国南北战争》《蒙古帝国》等	课后复习，学生讲故事视频班级群分享 辅助阅读
历史拓展课	学生影评	《乱世佳人》与南北战争、《白宫管家》影评等	学生观影后再上网研究并撰写影评PPT，观影论史，发给教师以便班级分享展示
	学生小论文	《终焉垓下项羽》《诸葛亮与空城计》《但丁与神曲》《木兰忆》《我眼中的赤壁大战》《亚历山大大帝》《秦始皇》《慈禧》《时代的缩影　伟大的悲剧——记拿破仑》等	电子版历史小论文，校内分享交流
	学生课前历史故事	《曹操》《岳飞》《南京大屠杀》《李鸿章》《毛泽东》等	学生上完课后复习，上网再拓展学习，制作PPT报告或视频、Word文档
	历史情景剧	《当李白遇上杜甫》短剧、《虎门销烟》课本剧、《推恩令》	学生上网探究，然后撰写小剧本、或人物台词 课上表演
历史研究课	活动设计与学生作品	《瞧，咱家的三代秀》活动设计与学生作品PPT 庆祝中华人民共和国成立70周年小报设计	学生在教师引导下上网探究或访谈家人，制作PPT报告，班级群展示改革开放与家庭和社区的发展 结合教师要求和所学，网上探究，制作电子小报，反映新中国成立和发展的历史

三、打造适合普通课堂的 iPad 学习环境

基于各教室均有电子白板机、投影仪、实物展台、电脑、网络端口及 2019 年我校开始无线网全覆盖等前提，创建"iPad＋平台"的数字教学环境。在同一网络下，将 iPad 与多媒体设备无线或者平台连接，使得学生的反馈可以及时传递到电子白板上，实现了师生的有效互动。

为了更好地将 iPad 和教师的多媒体设备进行互联，我在学校课堂上借助希沃授课助手进行投屏，利用浏览器上网，教师利用比较普及的"钉钉""微信"、QQ 或者"晓黑板"进行课程资源的及时推送、分享和学生的反馈，利用 UMU、"问卷星"等进行作业、调查、个性化反馈和分析统计，实现了 iPad＋平台的及时互动连接。并在历史基础课、探究拓展课"观影论史"和研究活动课上构建了"iPad＋平台"的教学技术环境。

四、实践基于 iPad 学习环境的历史探究学习模式

初中历史探究学习过程的本质，是学生在教师的引导和帮助下，通过体验和探究为主的主动性学习，增进历史智慧，提升人文素养的过程。应在先进的教育科学理论的指导下，选择当代教学模式中适应历史学科教学特点的模式，再融合我国历史教学实践经验，最终加以统合改造而成。在探究过程中，我们主要实践基于网络的探究性学习模式、自由协作式学习模式和项目式学习模式 3 种教学模式。

（一）基于网络的探究性学习模式

基于网络的探究性学习模式就是基于开放资源与网络自组织的社会化和个性化课程探究性学习。对学校教育而言，基于网络的探究性学习是指基于开放资源与网络的环境下，学生在教师的指导下，通过选择一定的研究课题，以类似科学研究的方式进行主动探究的一种教学方式。

在这种学习模式下，各种资源为学生提供了一个无墙的课堂，突破了历史教学的时空局限。网络是学生获取信息的主要途径，课堂教学逐步从封闭式发展为半开放、甚至完全开放教学时空，师生关系也进一步呈现多元化。

iPad教学符合网络教学模式的特点，即利用网络技术，有特定的教学目标和可操作程序等。iPad应用到历史教学中的教学目标首先是获取与整合知识，学生需要处理大量新信息并最终形成对这些信息的思维意识。iPad上网络搜索的操作程序非常简单易行，学生可以随时连接到互联网搜寻资料。但网络探究学习并不是要求学生简单地通过搜集信息组成问题的答案，而是要求学生对信息进行一定程度的加工、提炼及整合，从而培养学生收集、分析、综合和鉴别信息的能力。为了让学生进行高水平的认知，我们利用iPad设计可供执行的步骤，如学习单、探究任务单、流程图、组织框架、概念地图等，将学习任务分成一个个有意义的子任务，环环相扣、层层深入，让学生经历更高水平的思维过程。其次是拓展与重构知识，需要指导学生深入分析所要探究主体的知识体系，完成对知识的内化和迁移，并能以一定的学习成果来呈现他们对知识的理解和把握。

基于iPad人机交互的学习方式为学生提供了个别化学习的可能，使学生从传统的被迫学习变为独立的主动学习。通过学生实际操作iPad学习环境进行学习，可逐步摆脱传统以教师为中心的教学模式。基于iPad学习环境的学习过程中包含更多的主动获取知识、处理信息、促进发展的成分，有利于实现对学生多方面能力的培养。学生在进行自主发现、自主探索式的学习过程中，对发散性思维和创造性思维的发展、创新能力的培育起到极大的作用。

如我们实践过程中，曾让学生课前自主探究汉武帝的生平和事迹和汉武帝巩固大一统的措施，完成1张思维导图，在班级里进行分享交流。教师只在发布任务的时候简单告知任务及思维导图内容大致要包含的方面，而学生大多数能顺利完成，且表现出多样化，其中也出现了不少精美的思维导图。

（二）自由协作学习模式

基于iPad学习环境的个性化教学，不可能指望一个学生掌握某一问题的所有方面,小组学习也就成了一种必要。随着社会对具有合作精神人才的需求,在中学历史课堂中实行协作学习对于全面完整地感知历史、理解历史、分析历史具有重要的作用。

协作学习是一种通过小组或团队的形式组织学生进行学习的策略。协作学习模式是指采用协作学习组织形式促进学生对知识的理解与掌握的过程。通常由协作小组、成员、辅导教师和协作学习环境4个基本要素组成。

我们也可以将iPad自由协作学习模式理解为基于iPad学习平台的协作学习模式。在中学历史课堂中采用iPad自由协作学习模式,让学生在共同区域内发布信息供参与者阅读,从而实现协商与讨论。我们多采用的是异步式协作,即进行协作学习的双方在不同时间、不同地点的条件下进行同一任务的协商学习,可以通过iPad发送电子文件(文字、图片、视频、语音等)来实现。同时将此应用于课前预习、小组探究学习环节中。我们还采用同步式协作,即处于不同地域的学习者可以在同一参与时间进行实时的交流与协作,同步式协作多用于课后学生在线交流中。

通过异步式协作学习,不仅有助于学生理解问题和掌握运用知识的方法,也有利于学生认知能力的发展、合作精神的培养和良好人际关系的形成。学生利用iPad访问网络学习空间,通过互相协作、互相竞争或分角色扮演等多种不同形式来参加学习,实现了人机互动、师生互动、生生互动和家校互动的多维互动学习模式。同时,我们还利用教育APP,帮助学生以人机互动的学习训练方式背诵记忆所学知识,提高知识的理解和应用能力,掌握学习技能,提高熟练程度。

比如在上《汉武帝巩固大一统王朝》这一课时,事先让学生自学"推恩令"的内容,并且让学生组建学习小组,分别扮演汉武帝、主父偃、诸侯王、诸侯王嫡长子、诸侯王除嫡长子外的子弟,教师事先通过"钉钉"平台推送关于"推恩令"的图画,请学生自行分配角色后,根据教材内容和"推恩令"图画为自己的角色配上几句合适的台词,并在课堂上交流分享。学生交流兴趣比平时高,在撰写台词时也颇有创意,在这个活动过程中较好地锻炼了合作能力。

这种基于iPad学习环境的历史课堂学习,不单是教师在使用iPad平台授课,也不仅是起到提供信息资源的作用,而是开辟了历史思维教学的新途径,并建立了历史与科学技术相互衔接的实用性学习平台。

(三) 项目学习模式

项目学习指的是一套能使教师指导学生对真实世界主体进行深入研究的课程活动，具体表现通过构想、验证、完善，制造出某种东西，它可以是有形的，如由学生制作的物体如书、剧本或一项发明等。

在实际教学中，项目学习一般可以经历发现问题—提出问题—分析问题—提出假设—评价、验证—得出结论等几个阶段。学生围绕某一主题展开研究，需要他们去应用、分析、综合、评价知识。因此，项目学习有利于提高学生问题解决能力和信息素养。在项目学习过程中，学生不断把自己学习的过程和经验累积起来，并迁移到新的学习情境中，从而增长学习能力。

项目学习注重学习与实际生活的融合。其基本功能是模拟真实的问题和解决真实的问题。iPad 项目学习能提供真实的和启发性的提高信息素养的环境。它不仅需要学生掌握信息设备与 iPad 软件的使用，而且还能提高学生在语言艺术、美术等课程领域内的项目学习能力。如学生可以围绕某一主题利用 iPad 软件录下语音资料、视频资源制成作品，共同在网上进行交流，再以其他不同方式来展开对相关问题的研究。显然，项目学习涉及了独立学习和社会责任等方面的要求，强调学生自主性的研究，需要从网络中寻求新的信息，又要求能与他人进行互动交流。

具体而言，项目学习就是要求学生能探求与自己兴趣有关的信息，对信息进行创造性表达，在进行独立学习的同时，意识到学习是一种社会现象，要积极参与小组的活动来探求和创建信息，并在合作中学到更多。基于网络学习环境中汇集了大量的数据、教学软件、兴趣讨论等学习资源，在 iPad 项目学习中，教师和学生的作用也发生变化。对教师来说，教师不再是一个知识灌输者，而是学生学习过程中的引导者、促进者；对学生而言，学生可根据自己的兴趣爱好、专长来选择适当的专题进行学习，激发了学习动机，减少了来自教师的第二手信息的依赖之后，在对资料进行收集、分类、归纳、整理展开研究、总结报告的过程中，逐步学会把握自己的学习方向，能从不同的角度去思考问题，提出自己的想法。这样不断地把自己学习的过程和经验累积起来，并迁移到新的情境中，促进学生的直觉性思维向创造性思维发展。

比如在学习"改革开放"相关内容后，我们请学生结合自己的家庭实际，访谈父母和祖辈的衣食住行的历史，反映改革开放给家庭和社区或者家乡带来的变化，并制作一个《瞧，咱家的三代生活秀》PPT报告，在班级群分享交流，教师引导学生自评和互评。教师用探究学习单引导学生先访谈家人，并就PPT的制作提出基础性要求，使学生得到一次走进身边生活历史的机会，丰富了学习经历和体验，感到历史是真实可触摸的，就在身边。

综合起来，探究性学习模式、自由协作学习模式和项目学习模式这几种模式各有所长。如基于网络的探究性学习模式的主要目的在于充分利用网络资源培养学生收集信息分析、综合和鉴别信息的能力；自由协作学习模式可以培养学生乐于同他人合作增进学生的合作意识；项目学习模式着重培养学生解决实际问题的能力，意在促进学生终身学习技能和素质的发展。这3种模式是互相渗透的模式。

基于iPad学习环境的教学模式也并非每一节内容都适合进行，教师要根据不同的教学目标、教学内容与学生特点，选择最适宜的历史教学模式，同时也应考虑实际情况，综合运用不同的教学模式。

综上所述，基于iPad学习环境的初中历史教学的探究是信息化时代的产物，符合新课改及历史课程标准对教师教学方式和学生学习方式变革的要求。不断丰富初中历史教学的形式，值得师生继续共同实践和研究。

参考文献：

[1] 郭莹莹.历史课堂教学中指导学生探究学习的策略研究[D].广西师范大学，2016.
[2] 赵文佳.初中历史探究性学习的实践与反思[J].新课程：中学，2013(7).

新媒介在初中地理地图教学中的应用研究

——以"制作新型冠状病毒肺炎疫情分布图"为例

浦德杰

摘 要： 21世纪是新媒介时代，伴随着信息科技的迅猛发展，大众传播媒介被不断更新，以积极推动教育变革。本文就新型冠状病毒肺炎（简称新冠肺炎）的疫情形势，以"制作新型冠状病毒肺炎疫情分布图"，借助Excel 2016和"大众制图"（网页版）开展线上教学为例，探讨新媒介对初中地理地图教学的应用。研究表明，新媒介丰富的功能、多样的形式、独特的数字化优势，有助于改善传统地图教学枯燥无味的教学环境，有利于改变学生的学习态度。同时，丰富了教师的教学手段，达成更好的教学效果。

关键词： 新媒介　初中地理　地图教学　新冠肺炎疫情分布图

一、新媒介概述

(一) 新媒介的概念

新媒介是区别于传统媒介形态的新型媒介，常见载体有电脑、手机、电视等，只要与传统媒介形式不同，即可被称为新媒介。由于新媒介普遍具备数字化、网络化、共享性、即时性等特点，所以它的传播形式也呈现多元化，网络、无线通信、卫星等都可以成为新媒介的传播方式，视频、语音、信号都可成为它的载体。

(二) 新媒介的发展

新媒介最早是在1967年由美国哥伦比亚广播电视网技术研究所所长

戈尔德马克(P. Goldwark)提出的。一般来说,新媒介有网络、新电视、手机等类型,但伴随着网络科技的进步,形形色色的新媒介层出不穷,并广泛应用于社会生活的各个领域内,成为不可或缺的一部分。

本文提及的新媒介主要以电脑为载体,以互联网为传播形式,将软件和网页作为媒介,传递教学信息。

二、新媒介在初中地理地图教学中的研究结构

新媒介联结地理地图教学,往往与地理信息技术有一定关联。地理信息技术,即在硬、软件的加持下,对地理图像、地理空间数据进行处理、解析,能够反映空间中有关地理分布的数据,有利于开展地图教学。国内常见的地理信息技术软件,如 Mapinfo、Arcgis 等均为国外引入,国产软件起步较晚,发展缓慢。

初中阶段,介于学生的知识储备和思维能力较弱,教师在开展新媒介地理地图教学时,一般分为两类:① 应用电脑、白板、投屏等新技术来开展教学,与地理知识的联结关系不大;② 在课堂上应用地理信息技术软件,如百度地图、Bigmap 地图等,此类软件的内核是以地理知识为基础的。

本文主要应用 Excel 2016 版中的地图功能和"大众制图"(网页版)两类新媒介技术,属于上述的第二种新媒介应用方式。

三、初中地理学科地图教学的要求

(一)地理学科地图教学的意义

地图是地理学科的学科要义,是地理知识的重要载体,也是地理的第二门语言,拥有独一无二的地位。初中阶段,地图是学生最值得依赖的工具,优秀的读图能力能让学生对地理知识学习实现事半功倍,有助于学生构建形象的思维空间,提升解决问题的能力。

(二)学生地图学习的现状

初中学生学习地理的障碍主要在于读地图缺乏兴趣且没有持久恒定的

学习兴趣。关键在于传统地理地图教学主要以地图册为主,或单一的某类专题地图。书本上的内容与学生生活存在一定距离,使地理地图教学乏味生硬,而教师的照本宣科,更易导致学生学习兴趣的下降。

地理学科课程标准提出:关注贴近学生生活的地理。本文联系当前新型冠状病毒肺炎疫情,指导学生制作疫情分布地图,将理论联系实际,拉近地图与学生生活的距离,以激发学生的兴趣为动力,培养学生的读图、用图和制图能力。

(三) 地理核心素养的培育

2014年3月,教育部《关于全面深化课程改革落实立德树人根本任务的意见》,发展核心素养成为新一轮课改的根本目标。核心素养是学生应该具备的、适应终身发展和社会发展需要的必备品格和关键能力。地理核心素养中区域认知能力、综合思维能力都与地图紧密联系,掌握良好的读图、用图能力,能够培养学生的核心素养。

教育是教书育人的过程。地理核心素养提出了"人地观念",其中也有关注人生存发展的含义。本文以指导学生制作疫情分布图的形式,带动学生参与到"防疫抗疫"的实践教育中,渗透相应的德育教育。

四、初中地理地图教学的媒介应用

课程标准对学生读图、用图、制图能力有明确要求。我则采用两种新媒介载体,以制作"新型冠状病毒肺炎疫情分布图"为主题,用一种"项目化"的形式,由简到难,层层递进,引导学生学习、掌握初中地理地图知识,提升地理读图、用图、制图能力,培养家国观念,形成正能量。

(一) 借助 Excel 2016 制作"新冠肺炎疫情分布图"

Excel 2016 制图步骤见图1,各个环节均能联系到初中的地理知识,不单单是地图的知识点,也涵盖了多个地理教学内容,使不同知识点形成联系。

(1) 疫情数据上传阶段。学生第一次看到此类数据,容易产生好奇心,激发学习兴趣。疫情数据中囊括了中国34个省级行政单位和世界各个主

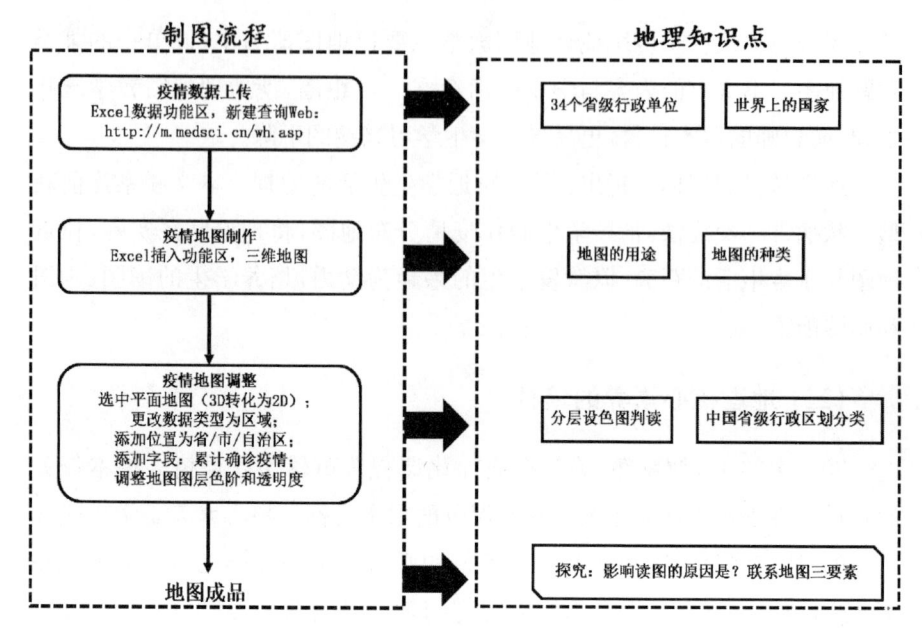

图 1　应用 Excel 2016 制图步骤

要受到疫情影响的国家，不仅是对地理知识的基本学习，也是对国家时事的拓展性学习。

（2）疫情地图制作阶段。Excel 2016 中三维地图与平面地图的切换功能，可以让学生在脑中构建地球的 3D 模型，配合各国的疫情数据，用于加强学生的空间思维能力。

（3）疫情地图调整阶段。需要考察学生对分层设色地图的判读能力。通过判读不同省级行政单位的疫情数据，也可掌握中国行政区划的分类和各省级行政单位的空间位置，这样既能用于复习地图的知识点，也能综合培养学生的区域认知能力和综合思维能力。

然而，Excel 2016 制作的地图，有一定的局限性，如缺少比例尺和基础的图例、注记等，而初中地理地图教学要求学生学习地图的三要素：比例尺、方向、图例和注记。因此，在应用 Excel 2016 制图后，教师可指导学生探究该地图的缺陷，从而加深对地图三要素的认知印象，也能过渡到应用"大众制图"（网页版）制作疫情分布图的学习。

（二）借助"大众制图"（网页版）制作"新冠肺炎疫情分布图"

"大众制图"（网页版）相较于 Excel 2016，去除了版本限制，只需具备网络即可操作。虽然操作步骤也较为简单(见图2),但内涵的地理知识和制图时的细节调整有更多的选择。通过实际操作,学生可以更好地感受到知识与实际的联系。此外,"大众制图"(网页版)内容丰富,形式颜色多样,对学生更具吸引力。

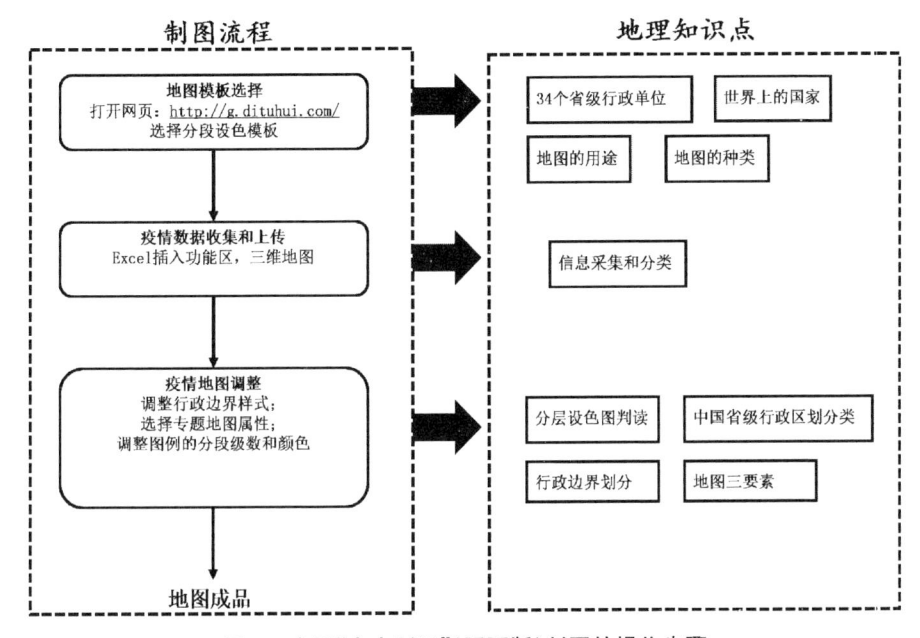

图 2　应用"大众制图"(网页版)制图的操作步骤

(1)地图模板选择阶段。"大众制图"(网页版)拥有多种模板选择,制图过程中学生可以逐个体验,切实了解到地图的不同种类和多样用途。不同的地图,也能吸引学生探究,主动了解不同类型地图的意义,拓宽了学生的知识面。

(2)疫情数据上传阶段。该阶段,学生面对复杂的数据,需要进行梳理和分类。图3所示为世界和中国部分疫情数据截图。学生在分类数据的过程中,实际也是主动了解中国省级行政单位和世界各国基本概况的学习行为。这样的学习行为,无须老师参与,而是类似"项目"引领下的驱动,使学生积极主动得参与到制图的学习中去。

(3)疫情地图调整阶段。该阶段是对学生地理知识和地图学习的综合考察,例如行政边界的划分、分层设色图不同颜色区块的意义、不同图例设计对分层设色图整体的影响等。图4所示为"大众制图"网页版地图调整界面。在这个过程中,学生对地图三要素的理解,特别是地图中图例和注记的学习会有更好的学习体验。通过不断尝试调整分段级数和图例数值,使地图不断更新变化,对于学生快速读图能力的提升是十分有益的。

图3　世界和中国疫情分布数据部分截图(数据更新截止:2020.2.25)

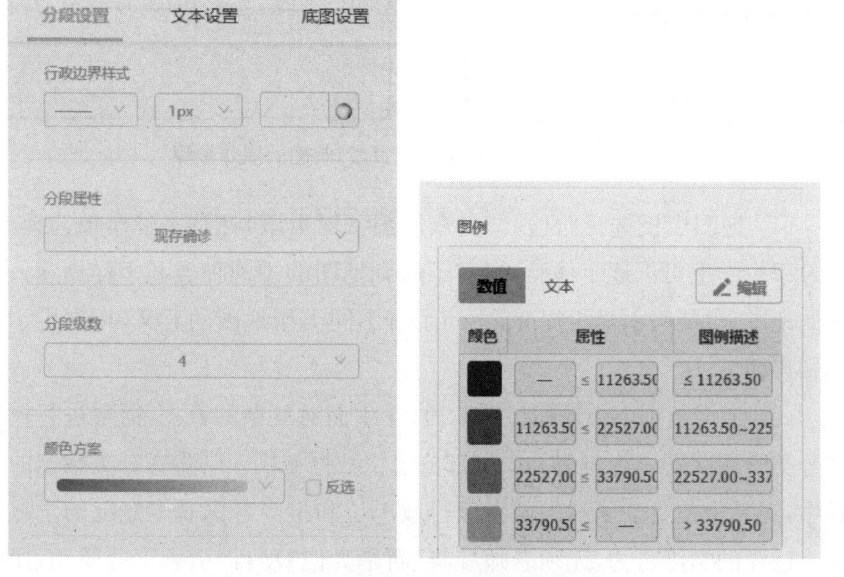

图4　大众制图(网页版)地图调整界面

"大众制图"(网页版)制作的地图规范美观,可作为学生课堂生成的重要组成部分。美观的地图,也能明显激发学生的学习兴趣和课堂体验,为学生后面的地图知识学习做好铺垫。

五、新媒介在初中地理地图教学中的优势

(一) 推陈出新,激发识图兴趣

新媒介环境下,有别于传统依赖于地图册的地理地图教学,在教师的教学形式和效果的表现上会更加灵活生动。现在的学生更愿意接受新颖的事物,特别是对于电子信息"事物"情有独钟。

本文应用了 Excel 2016 和"大众制图"(网页版)开展线上教学,通过实际的制图体验,使学生对于学习地图知识有了浓厚的兴趣,加深了学习印象。对于教师教学而言,Excel 2016 和"大众制图"(网页版)提供了更丰富的地图模板,使教师在教授初中地理地图内容时,可以采用多样的教学手段,应对不同层次的学生学情,达到较佳的教学成效。

(二) 联系生活,养成用图习惯

《上海市初中地理学科教学基本要求》在"地图"部分的内容中指出,要让学生感受地图与生产生活的密切关系,促进在日常生活中养成运用地图来解决实际问题的习惯。

在新冠肺炎疫情的形势下,"以制作疫情分布图"为主题,用一种"项目"的方式,推动学生学习地图。结合当前疫情形势,以学生实际生活为例,容易使学生接受学习内容,探究地图与疫情之间的联系,从而逐渐养成使用地图看待各类生活中实际问题的习惯。

(三) 体验学习,培养核心素养

Excel 2016 中的三维地图功能和"大众制图"(网页版)都是集合了地理信息技术的产物,内核由多种地理知识、地理空间信息、地理数据等组成。学生在实际操作软件的过程中,需要分析软件中不同功能对于地图制图的影响。如大众制图中"分段级数"功能,既考验了学生对地图图例知识点的理解,又需要学生掌握分层设色地图的内涵。

对于以上两类软件的使用,实际也是对学生区域认知能力和综合思维能力的隐性培养。虽然软件界面简化了制图的操作难度,但如果学生对于

地图的知识内容不熟悉,也同样会给他们的制图带来阻碍。这就会迫使学生去自主探究,从而发展个人的区域认知能力和综合思维能力。

(四)创建平台,提升学生素养

教育的根本任务是立德树人。德育教育应当渗透学生生活的方方面面。在新型冠状病毒肺炎的疫情形势下,以"制作疫情分布图"为主题,利用新媒介创建新平台来开展德育教育,能够引导学生关注国家疫情,形成良好的家国情怀。因此,新媒介灵活多样的形态,有助于不同条件下德育教育的持续推进。

六、研究总结

对于学生读图能力和用图习惯的养成是初中地理教学贯彻始终的重要任务之一。伴随着信息科技水平的发展,具有地图属性的新媒介产品也越来越多,这大大丰富了教师的教学手段和方式,使原本较为枯燥单一的地图教学变得有趣活泼。但面对琳琅满目的新媒介载体,教师如何合理取舍,如何采用适当的载体辅助教学,而不喧宾夺主,是一个值得不断实践探究的问题。

此外,新媒介环境下,应用地图开展德育教育是一个行之有效的路径。新媒介有利于联系生活,正如课程标准指出的,要学生"关注贴近学生生活的地理"。值得强调的是,这个过程仍需一个确切的主题来带动,否则就会使课堂变得尤为生硬。地理地图教学的核心地位应始终得到保障,即锻炼学生的读图、用图的能力,培养学生的核心素养。

参考文献:

[1] 张璐璐.地图叠加方法在初中地理教学中的应用[J].地理教学,2018(19):32-34,46.

[2] 刘俊汲.新媒介在高校生态道德教育中的功能研究[D].杭州电子科技大学,2012.

浅析新媒介在初中生物—地理跨学科融合教学中的有效应用

——以"长江"为例

浦德杰

摘　要：生物—地理跨学科融合是近来上海市初中跨学科教育教学的热点话题。然而，教师由于学科专业的限制，往往难以在教学中同时指导学生学习生物和地理知识，培养两类学科思维。伴随时代发展，新媒介深刻影响着生活的方方面面，也用另一种方式推动着教育的革新。本文以《长江》为例，从新媒介在教学的课内、课外两种应用角度，来探究新媒介在初中生物—地理跨学科融合教学中的应用形式和成效，分析了新媒介对跨学科教育教学的优化作用，希望在一定程度上为后续生物—地理跨学科融合教学的有效应用提供借鉴。

关键词：新媒介　初中教学　生物—地理跨学科融合

一、案例背景

（一）生物—地理跨学科融合的目标要求

初中的生物学科和地理学科在实际教学过程中，往往由于教师专业性的问题，难以达成较好的联结，特别是对于跨学科融合的探索，缺乏专业性知识和教学素材的支撑。在新一轮基础教育课程改革和上海市初中学业水平考试制度变化的双重驱动下，生物—地理跨学科融合成为当下跨学科课程改革的实践焦点。如何在课堂上引导学生了解生物，认识地理，辩证看待两者的联系，培养学生的生物学思维和地理思维，是初中生物和地理教师急需解决的问题。

（二）新媒介环境下课堂教学的优势

伴随着信息科技的迅猛发展，大众传播媒介也正不断更新，21世纪的新媒介时代，有别于广播、报纸等传统媒介。新媒介因其灵活多变的形态，独特的数字化、共享性、即时性等特点，正深刻影响着人们生活的方方面面，积极推动着教育变革。因此，将新媒介与生物—地理跨学科融合及相互联结，有助于教师在一定程度上弥补专业性素材的缺乏，不失为一种较好的尝试。

二、案例描述

（一）案例教学思路

《长江》是沪教版七年级地理祖国篇第4单元"河流与湖泊"第三节的内容，由"第一大河""不同河段主要特征""不同河段利用和保护"等知识点组成，分为两课时。在教学《长江》时，我结合"长江鱼王——中华鲟"洄游的生物特性，选取中华鲟在长江不同河段的表现，来推进《长江》地理课堂的教学进程。通过生活中的案例，激发学生的好奇心和求知欲，让学生在探究过程中，逐渐扩大对生物—地理跨学科学习的思维空间。《长江》教学流程图如图1所示。

仔细观察教学流程图，《长江》课堂上对于新媒介在生物—地理跨学科融合教学的直接应用偏少，但实际上新媒介在整堂课的地位是比较重要的。新媒介的作用不仅反映在课堂内，更体现于课堂外。

（二）新媒介应用分析

1. 新媒介辅助跨学科融合在《长江》课外的应用

本文中的案例以"中华鲟"为结合点，开展生物—地理跨学科融合教学，但《长江》本质上是一堂初中地理课。由于教师自身专业性的问题，需要在课前补充大量有关"中华鲟"的生物知识。传统媒介（广播、报纸、杂志、电视）可以提供的额外知识非常有限，且受到获取方式的制约，不利于教师补充相关生物知识。

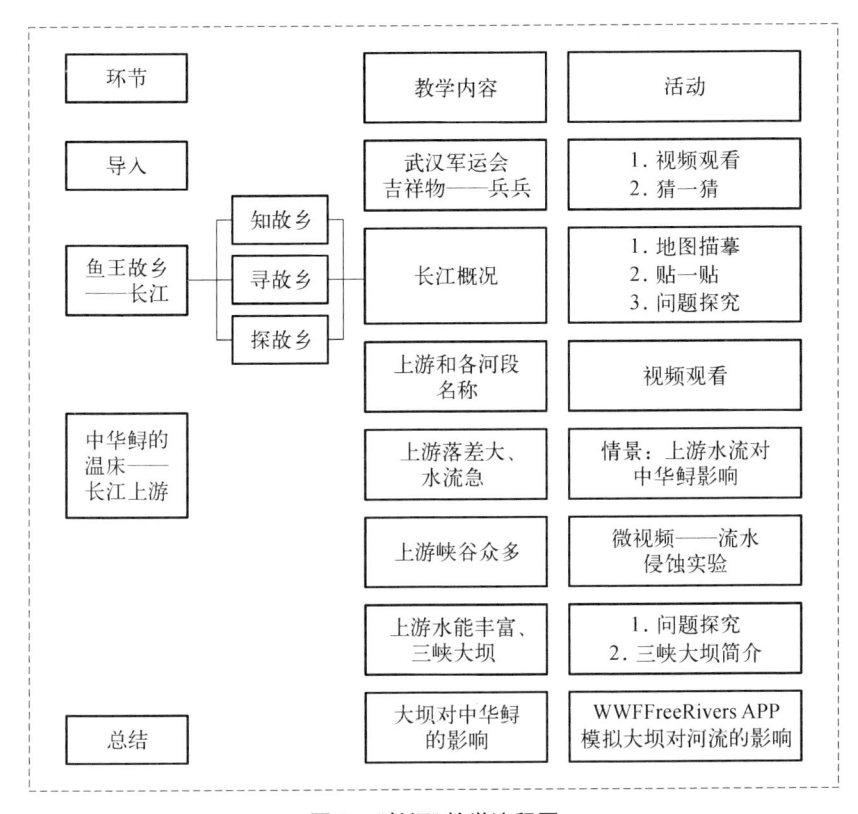

图 1 《长江》教学流程图

新媒介在传播手段上具有数字化、网络化的特点,借助互联网、宽带局域网、无线通信网、卫星等新兴渠道,可以迅速集聚大量信息,再以 APP、软件等为媒介,为教师提供形式多样、内容丰富的知识储备,有助于生物—地理跨学科融合教学的课程开发。本文以《长江》为例,罗列在备课时应用的可辅助开展生物—地理跨学科融合的新媒介,如图 2 所示。

(1) 网络视频的应用。通过网络视频"中华鲟",可以快速了解生物—地理跨学科融合点——中华鲟的基本概况,主要包括中华鲟的形态、习性、生活环境等。基于发达的互联网络,教师足不出户即可了解到中华鲟在自然环境中的生存状态。

(2) 中国国家地理 APP 的应用。中国国家地理 APP(见图 3)整合了中国国家地理杂志的所有内容,更囊括了大量优秀的地理摄影照片。教师在 APP 上可以快速查找到各类地理专题知识,且内容新颖,质量极佳,有助于教师拓展知识面,找到地理和生物的联结点,创新教学构思。

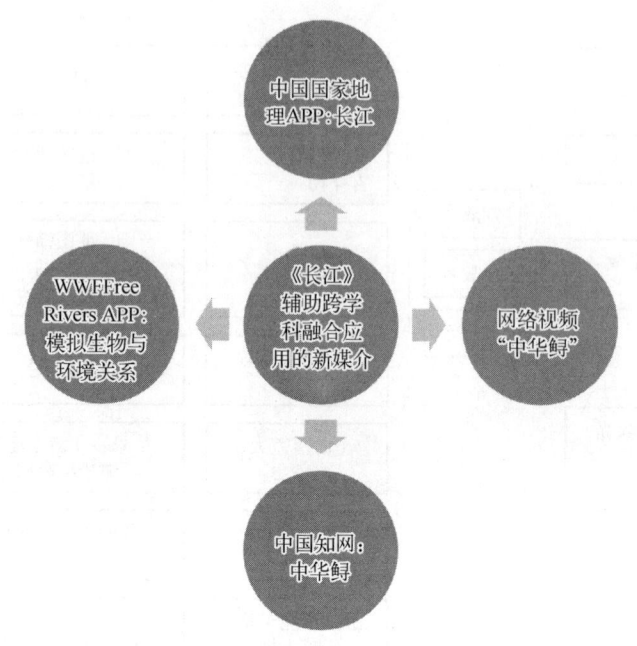

图 2 《长江》辅助跨学科融合应用的主要新媒介

（3）中国知网的应用。教师开展生物—地理跨学科融合教学时，对于生物和地理的知识储备都有极高的要求。中国知网大规模集成了国内外优质的知识信息资源，在本文中，借助中国知网，有益于教师对长江和中华鲟进行深层次的研究学习，使《长江》的教学设计在生物和地理的知识性上更具科学的严谨性。

（4）对于 WWFFreeRivers APP 的应用。WWFFreeRivers APP 是一款利用 AR 技术模拟真实生态环境反应的手机软件（见图 4），可以丰富教师的教学手段，帮助教师了解生物与自然环境之间的关系，对于跨学科融合教学有一定作用。

图 3 中国国家地理 APP

图 4　WWFFreeRivers APP

（三）新媒介辅助跨学科融合在《长江》课内的应用

在《长江》教学过程中，新媒介辅助生物—地理跨学科融合的应用，主要体现在两个方面。

（1）导入环节。通过播放网络视频"中华鲟"，学生能够初步构建起对中华鲟的认知，树立课堂上的情境主线，便于对后续知识的学习以及和教师的互动。

（2）中华鲟的温床——长江上游环节。应用 WWFFreeRivers APP，模拟大坝对河流、对中华鲟的影响，既能通过新颖的教学形式吸引学生的注意力，又能自然地将中华鲟和长江的知识点融合，培养学生热爱自然、保护环境的人地观念。

三、实 践 反 思

（一）有助于教师拓宽教学手段，丰富教学形式

新媒介辅助生物—地理学科融合教学有助于教师拓宽教学手段，丰富教学形式。伴随科技进步，教育也越发便利。越来越多的新媒介被直接或间接得应用到教育教学中。《长江》中涉及到网络视频、地理信息技术软件、手机 APP 等多种新媒介形态。课堂上，教师不仅可以播放视频"中华鲟"、

应用手机 APP 的 AR 技术模拟河流对中华鲟的影响，也可以操作地理信息技术软件，让学生了解长江的卫星影像图，加深学习印象。新媒介的发展，让跨学科课堂更加快捷、有效。

（二）有助于学生快速进入教学情境，树立教学主线

新媒介辅助生物—地理学科融合教学有助于学生快速进入教学情境，树立教学主线。正如《长江》这节课，课堂的主体是地理——长江，生物学科在这节地理课上主要起到了设计教学情境，构建教学主线——"中华鲟"的作用。然而，学生一般不容易接触到课堂中的教学主线——"中华鲟"，对于该物种认知陌生，不利于之后的学习。通过网络视频的观看，可以迅速强化学生对中华鲟的认知程度，帮助推动课堂教学进程，使学生更自然地融入地理课堂的学习中去。

（三）有助于联系生活，拓宽课堂教学内容

新媒介辅助生物—地理学科融合教学有助于联系生活，拓宽课堂教学内容。聚焦生物和地理两门学科，前者是研究地球上生命现象和生命活动的科学，后者是研究地球表面地理环境中各种自然和人文现象的科学。生命和环境两者之间相辅相成，互相影响。因此，生物地理跨学科融合以自然界中的实际案例为载体进行实践研究，更显真实有效。《长江》这节课课前，教师通过中国知网和中国国家地理 APP 的应用，拓展了对长江中生物的认知，能够更容易得从生活中找到生物—地理跨学科融合点，将地理知识点与中华鲟洄游的案例互相联结，使地理课堂更加丰富有趣，也让更多学生在了解中华鲟生物特性的同时，逐步学会思考和分析长江的地理特征，懂得学以致用，用以促学的学习方式。

四、总结展望

本文对于新媒介下的生物—地理跨学科融合教学应用研究，主要从应用新媒介的类型和形态、对教师教学的影响、对学生学习的帮助以及课堂教学内容的拓展等角度进行了研究。但整体上研究程度尚肤浅，仅停留在新

媒介辅助生物—地理跨学科融合教学对教师、学生和课堂的表面影响，还没有与研究本体——生物—地理跨学科融合教学深入联结，未来还需进一步深入实践研究。

参考文献：
[1] 赵斐,陈为铎.新课程下跨学科教学的意义和途径探讨——以生物和地理学科为例[J].学周刊,2013(34):164.
[2] 刘俊汲.新媒介在高校生态道德教育中的功能研究[D].杭州电子科技大学,2012.

新媒介环境下教学方式的转型探究
——以信息科技学科教学为例

刘 凡

摘 要：大数据、教育+、智能云……当下媒体手段不断更替，出于教师的职业需要，我们必须充分融入新媒介的大环境中，学习这些新兴的可被课堂运用的教学手段。信息科技学科一直以来在教学工具的使用上被认为是走在多数学科的前沿，在保持原有学科特性的前提下，我们有必要对原有的教学方式进行适当的改变和调整，以此来适应当下媒体介质瞬息万变的时代，通过不断的实践，总结相关经验，以应对未来不断创新的智能社会。

关键词：新媒介 教学方式 转型探究

不管是新媒介还是传统媒介，它都是一种传递信息的载体，从根本上来说，看似改变了教师课堂上教学内容的表达方式，但带来的效果却是显而易见：有的缩短了环节上的等待，让学生有更加充裕的时间去进行练习活动；有的在内容上更加吸引学生的注意力，开阔了学生的眼界，拓宽了学生的知识面；有的相关学科知识点的呈现更加直观，加深了学生的学习印象，提高了学习效率。基于校长区级重点课题的引领，笔者结合自己的学科教学特点，积极进行相应的实践和探索。

一、以新媒介手段改变课堂教学环境——微视频的应用

（一）学生对微视频的接受与认可程度

在当下新兴媒介手段不断更替的数据大时代，越来越多的网络资源填

补着传统课堂的空白。除了书本的内容,教师会更多地关注如何对其进行丰富和拓展,给予学生更多的知识信息,开拓学生的学习视野。将微视频作为信息的载体是很多教师使用的新媒介手段之一,他们自己动手制作相关教学内容的视频,用于辅助自己的课堂教学,笔者在课堂上也做了相关的尝试。为了解班级学生对微视频的认知情况,推进课题研究,特面向六年级 74 名学生做了关于运用微视频教学的问卷调查。有效反馈问卷 74 份,调查结果如下。

(1) 学生对于微视频的学习感兴趣并且有耐心。几乎所有的学生会将一段微视频从头到尾的看完,对微视频这种自主的学习模式赞同度较高(见图 1)。

从不	0	0%
偶尔	12	16.22%
经常	62	83.78%

图 1　你会将微视频从头到尾完整看完吗?

(2) 3~8 分钟是一段微视频容易被学生接受的时间范围。学生的学习专注度是有时间限制的,过长的时间,很容易分散学生上课的注意力,恰到好处的时间长度,学生更加能够集中注意力,67.57% 的学生认为 3~8 分钟可以被称为"黄金时段"(见图 2)。

3分钟以内	20	27.03%
3~8分钟	50	67.57%
8分钟以上	4	5.41%

图 2　你认为录制微视频合理的时间长短是?

(3) 学生认同微视频对于教学的作用。微视频是用来辅助我们日常教学的,学生对于这种模式认同度很高(见图 3),教师在制作中可以更多的关注细节方面,给予学生更大的帮助。

非常好,我很喜欢,它对我帮助很大	60	81.08%
还行,有作用,但是作用不大	14	18.92%
没什么用,但是不排斥	0	0%

图 3　请你对教育微视频这种新兴的学习方式进行评价

通过调查，笔者对于教师在课堂上使用微视频进行教学，学生对微视频的接受与认可程度有了比较清晰的认识，有利于研究实践的推进。

（二）微视频的优势

微视频主要是关注学生的独立学习，可以是课前的预习、课中的学习，也可以是课后的复习。"如何在课堂上合理使用微视频进行教学"是笔者将微视频引入课堂考虑的主要问题，希望通过实际应用，节约授课时间，增加课中学生的巩固练习和活动时间。微视频这种媒介手段的优势，主要体现在以下几个方面。

（1）将教师从一个演讲者的身份转变为一个组织引导者，教师将课堂各个教学环节进行衔接，使所有学习内容让学生自学完成。

（2）微视频类似于学案，但是又优于学案，因为兼顾了老师的教与学生的学。

（3）可以较好地避免教师在课堂讲解中无谓的重复操作，给学生留出了学习和思考的时间，让学生有更多机会参与学习操作和经验交流分享之中。

（4）根据学生实际情况，参照教材的内容，能有针对性地将知识点进行分解，便于学生的理解和记忆，考虑到学生学习参差不齐的情况，对于薄弱的学生，可以通过观看视频巩固某一环节的学习内容。

（5）所有微视频内容由教师亲自操作讲解，并配上字幕和声音解说，文件格式虽小但清晰度高，通过网络学习平台的交流传播，学生在任何地方都可以观看。

（三）如何在课堂上发挥微视频的优势

如何在课堂上发挥它的这些优势呢？在尝试的初期，笔者也遇到了许多问题，但通过多次反复实践，总结出一些经验如下。

（1）在录制微视频前，将课上要讲授的知识点碎片化。知识点数量一般3个或3个以内，每个知识点一个微视频，提前写好制作脚本，反复演示操作，找到一个较为合理的讲授流程。

（2）写下文字说明并配上字幕。按照文字描述的顺序来录制微视频，操作的快慢要考虑到文字的长短，使画面与字幕相匹配。如果是课堂教学，一个微视频的长度控制在3分钟以内最为合适，时间过长，学生不便记忆，常常把时间花在重复观看上。至于有些知识点衍生出的相关内容，建议通过文字提醒让学生自行尝试操作。

（3）给视频配音，并添加背景音乐来增加听觉效果。在实践中发现，学生注意力既要放在操作演示上，又要放在字幕上，效果并不好，往往会因为分心而忘掉某个学习环节，所以给视频配上声音，可以让学生的注意力能够更好地集中到视频的内容上。

（4）要培养学生微视频学习的习惯。很多学生习惯了老师在巡视时单独辅导的模式，而忘记了微视频更多的要依靠自己和同伴主动去观看学习，对于不清楚的知识点，可以寻求同伴帮助。

（5）如果教师在巡视时，发现一个很多学生容易忽略或弄错的问题，应该拿出来进行单独讲解，毕竟微视频是辅助课堂教学，而不是主宰课堂教学，我们应该合理、适切地利用这个资源。

通过一段时间的课堂实践，笔者结合操作性较强的第二单元学习内容，制作了全套微视频课程。每个微视频在 3 分钟以内，包含片头和背景音乐，配有字幕和解说词，视频画宽高比 16:9，分辨率 1 080×720，帧率为 25 帧/s，几乎达到了专业级要求。微视频融入课堂后，给了学生更多思考分析的时间、互动体验的机会和分享成功的乐趣。相关内容截图如图 4 所示。

图 4　第二单元微视频

二、以新媒介手段丰厚课堂教学资源
——学习资源的建立与再造

除了运用新媒介来改变课堂教学内容的呈现方式外，也可以运用这一手段来建立和再造课堂学习资源。

（一）基于编程教学的课堂学习资源的建立

随着智能手机、平板电脑等电子设备的流行与普及，第三方应用程序被人们所喜爱，"编写程序"成为信息技术教学最流行的趋势。Scratch 作为一套开源的编程系统，它既是新媒介的一种手段工具，同时也可以作为一门单独的课程进行学习，直观、简单的编程语言，让编程学习变得更轻松，并充满乐趣。2019 学年，初中信息科技学科教材正式将 Scratch 纳入第三单元教学活动，而在这之前，笔者已经把编程教学作为学校拓展课的教学内容，通过广泛阅读和搜集资料，创建校本资源，并建立了相应的学习资料包。

根据学校的育人目标和拓展型课程的设置，把 Scratch 软件的教学作为工程科技类的拓展型课程，学习阶段为一学期。教学内容分为 3 个部分，难度循序渐进，每节课都以实例的演示学习为主。在该项内容的设定上，借助网络资源和相关书籍，根据学生课堂学习反映的真实情况，以学生的视角完成了课程的编写和讲授。经过一学期的实践探索，形成了校本文字材料，同时，教学中所有的实例都提供了相关的源文件作为参考。部分内容截图如图 5 所示。

在学期课程结束的时候，笔者欣喜地看到学生能够掌握软件的操作方法，形成个性化的思维模式，并创作出集声音、图像等多种元素互动的益智小游戏、卡通情景剧等多媒体作品。

（二）基于拓展课的课堂学习资源的再造

为了丰富我校的拓展课内容，笔者尝试开设了"音画创客"课程，希望在学习创造的过程中，培养学生的实践创新能力。由于该项目一直在小学阶段开展，初中阶段的教学还是一片空白，纵观整本教材，中学生在教学进度和难度上，与小学生有很大的差别。如何使"音画创客"适应中学生的学习，并形成有效的配套资源，也是笔者主要研究的内容。

在第一学期的实施过程中，笔者发现：中学生动脑动手的能力要强于小学生，原有的教学进度和操作密度满足不了学生的需求。同时，原教材内容主要是针对小学生，虽然在难度上循序渐进，但内容上有重叠，其目的是为了让小学生在每次新授课的同时对已学知识进行巩固，但中学生对于知识的记忆和软件操作的熟练程度要远远高于小学生。因此，笔者对教材及

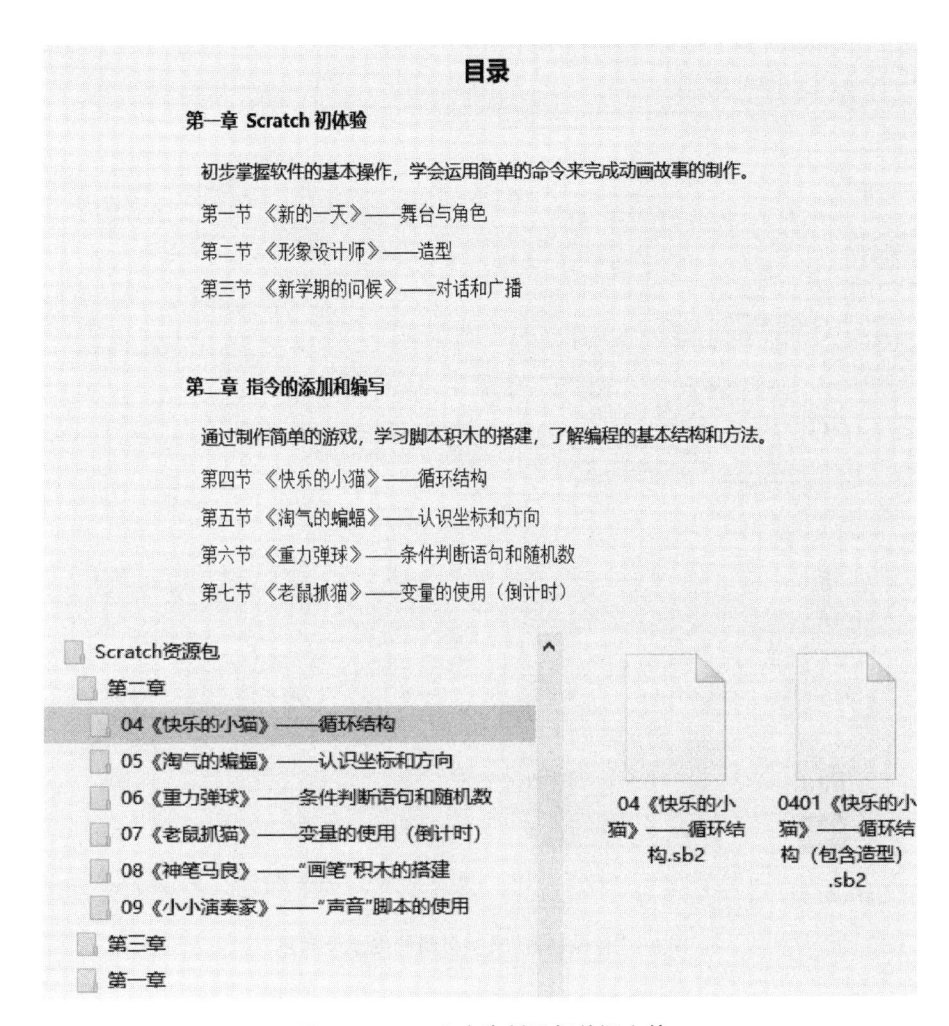

图 5 Scratch 文字资料及相关源文件

内容做了相应的修改：① 压缩整合教材内容，添加适合中学生的素材；② 丰富单课时教学内容，增大课堂学习容量。

通过仔细阅读软件的使用教程，我结合教材要求，在保留原有部分课程的基础上，自编教材外的知识内容，如影视混剪的音视频对位、歌曲贴唱制作、为你读诗、声临其境、动态效果与合成器、节奏音型与和弦音调等。同时，增加课堂中学生的练习时间，将很多专业的知识浅显化，降低学习难度，让课程内容更丰富多样，更适合初中学生的学习。随着对课程内容的适时调整和完善，慢慢积累了许多素材资料，内容数量达到 1 000 多个（3GB），逐步形成了符合初中阶段思维和理解力的相关文字材料和电子资料包。部分内容截图如图 6 所示。

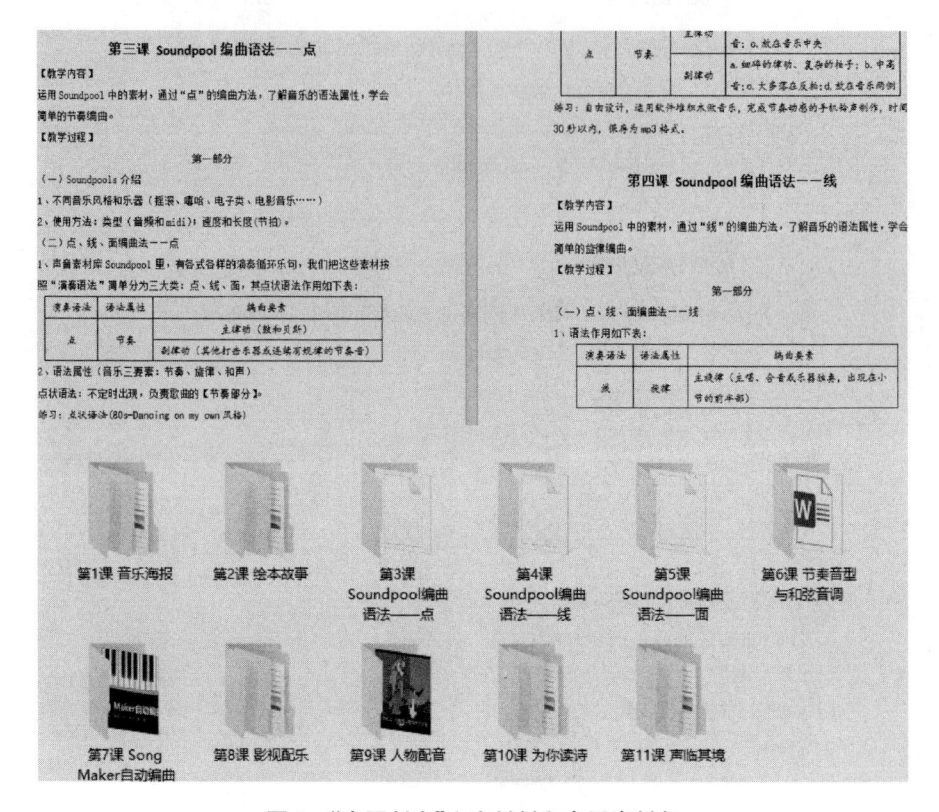

图 6　"音画创客"文字材料和电子资料包

经过一年多的实施,学生的创想力逐步得到显现,有的学生即使没有任何音乐和软件的基础,也能够做出非常棒的视频和音乐作品。与此同时,"音画创客"课程学习的主题内容也基本固定下来,每学期可以根据实际教学周次进行微调。

华东师范大学教育学部主任袁振国曾说:我们一只脚在现在,一只脚已经跨进了未来里。从 IT(信息)时代到 DT(数据)时代再到 AI(人工智能)时代,科技的进步超乎想象,社会的变迁让人猝不及防,教育工作中的很多内容很可能会被日益崛起的人工智能所替代。那么,人工智能的下一个时代是什么?未来的新媒介环境,是怎样的一个生存状态?我们不得而知,所以必须不断地学习和探索,以便应对将来未知的世界。

参考文献：

［1］吕燕.新媒介环境中的学校微课设计与应用［J］.文教资料，2019(30).
［2］李永智.媒介环境学视域下的教育信息化2.0［J］.新闻爱好者，2018(9)：46-50.
［3］吴爱玲.Scratch编程教学之"学中教"［J］.中小学信息技术教育，2016(2)：52-56.

浅谈中学生乐队排练的新媒介应用策略

王 萍

摘 要：当今的电子产品发展特别迅速，内容也丰富多样，学校音乐课堂教学中的新媒介运用具有普遍性，运用 PPT 课件、QQ 影音、酷狗、网易音乐等其他影音的播放软件，极大地丰富了音乐教师的课堂教学资源内容和形式。而在音乐学科中要做到真正的会用新媒介、巧用新技能、用活新技术，教师带领学生欣赏音乐作品，理清新媒介的来龙去脉是十分必要的。在中学生乐队排练中，教师若能巧妙合理地运用新媒介媒体，可以有助于提升排练实效，提升学生对作品的学习、练习和掌握程度，有助于教师更好地完成排练的目标和任务。

关键词：中学生乐队　新媒介运用　策略

当下，没有入园的儿童都能用手滑动开启移动终端选择喜欢的音乐摇摆身体，小学生都能运用编程 APP 研发某个小程序，中学生都能用新媒介开启自己的自媒体生活、向世界"推介"自己。作为进入 5G 时代的音乐教师，还能坐以待毙吗？还认为新媒介与音乐课关系不大吗？特别是 2020 年初的一场疫情，更是对教师教育事业的一个严峻挑战。网络教育、直播在线，一线教师被时代潮涌推上了"十八线主播"的位置。

在这个风口浪尖上，教师们要有清醒的认识和理性的分析。笔者认为在音乐学科中要做到真正的会用新媒介、巧用新技能、用活新技术，理清新媒介的来龙去脉是十分必要的。如今，学校音乐课堂教学中的新媒介运用还是有普遍性的，教师带领学生欣赏音乐作品时，运用 QQ 影音、酷狗音乐、网易云音乐等各种影音的播放软件的"在线云搜索"功能，极大地丰富了音乐教师的课堂教学资源内容和形式。现就中学生乐队排练这一音乐活动如何运用新媒介策略,浅谈自己的实践探究经历。

一、新媒介在中学生乐队排练中运用的意义

新媒介(New Media)是一个相对的概念,它是在报刊、广播、电视等传统媒体之后发展起来的新的媒体形态,包括网络媒体、手机媒体、数字电视等。新媒介最大特点是打破了媒介之间的壁垒,消融了媒体介质之间,地域、行政之间,甚至传播者与接受者之间的边界。除此之外还表现出全方位的数字化、有互动性、个性化等特点。

新媒介在中学生乐队排练中有以下价值意义:

(1)可以为学生提供更多的视听材料。初中阶段的学生在学习任何知识的时候,较多从感知入手,从体验入手,而丰富的新媒介资源就可以引导学生们从感性导入。在乐队排练前,可利用新媒介给予学生对作品的导赏、欣赏,帮助学生更好地从感性认知中深化理解,继而运用到自身的学习排练中。

(2)能够高效整合时空资源。初中阶段的学生全科全学、学业丰富,对于乐队的孩子们来说,要在完成所有学业的作业学习情况下才能开展排练,他们的学业压力显而易见。继而每一次的乐队排练,音乐老师对排练时间珍惜再珍惜,唯恐漏下什么内容。新媒介的介入则可以帮助音乐老师更好地运用时间、合理分配时间,收获了很好的效果。声部排练、微课教学、重点讲解、合排要点,每一步都可以在新媒介技术的帮助下提高排练效率。

(3)增强学生的排练兴趣。对于"00后"的初中生,自小就在电子产品的世界环境中长大,老师们如果能用好新技术,接近学生生活环境,使学生在枯燥的排练中产生视觉、听觉、触觉的冲击,在一定程度上也是激发了学生学习排练的兴趣和学习力,提升排练的效率和质量。

(4)助力教师专业指导上的提高。在老师指导学生排练音乐作品时,特别是有一定难度的、严谨的音乐作品排练过程中,某个声部的乐器演奏技巧性非常的强,初中的音乐老师大多是师范教育类毕业,往往就会出现换个乐器就"隔行如隔山"的尴尬境地,而及时地借用新媒介的相关资源功能就可以弥补这一遗憾。

二、中学生乐队排练的新媒介策略运用

这里谈到的新媒介技术,可能更多的是指在新媒介范畴内,适用于音乐学科教学的、学生乐队排练中用到的一些硬件和软件。下面结合笔者在组织学生乐队排练中的实践探索案例,浅谈几点策略运用。

(一)活用软件

音乐教师在日常的音乐教学中采用的新技术也就是电脑、多媒体、PPT软件了。其实学生乐队排练中,有时候也可以利用以下这些设备来辅导排练过程,提高排练效率,可以取得不错的效果。

1. 活用万能的 PPT 软件

在众多的电脑软件中,PPT 软件,可谓无人不知无人不晓,已是非常普遍地出现在日常教学课中。因为 PPT 软件能将文字、图片、音频、视频等多媒体有机融合在一起,是非常适用的多媒体软件之一。

在组织学生乐队排练过程中,使用 PPT 软件,让强大的交互功能改变知识性教授由教师单一讲述的教学方式。在此举两个日常排练中的案例。

(1)排练作品前,在导赏过程中,教师可以制作一个简单的 PPT 文稿,将作品的背景、作曲家的生平、作品的分析、排练的目的、产生的效果,以视听结合的形式向同学们进行播放,有利于学生尽快地进入排练状态。同时,PPT 还可以把所做的文稿转化成 MP4 格式的视频发送给学生们,让学生先开展自行的预习学习,节省了排练的时间。

(2)笔者相信老师们在排练乐曲的过程中,都会有枯燥、痛苦和绝望的某个阶段。特别是声部难点的地方,学生找不准,教师示范是一种形式,但如果乐器专业不对口的时候,如何让学生来更好的理解作品、感受音乐作品呢?在笔者制作的 PPT 软件中播放的音乐可以自带剪切和剪辑,不需要另外再用专业的软件去剪辑,它还可以自由的控制暂停和播放键,在时间有限的排练课中,作用是十分强大的。

2. 巧用专业音乐编辑软件

在学生乐队排练中,对老师而言难度最大的要数如何选择适合自己学

生能力的作品。在排练前,许多老师都要找到合适的作品总谱或者是要自己来创编的作品。而这时就需要运用专业的打谱软件来帮助以便更快速地进行作品的编辑了。笔者常用的有 Overture(这是一套专业级的五线谱、写谱歌词、编辑、制作、印谱软件)、MuseScore(这是一套支持中文的免费作曲写乐谱工具)、"作曲大师"(国产音乐软件,它界面良好,直观易用,功能强大,有五线谱和简谱)等。

除此之外,笔者还会选择一些音频软件和视频剪辑的软件来丰富学生的音乐成品。比如学生排练演奏的音频给予录制,进行复听分析,或者帮学生加上丰富的伴奏,成为一首完整的作品。又如在学生演出时,帮学生录制演出视频,后期加上片头、片尾,使演出作品更具完整性,甚至可以成为一部微电影了。比如说笔者常用的音频编辑的软件有 GoldWave、Soundforge、Goldedit 等,足够处理日常排练中对作品的分析和对比。视频剪辑软件有 Final cut pro、Edius、Premiere、"会声会影""爱剪辑"等。Final cut pro 是一款非线性剪辑软件,需要一定的剪辑基础,但即使没有剪辑基础,使用"会声会影"或"爱剪辑"都还是可以比较容易入门上手的。

3. 灵活使用沟通类软件

初中学生的乐队排练非常不容易,首先要争取到家长的支持。所以家校联系是必不可少的,而作为音乐教师选择常用的新媒介家校联系方式,首先要遵循本校家长常用的家校联系方式是哪个软件。其次,再选择乐队家长较多使用的一种软件。现在常用的家校联系方式有"钉钉""晓黑板""微信"、QQ 等,笔者使用"钉钉"软件较多。这款软件中方便建班级群,且有家校本功能、打卡功能、作业功能、批改等功能,还可以根据学科特色提供相应的功能版块,内存量大,数据保留不易丢失。在疫情期间,笔者带领乐队的学生们开展每日在家训练打卡,上传即将排练作品的作业视频,结合假期的热点进行乐曲创作。同时,也会在群中定期分享一些优秀的器乐作品给学生们。良好的互动和沟通,增添了学生参与乐队训练的兴趣,保障学生乐队器乐练习技能,也拉近了教师与学生、教师与家长的距离。

(二) 活用设备

当今的电子产品发展特别的迅速,内容也是丰富多样,不再局限于原来那种如果想拍一段学生的演出还需要扛摄像机的情况。现在的手机、Pad、单反、无人机等都可以轻松使用,人人都是自媒体,人人都是记录者。

笔者在乐队排练的过程中,经常会及时地抓拍学生们的精彩表现,比如一段学生在排练过程中的精彩表演片段,一段声部组在一起创作的即兴,一段学生外出表演的微视频等,让即兴的生成成为永恒的记忆。笔者会及时把学生排练中的表现分享到家长群中,与家长一起感受孩子们的快乐成长。在学生乐队排练中充分运用新媒介设备,无疑能为乐队排练学习增添亮丽的色彩。

三、学生乐队排练新媒介策略运用的再思考

在学生乐队排练中,笔者深深地体会到新媒介巧用、活用的好处,但任何事都会有两面性,经过实践探索,笔者也就新媒介在乐队排练中的策略运用提出发展性思考。

1. 在排练中合理、巧用新媒介

乐队的排练重在学生对作品的学习、练习和掌握,而新媒介是帮助教师更好地去完成排练的目标和任务,而不是反客为主,更不能喧宾夺主。所以教师在运用的过程中要把握好使用的度,使用得当才是最好。

2. 在学习新媒介技术之路上不停歇

我们这一代正经历着信息技术革命的时代。事物不断在发展变化,五年前没有抖音、十年前没有微信,所以,作为音乐教师,不仅要保持对民族音乐文化、对经典优秀音乐文化的传承,还要有对新事物的敏锐性,要时刻让自己保持在主动学习的状态中。

中国著名的数学家华罗庚曾说过,在寻求真理的长河中,唯有学习,不断地学习,勤奋地学习,有创造性地学习,才能越重山跨峻岭。为顺应时代发展,每位教师都在努力、都在学习,作为音乐教师更是如此。我们的学生生于互联网时代,他们敢于尝试,社会的发展也需要更多的"学习者心态"。后疫情时代,5G时代,音乐教师要更敏锐的跟上这辆新媒介技术运用的快车,一起用技术承载着音乐飞翔,用艺术美化技术的星空,用美育点亮学生的生活。

参考文献：

[1] 闵大洪.数字传媒概要[M].上海：复旦大学出版社,2003.
[2] 刘俊强.新教师课程教学技术和媒体运用能力培养与训练[M].北京：人民教育出版社,2004.
[3] 方智诺.乐队编配与排练[M].北京：人民教育出版社,2008.

新媒介环境下初中音乐课堂教学的挑战与思考

黄旭婧

摘　要：新媒介是一种多媒体技术，是对文字、图片、音频、视频的收集和呈现。它改变了传统人们接触、聆听音乐的渠道和方式，使得学生获取音乐资源、音乐信息的来源更加丰富，更加多样，对传统音乐教育工作者在教学的各个方面都带来了诸多问题和压力。不可否认的是新媒介在一定程度上促进了传统音乐教学方式的变革，给课堂教学带来的崭新意义。作为一名教育工作者要思考的是如何正确科学的运用新媒介融入课堂的方方面面，将课堂效率最大化。

关键词：新媒介　初中音乐　课堂教学

一、教学现状

现代教育技术的发展在一定程度上拓宽了知识传播的速度与范围，在网络、手机等新媒体广泛普及应用的背景下，也出现了一种新的现象：它塑造了一个全新的音乐环境，改变了传统人们接触、聆听音乐的渠道和方式。音乐教师不再是各类音乐资源、音乐信息的提供者，音乐课堂也不再是学生获取音乐知识的唯一途径和方法，学生获取音乐资源、音乐信息的途径更加丰富，更加多样。加之流行音乐贴近生活、紧跟潮流的特点和不拘一格、自由自在的表达方式，也使学生普遍偏爱、追捧流行音乐，消费流行音乐。学生可以凭借自身的喜好有针对地挑选自己喜爱的音乐作品，形成自己的音乐风格和爱好。

二、教学困境

上述音乐教学现状对传统音乐教育工作者在教学的各个方面都带来了诸多问题和压力，具体表现在以下两个方面。

（1）这种大众性、个性化的趋势使得音乐课堂无法真正吸引学生注意力。教师所具备的专业音乐知识、音乐表达技巧等优势逐渐不明显了，甚至对于某些流行音乐类别的了解和认识还不如学生来得全面、及时，进而导致学生在音乐学习过程中出现被动学习和厌学等情绪。

（2）这种大众性、个性化的趋势使得学生对音乐的欣赏流于表面，例如抖音神曲、口水歌等，虽能短时间内广泛传唱，但都缺乏音乐内涵，禁不起时间的沉淀，无法满足学生长远的、积极的审美需求。

三、策略探究

除了面临的困境，不可否认的是新媒介在相当大的程度上促进了传统音乐教学方式的变革。与其他学科相比，新媒介在音乐学科教学中的优势日趋显著和深刻。

（一）优化教学资源，丰富教学手段

当下以计算机为主的新媒体教学模式基本被广泛普及应用。教师可以通过网络获取大量丰富、优秀，有代表性、典型性的音乐资源，经过筛选，整合成资源包，打破了课本局限，拓展延伸了音乐教学视野。还可以通过多媒体（如音频、视频、图片等形式），把乐谱、影视图像、文字、动画、语言和音乐音响充分结合在一起，用PPT更加直观、有效地传输给学生教学内容，全方位展示教学内容，使教学过程则更加生动、具体，由此可以提升教师讲课质量和效率。比如，欣赏西北民歌《信天游》时，我播放阿宝的演唱视频、《信天游》的钢琴演奏版本；在感受《青春舞曲》之前，我先用一段新疆风景片来引导学生走进新疆，利用多媒体来展示新疆的美丽画面，让学生更多地从视觉

上去感受新疆的美丽和浓郁的新疆风情,从而引入新课教学《青春舞曲》。

新媒介在歌曲学唱、作品欣赏、创编活动等音乐教学的各个方面的重要性都是显而易见的。运用新媒介技术,帮助学生融入学习过程,应当是教师不可或缺的职业基本技能。

> **案例 1**
>
> 　　上教版《音乐》七年级第一学期第一单元"缤纷四季",是以描绘性的标题音乐来组织教学内容的。选取以"四季"为题材,是因为春夏秋冬的色彩变化是学生所熟悉的。而音乐通过音响造型,也能产生许多色彩的变化,它能生动地描绘出自然界的风云变幻。在《乐中有色 画外有声》一课时中的导入环节,我设计了一边聆听四季音乐,一边观看四季的绘画,进行图片与音乐的匹配连接。运用人的"通感",把对色彩的感受运用于对音乐的理解,感知音乐与绘画、听觉与视觉的联系。使学生明白艺术是可以融会贯通的,不仅分别体会到了音乐与美术各自是如何来表达情感的,而且还把音乐与美术结合起来,用绘画去表达所听到的音乐,把艺术融于自己生活中,进一步加深学生对音乐作品背后丰富的音乐文化、艺术品质和价值功能的理解。

(二)提升教师专业技能,增长学生学科知识

网络上资源丰富多样,借助新媒介教师可以获取除已有知识以外的学科专业知识,增强学科储备,课堂讲授时给予学生更多的音乐知识,让学生学习到更多的专业知识。学生也通过新媒介接收教学内容,提升视觉、听觉感受,通过通感来加深对音乐作品的了解和感受,从而提高课堂学习质量和效率以及学生的兴趣培养。教师与学生共同成长进步。

新媒介已经基本成为整个音乐学科教学与学习过程中不可或缺的重要版块,并贯穿于始终。

> **案例 2**
>
> 　　以上教版《音乐》七年级第一学期第三单元"美洲印象"为例,为了更合理地进行单元内容架构和课时分配,我保留了原教材主题歌中的

《娱乐者》作为导入环节的体态律动曲目，舍去了《故乡的亲人》《自由探戈》，另外选择了两首教材后音乐园地《飞逝的雄鹰》和名曲库的《蓝色狂想曲》作为歌唱学习和欣赏学习，以此来凸显"美洲不同地区的音乐风格"及"美国爵士乐起源和发展"这两个理解线索。后半部分延伸至中国爵士乐的起源和发展，选取课本外的《夜来香》作为拓展。这是上海地区近代爵士的代表作品，这个曲目流传多年、经久不衰，自然有其能够长久流传的方式和理由。让学生欣赏后将两者进行对比，能够让学生的印象更加深刻。通过多样化教学方式的尝试，能让学生更好的接受和掌握知识。

(三) 增强学生审美意识，培养学生审美能力

流行音乐呈不可逆转的趋势，而中学音乐教材的内容始终有限，有些作品甚至年代久远。要吸引学生音乐课堂上的目光，就必须注重吸收课外的流行音乐，有时候也可适当参考学生建议变通课堂教学模式。比如，教师可以在课前导入环节多多使用流行音乐，用来丰富教学内容，激发学生兴趣。在作品教授同时也可以使用流行音乐。

案例3

上教版《音乐》六年级第一学期第四单元"民族花苑"，《青春舞曲》一课时中，第一次进行民歌教学时，学生普遍觉得民歌不够时尚，比较生硬，甚至旋律难听，加之演唱难度大，望而生怯，导致学生对课堂学习提不起兴趣。第二次民歌教学时，当我增加播放流行歌手演唱会中《青春舞曲》片段时，学生都很感兴趣，甚至举出很多民歌新唱的例子，如周笔畅的《浏阳河》和谭维维的摇滚版《华阴老腔》……明显能感受到，学生对民歌没有以前抵触了，我也收获到很多。

实践证明，选取带有民族特色的流行音乐，不但能让学生了解民族音乐的精华，得到美好音乐的熏陶，对民歌产生浓厚兴趣，还能增强学生的民歌

审美意识、审美能力,提高学习音乐的积极性,让学生在乐中学,提高其综合素养。

总而言之,作为一名音乐教育工作者,除了常规的基础教学方法外,必须不断接受新事物、新信息,认同新媒介时代,辩证看待新媒介所带来的影响力,并立足学生需求,将新媒介融入日常教学的方方面面。

参考文献:

[1] 徐磊.多媒体技术在音乐教学中的应用研究[J].成才之路,2016(32).
[2] 栾凤洁.多媒体技术在中小学音乐教育中的运用探析[J].武汉科技大学学报,2016(1).
[3] 王群益.关于中小学音乐课堂应用新媒体教学的几点思考[J].北方音乐,2018.

多媒体技术在中学体育教学的实践研究

许东雪

摘　要：《体育与健身课程标准》(2017版)的核心精神和关键要求是促进学生体育核心素养的形成。在当今智能科技发展日新月异的大背景下,多媒体在体育教学高频率使用已成为可能。因此,笔者经过分析教材,确定适合用多媒体上课的教材内容,然后制作多媒体上课素材。同时,以本校六年级两个班学生为研究对象,一个是实验班,上课时运用多媒体,目的是能够适应新课标要求,培育学生的核心素养;另一个是对照班,以传统方式组织上课,通过练习密度、学生参与、学生情感体验等方面的对比,证明运用多媒体的课堂是否更能体现新课标要求。

关键词：多媒体技术　体育教学　体育核心素养

《体育与健康课程标准》(2017版)的核心精神和关键要求是促进学生体育核心素养的形成。体育与健康学科核心素养主要包括运动能力、健康行为和体育品德。新课标要求在保证一定运动负荷的基础上"以学生发展为中心",强调在发挥教师主导作用的同时,突出学生主体地位;强调课堂中自主、合作、探究学习方式的运用;强调通过创设复杂的学习、活动情境,激发学生练习兴趣,营造形式灵活多样、气氛热烈活泼的课堂教学氛围。因此,作为一名体育教师,如何在体育教学中培育学生应该具备的体育与健身学科素养将是体育教学中面临的重要课题。

多媒体是指分别荷载文字、声音、图像等两种或两种以上媒体的信息加以数字化,并进行组合和处理的信息载体。多媒体技术指能够同时获取、处理、编辑、存储和展示信息的两个以上不同类型媒体的技术。

随着社会发展和科技进步,信息技术发展日新月异。互联网、电脑、手机和 APP 已与我们的生活密不可分,信息的传播途径和知识的获得途径更加多样化。当今,多媒体技术早已渗透到当今的日常教学中,而体育课堂中多媒体的运用却偏少。基于多媒体具有多样性、适时性、集成性、交互性等功能特点,我认为,借助多媒体工具的合理使用,可打造新课标背景下的高效体育课。

一、研究对象和研究方法

(一) 研究对象

以六年级两个班学生为研究对象。(1)班为对照组,男生 19 人,女生 17 人,共 36 人。(2)班为实验组,男生 18 人,女生 18 人,共 36 人。

(二) 研究方法

1. 教学实验法

通过分析教材,选择篮球运球技术、篮球投篮技术和啦啦操队形创编作为运用多媒体辅助上课的教材。根据教材特点,选择单元教学计划确定行进间运球(3-3)、行进间运球上篮(4-2)和啦啦操队形创编的第二节课(4-2)作为上课内容。

对照班运用传统的单元计划、课的设计和课的计划,运用传统的教学组织方法上课。实验班上课前撰写单元计划、课的设计和课的计划,结合教材内容、特点制作多媒体教学材料。

两个班级统一由笔者上课。课后发放调查问卷,让学生填写,并随机抽取学生,访谈上课感受;最后通过组内评课,记录各教师观课感受和建议,笔者写教学反思。

1) 多媒体教学工具。PPT、投屏软件、电脑、电子显示屏、手机。

2) 实验组课的内容。

(1) 行进间运球:① 与教师共同做各种球性练习;② 通过大屏幕播放各种信号,学生根据相应信号复习高、低运球,进行高、低、左、右换手运球的练习,2~3 分钟后,根据学生掌握情况,继续增加原地高、低运球难度,大屏幕播放简单语、数、外等各科问答题,学生在在前面练习的基础上解放视野,回答题目,教师则主要巡视、指导,对于篮球运球技术较薄弱或较高的学生进行区别对待;③ 教师示范或播放行进间运球视频,抛出问题"原地运球与行进间运球区别?"此时,教师提示按球部位不同,强调行进间运球动作要点,并做示范;④ 按大屏幕指示,到指定位置,按多大屏幕规定路线进行行进间运球练习;⑤ 通过PPT展示各种运球路线,学生根据路线难易程度自由选择行进间运球路线,教师巡视指导,通过录制视频、投屏等手段及时评价、激励学生;⑥ 以组为单位,根据大屏幕提示,在指定地点自创路线进行行进间运球练习,自创路线要求不影响其他学生,同时发散思维,发挥创新能力,教师巡视指导,通过录制视频、投屏等手段评价、激励学生;⑦ 游戏环节,大屏幕播放游戏规则,和各组场地位置,教师讲解游戏规则要点,强调走步违例、拉人、带球撞人、阻挡犯规等篮球规则,教师组织学生间展开比赛,并充当裁判。

（2）篮球行进间运球上篮:① 集体进行球性辅助运球练习;② 绕篮球场慢跑同时行进间运球;③ 观看大屏幕播放的行进间运球上篮正常速度和慢速视频,提问"学生视频中的示范者最后拿球的同时走了几步?"接着,教师强调行进间运球上篮动作要领,播放走步的错误示范,讲解什么叫走步;④ 学生跟教师共同做上篮最后两步的步法;⑤ 学生按大屏幕指示,以组为单位到指定地点练习原地运球上篮动作,这时,大屏幕显示不同距离、不同速度等难度递增的多种练习选择,供不同水平的学生选择练习,教师此时巡视、指导、评价;⑥ 学生做三分线外行进间运球上篮,在巡视、指导时,如遇到做得较好、较认真的同学,可将视频录下,并通过投屏软件在大屏幕播放,如遇到出现明显错误的同学,将其错误动作录下,回放给他看,并强调正确动作;⑦ 根据PPT提示,学生根据个人实际掌握情况在相应距离练习行进间运球上篮,教师巡视、指导时,对于篮球水平较高的学生,可为其制定难度较高的相应练习;⑧ 大屏幕播放游戏规则和场地分配讲解游戏规则,6个小组在指定场地,组间进行游戏比赛。

（3）啦啦操队形创编:① 在热身环节,让全体学生一组为单位,听音乐,成一路纵队沿篮球场变线、端线慢跑,当听到哨声后,小组组成大屏幕显示的队形,然后听到音乐后继续慢跑,慢跑结束后,以组为单位,在小组长的带领下以过去学过的啦啦操动作组合为练习内容做热身操;② 教师借用大屏幕,展示各种啦啦操队形,然后让学生以组为单位在规定的时间内组成3个队形,并以教师哨声为信号,小组在指定场地展示队形;③ 通过展示FLASH和视频,让学生直观了解分裂与合并、重组转换方法,然后各团队自主选择队形按要求创编,听到音乐后,各组自动跟音乐展示队形变化;④ 以4×8拍动作为例,让学生用合并、分裂、重组的编排方法按编排原则自主创编3个队形,教师在学生自主创编队形期间巡视、指导;⑤ 各组依次按音乐展示编排成果。

2. 文献综述法

分别以"多媒体技术""体育教学""体育核心素养"为关键词,在中国知网检索文献,进行阅览和梳理,了解前人的研究情况,并对相关知识进行分析、归纳。

3. 观察记录法

课前,制作课堂观察记录表,并通过日常上课时试验记录,然后不断改进。课堂观察记录表分为主观记录表和客观记录表。客观记录表包括准备部分、基本部分、结束部分和主观记录。每一部分记录内容为练习内容、练习次数、集体和单个学生练习时间、教师讲解时间、教师与学生有针对性的交流次数、集中次数。教师与学生有针对性的交流次数分为有效交流和无效交流,有效交流分为表扬、纠错、区别对待。主观记录表则是用文字描述教学氛围,学生参与程度。课中,由组内其他体育教师负责记录。

4. 问卷调查法

在上完课后分别对对照班和实验班学生分发调查问卷。调查问卷内容根据体育心理学《运动兴趣量表》《运动动机量表》《运动自尊量表》,自行设计了关于对学生对本节课教学内容的掌握度、学生在本节课的情感体验、学生在学练中与同伴的关系3个方面的问题。表1为对照班、实验班问卷发放、回收情况。

表1 对照班、实验班问卷发放、回收情况

	对照组					实验组				
	发放数	回收数	回收率	有效数	有效率	发放数	回收数	回收率	有效数	有效率
行进间运球(3-3)	36	36	100%	36	100%	36	36	100%	36	100%
行进间运球上篮(4-2)	36	36	100%	36	100%	36	36	100%	35	97.2%
队形创编(4-2)	36	36	100%	35	97.2%	36	36	100%	34	94.4%

二、结果与分析

多媒体应用于体育教学,有下述优势。

(一) 可增加学生练习时间

多媒体应用于体育教学可提高运动密度、练习密度,增加学生练习时间。啦啦操队形创编(4-2)运动时间与运动密度见表2,单个学生练习时间与练习密度见表3。

表2 啦啦操队形创编(4-2)运动时间与运动密度

	对照组(分)	实验组(分)
运动时间(单位分)	21	31
运动密度(百分比)	52.5%	77.5%

表3 啦啦操队形创编(4-2)单个学生练习时间与练习密度

	对照组(分)	实验组(分)
单个学生运动时间(单位分)	14	24
练习密度(百分比)	35%	60%

体育课的运动负荷是学生在课中做练习时,身体所承受的生理负担。运动负荷通常由运动密度、练习密度和运动强度来表示。运动密度是指一节课运动时间占一堂课总时间的百分比。练习密度是指单个学生练习时间占一堂课总时间的百分比。新课标中提出,一节课运动密度不应低于75%,练习密度不得低于50%。由表2和表3可得,实验组的运动密度为77.5%,练习密度为60%。对照组的运动密度为52.5%。由此可见,运用多媒体的体育课堂运动密度和练习密度就达到了新课标的要求,而对照组运动密度和练习密度相对较小。这说明运用多媒体辅助教学可以使学生有更多的时间进行练习。

在啦啦操队形创编这节课中,需要向学生展示不同人数的各种队形及队形之间如何流畅、快速转换。这类课单靠教师讲解，无法直观地使学生清楚教学内容。这时需要借助教学工具。传统的教学工具以挂图、展示板为主，这两个工具的使用相对较枯燥，不易激发学生兴趣。教师讲的多了，自然学生练的少了。结合信息技术，通过 FLASH 展示各种队形及队形转换，非常直观又一目了然。教师只需提示各教学内容要点，剩下的时间学生则自主练习，提高练习密度，增加学生运动负荷。

（二）有利于实现差异化教学

多媒体应用于体育教学，解放教师"主体"地位，变"主体"为"主导"，有利于实现差异化教学。

在学生以行进间运球(4-2)为例，课堂主体内容所占时间共 23 分钟。通过对照班和实验班两班的观察记录表可知，对照班中，教师示范、讲解、组织学生来练习的时间约 13 分钟，巡视、指导学生的时间共约 7 分钟，约有 3 分钟用于管理课堂纪律。在巡视、指导其中，教师与学生的交流次数共 10 次，其中帮助学生纠正动作 3 次，口头表扬 3 次，指导组织教学 2 次，维持纪律 2 次，无对学生进行区别对待的差异化指导。实验组中教授内容、组织学生练习时间约 5 分钟，教师巡视、指导的时间 16 分钟，维持学生纪律的时间约 2 分钟。在巡视、指导时，教师与学生交流次数 20 次，其中帮助学生纠正动作 8 次，口头表扬 7 次，指导组织教学 1 次，维持纪律 1 次，区别对待差异化指导 3 次。以上说明，与传统体育教学相比，在运用多媒体技术的体育教学中，教师有更多的时间指导学生学练，与学生的交流、对话，这个过程中教师可照顾不同水平的学生，成为了一个真正的引导者、组织者。

体育课堂中队形的调动、学生练习位置变化等单纯靠教师讲，势必占用更多上课时间。多媒体可通过声音、图片、动画传播一部分本该教师通过语言讲授的信息，从而解放教师的时间，使教师能够更长时间巡视、更多次数指导、更多参与到同学生共同学练。

（三）能激发学生兴趣，促进学生自主、探究学练

多媒体为学生直观提供多层次、多选择学练内容，激发学生兴趣，促进学生自主、探究学练。

运动兴趣是人们积极地认识、探究或参与体育运动的一种心理倾向，是

获得体育与健康知识和技能,促进身心健康的主要动力。运动内容新奇性、学生练习积极情绪体验、师生关系都是影响学生练习兴趣的重要因素。以行进间运球(3-3)为例,由表4可知,实验组有66.7%的学生认为课堂内容组织很新奇。而对照组只有22.3%的学生认为课堂内容很新奇,超过一半的学生认为课堂内容平淡无趣。由表5可知,对照组中,只有69.4%的学生认为自己在学练的过程中积极参与。实验组中,有83.3%的学生认为自己在学练的过程中积极参与,没有人在学、练过程中不积极参与。由表6可知,对照组有55.6%的学生认为在学练的过程中与同学关系和谐融洽,有33.3%的学生认为在学练的过程中与同学关系一般。实验组中,有77.8%的学生认为在学、练时与同学关系和谐融洽,只有19.4%的学生认为与同学关系一般。

表4 行进间运球(3-3)教学内容新奇性

	对照组			实验组		
	很新奇	平淡	枯燥无趣	很新奇	平淡	枯燥无趣
频数	8	20	8	24	10	2
百分比	22.3%	55.6%	22.3%	66.7%	27.8%	5.5%

表5 行进间运球(3-3)参与本节课体育学练积极性

	对照组			实验组		
	非常积极	一般	不积极	非常积极	一般	不积极
频数	25	8	3	30	6	0
百分比	69.4%	22.3%	8.3%	83.3%	16.7%	0

表6 行进间运球(3-3)学练环节与同学关系

	对照组			实验组		
	非常融洽	一般	冷淡	非常融洽	一般	冷淡
频数	20	12	4	28	7	1
百分比	55.6%	33.3%	11.1%	77.8%	19.4%	2.8%

通过访谈个别学生、观察记录表,结合表4~表6的数据,说明在运用多媒体辅助上课的行进间运球课堂上,课堂气氛热烈活泼,生生、师生关系融

洽,绝大多数喜欢这种组织形式的体育课,这激发了学生自主学习的兴趣。

在这节课中,我通过多媒体,多角度、多选择、多方式的由易到难的直观呈现多种运球路线,激发学生根据自己掌握情况自主选择运球合适的运球路线,并自主学练。在接下来的环节中根据 PPT 提示,学生发散思维,积极创新,借助已有的标志盘器材,在指定场地自创运球路线,激发主动探究学习,培养学生的创新能力。

(四)丰富学生体育知识,提高学习效率

多媒体多角度、多方式呈现教材重、难点,大容量呈现体育知识,丰富学生体育知识,提高学习效率。

以行进间运球上篮(4-2)为例,由表 7 可知,对照组中,只有 44.4% 的学生认为自己完全掌握了行进间运球上篮,41.7% 的学生基本掌握行进间运球上篮,但仍有 13.9 的学生没有掌握。在实验组中,54.3%,超过一半的学生完全掌握了行进间运球上篮,42.9% 的学生基本掌握,只有 2.8% 的学生没有掌握行进间运球上篮。以上表明多媒体技术的运用可使学生在相同的时间内更快地掌握体育教学内容。

表 7 行进间运球上篮掌握情况

	对照组	百分比	实验组	百分比
完全掌握	16	44.4%	19	54.3%
基本掌握	15	41.7%	15	42.9%
没有掌握	5	13.9%	1	2.8%
总　　数	36	100%	35	100%

通过多媒体将行进间运球上篮的重点、难点多角度、慢动作回放,学生可更直观、更清晰的了解行进间运球上篮的动作结构,更容易将动作表象转换成忆。与此同时,PPT 大内容的展示了篮球比赛走步、二次运球的篮球规则,学生自主阅读规则后,对比赛规则了然于心,为接下来的比赛环节打下良好基础。

在教师巡视指导时,教师如遇见学生普遍存在的问题,直接投屏到 PPT,及时纠正。如遇到动作做得很好或进步很大的学生,则也及时表扬。

通过及时反馈,强化学生动作学习记忆,提高课堂有效性。

(五) 可辅助创设活动、比赛情境

多媒体辅助创设活动、比赛情境,使学生通过参与活动、比赛提高单个技术水平,在活动、比赛中实现育人。

在篮球行进间运球教学中,可以通过创设情境、改编比赛规则,使篮球比赛简单化,由投篮记分改为传球记分。由于篮球比赛规则较多,单纯由教师讲,学生一则容易忘记,二则浪费时间。因此,PPT可以以图文并茂的形式创设比赛的情境,并且显示比赛规则。学生可通过自主看大屏幕内容,主动学习篮球规则。季浏说,学生的体育核心素养是通过学练获得的,而体育核心素养主要体现为:有公平竞争的规则意识,有团队合作的精神,有强烈的社会责任感。

参考文献:

[1] 陈富,王嘉毅.大学教学中 PPT 应用效果研究[C].电化教育究,2015(1):6-9.
[2] 封静.媒体辅助教学对学生健美操创编能力的培养[J].现代计算机,2016(12):68-70.
[3] 张力为,毛志雄(2004).体育科学常用心理量表评定手册[M].上海:华东师范大学出版社,2004.
[4] 季浏,殷恒婵,颜军.体育心理学.第3版[M].北京:高等教育出版社,2016.
[5] 房华.多媒体教学在中学跳远中的应用.北京体育大学.硕士毕业论文,2017.
[6] 赵凤霞,程船银.体育核心素养模型构建研究.[J]体育文化导刊,2017(1):164-170.

新媒介环境下初中美术构图教学策略的实践研究

陆 剑

摘 要: 美术学科核心素养包含图像识图、美术表现、审美态度、创想能力和文化理解5方面,而构图作为美术表现、审美以及创想过程中的重要环节,是现有美术教学的主要内容之一。"构图"这一概念比较抽象,这种对画面整体布局的意识相较于过往单个形象的表现等教学内容,体现出思维方式及创作方法上的较大转变。因此需要采用有效的教学策略帮助学生理解构图形式及其在画面中营造的形式美感,从而更有效地提升学生"识图""表现""审美"等能力。

本文将基于初中美术课堂教学实践,尝试从欣赏与分析构图、构图在绘画创作中的运用、通过评价提升学习效果这3个方面,探究构图教学的有效策略。

关键词: 核心素养 初中美术 绘画构图 教学策略

美术学科核心素养包含图像识图、美术表现、审美态度、创想能力和文化理解5方面,而构图作为美术表现、审美以及创想过程中的重要环节,是现有美术教学的主要内容之一。教育部在《全日制义务教育美术课程标准》(2011版)中就提出,通过"造型·表现"领域的学习活动,学生应达到"能运用对称与均衡、节奏与韵律、对比与和谐、多样与统一等组织原理进行造型活动,激发想象力和创新意识。"其中即包含了对运用构图的形式语言的能力要求。而《上海市中小学美术课程标准》则更明确地提出了"能合理组织画面构图"这一内容。

在培养学生核心素养的时代背景下,采用怎样的教学策略帮助学生更有效地理解构图形式及其在画面中营造形式美感,并通过学生实际运用体会这一过程来感受构图对于美术作品的重要性,从而更有效地提升学生"识图""表现""审美"等能力,是值得重视并具有研究价值。

什么是构图？结合少儿版初中美术教材内容,构图是指在平面空间中安排和处理表现对象的位置和关系,把个别和局部的形象组成画面整体,以表现构思中预想的艺术形象和审美效果的过程。

什么是教学策略？即在特定教学情境中为完成教学目标和适应学生认知需要而制定的教学程序计划和采取的教学实施措施。

为什么关注构图教学的策略？学习构图的目的是使学生能从构图形式美感的角度去欣赏画家及同学的美术作品,并能在自己的作品中运用基本构图方式去表现创作意图与美感。并通过这些有效的学习内容,激发学生的兴趣以及培养学生对美的感知能力,提升学习效果。

但是,无论在教学实践或理论研究中都可以发现,"构图"这一概念比较抽象,这种对画面整体布局的意识相较于过往单个形象的表现等教学内容,体现出思维方式及创作方法上的较大转变,若仍然局限于传统的观察描述的学习方式对学生来说较难于理解。

那么,构图教学中有哪些难点？在教学内容上,教材中提供了水平线构图、垂直线构图、三角形构图、S形构图范例等丰富的教学素材。围绕构图的核心内容即表现作品的形式美感,为学生提供了广泛的学习内容,在教学重点上教师具有较大的选择空间。但由于课时限制,要求教师进一步梳理教学重点,归纳教材内容,并提高课堂教学效率。

同时对该年龄段同学来说,对构图中的点、面、空间位置等要素的认识与运用尚有一定困难。对于比较抽象,具有一定难度的"构图"的概念及方法,应当避免拗口的词语解释,运用策略使之更易于理解。因此,为了帮助学生理解构图形式以及如何在画面中营造形式美感,必须将构图对于美术作品的重要性这一信息及时传递给学生,并采用更直观而有趣的教学方法。

伊少淳教授指出,"选择和创设问题情境,并引导学生选择和运用知识与技能就成了我们最重要的教学策略。"[1]因此,本文基于初中美术课堂教学实践,从以下几个方面开展了构图教学的策略研究。

一、运用欣赏与分析构图的教学策略

按照传统的教学方式,比如由学生欣赏并分析一幅名作的构图形式,难以达到主动发现其中的形式美感或不足之处的目的。学生容易先入为主地认为这是"正确"的,或者即使知道问题也难以系统地进行分析。同时易受到固化思维、从众心理的影响,难以开展对不同构图形式的思考与尝试。这是由于学生的审美能力尚在学习培养的过程中,其对于美术语言的了解与分析限于自身的知识水平所限而造成的客观因素。

教师的教学设计就应当针对这一情况做出改进,通过以发现与解决问题为核心的教学策略,创设问题情境来引导学生思考并尝试解决,将被动接受转化为主动探究。

如:基于少儿版初中美术教材,在"用三角形构图表现静物"这一教学实践中,通过不同的活动设计,对比其教学策略与教学效果可以发现:通过让学生进行试错性的活动,能够更有效地启发学生对"构图中的均衡"这一知识点的主动思考与尝试,见表1。

表1 "用三角形构图表现静物"教学实践

	活动内容		活动效果	
初次设计		欣赏作品,说一说对作品构图的感受	学生以好看、有美感等感性词汇描述	初步感官认识,无主动从美术知识角度的分析,被动接受教师讲解
第二次设计		比较欣赏作品,说一说对作品构图变化前后的感受	学生发现构图中的不平衡,提出向右侧移动或添加静物的解决办法	能够发现问题,找到改进方法。但局限于画面中基本内容构成,未形成对其他构图形式的思考与尝试

(续表)

活动内容		活动效果	
第三次设计	请同学将三个圆摆放到长方形框中并分析不同点	学生摆放出几类不同的构图形式	出现多种构图形式,通过对比主动发现问题,在互动讨论中解决问题,培养了学生独立思考的能力,并在此过程中总结出构图的重要原则——"均衡",达到了此环节教学目标

在教学设计与学习效果比较中,可以看到初次的教学设计仅能达到初步的感官认识,学生并没有主动地从美术知识角度进行分析,而是被动接受教师讲解;第二次的设计有所改善,学生能够发现问题,找到改进方法。但仍局限于该作品中的基本内容,未形成对其他构图形式的思考与尝试;而第三次设计中利用圆形代替静物,让学生在快速摆放组合这一游戏过程中体会了构图的变化,并直观地围绕学生发现的问题进行探究性学习,达到了能够分析并改进构图问题这一教学的核心目标,为之后的运用构图进行创作打下了基础。

二、运用构图进行绘画创作的教学策略

美术教学的目的是学生在原有基础上的能力提升。比如对初中低年级同学来说,对构图中的点、面、空间位置等要素的合理运用尚有一定困难。因此在基于构图的相关教学内容中,更应适当降低对绘画表现能力的要求,而注重于学生对画面元素之间的关系的掌握。通过降低技法的难度而启发学生的创造性,并使这种创造性在学生作品中得以实现,从而提升学习效果。

如我们在美术课堂教学中时常会遇到的难点，即因绘画表现能力的差别或绘画习惯的问题，导致部分学生难以在限定时间内完成作品从而难以展现出其对构图的思考。因此在教学设计中，可以以此为目的，寻求更好的教学策略，在教学实践中尝试采用多种表现方式加以对比验证，见表2。

表2 基于构图的教学实践

	活动内容		活动效果
初次设计		通过多种材料及表现形式，完成构图表现	基于绘画习惯造成学生注重色彩、造型等画面内容表现，淡化了构图为核心的教学重点，学生易忽略对构图多样性的思考
第二次设计		运用拼贴与绘画相结合的方式进行构图	相对有限的静物造型与大小，在构图过程中限制了学生的思维与创意。绘画添加的内容更多作为"装饰"而忽略了构图的整体性
第三次设计		运用木炭条以速写的方式表现构图	木炭条与速写技法的组合，降低了学生在绘画表现上的难度，并具有一定表现力。使学生在关注构图这一学习重点的基础上，又能够较容易地形成完整的绘画作品

通过比较可以发现，初次设计中运用相对传统的素描、色彩技法与材料，由于绘画能力或绘画习惯的限制，造成学生注重色彩、造型等画面内容表现，淡化了构图为核心的教学重点；第二次设计中运用拼贴与绘画结合的方式，但相对有限的静物造型与大小，在构图过程中限制了学生的思维与创意以及对构图的整体性的思考；第三次设计中采用了对于初中学生来说相对简单的木炭条技法（如涂抹、擦、描画线条等），既满足了学生一定的表现

力需求,又使绝大部分同学能够比较容易地掌握教学活动所要求的绘画表现方法。从而帮助教师将学习的关注点始终保持在构图这一核心内容上,作品也更加呈现出较明显的构图意识与形式美感。

三、通过有效评价提高构图效果的教学策略

美术学科的学习与生成具有个性化、偶然性等特点,加上学生的学情不同,因而呈现出的学习差异性非常明显。美术教学应当针对学生差异及时调整课堂教学,因此学习评价与反馈的及时性和有效性对美术课堂而言显得尤为重要。比如通过各种教学方法与活动设计帮助学生了解构图之美,且构图为什么美,但在学生具备相应的知识储备和审美能力之前,如何来判断自身的学习效果,教师又如何来准确地给予学生评价,这也是构图教学中需要不断在实践中寻求有效策略的方面。

通常教师在教学内容完成之后会对学生作业简单点评以总结学习效果,但这样个案的分析评价较难达到呈现学习过程及能力发展的需要。而相比之下能够展现学生学习有效性最直观有效的方式应当是"比较"。在通过"比较"进行教学反馈与评价过程中,可以通过综合使用信息技术,融合"不完整与完整的构图作品"比较、学生个体在不同学习环节的纵向比较、与其他同学作品的横向比较等形式,形成立体的作业展示与评价体系,以体现学生学习情况反馈的有效性、实时性,通过呈现其能力发展过程从而达到更好的学习效果。

图1(a)为同一位同学在构图学习的不同环节呈现的作业效果,可以看到第一与第二幅是该同学对三角形构图的理解进行了调整,第二到第三幅则是对画面完整性的补充。通过学生个体在不同学习环节的纵向比较,不仅展示了他经过本课时学习后的成果,也明确了他在各个教学环节中的学习效果,可以清晰地了解到学生学习与能力的发展过程。而图1(b)为两位同学间在相同教学环节的横向评价,更易于学生与教师发现自己与他人作品中的不足,并提出改进的建议。由此可见,有效的跟进策略对教学的过程与结果都能够起到明显的促进作用。

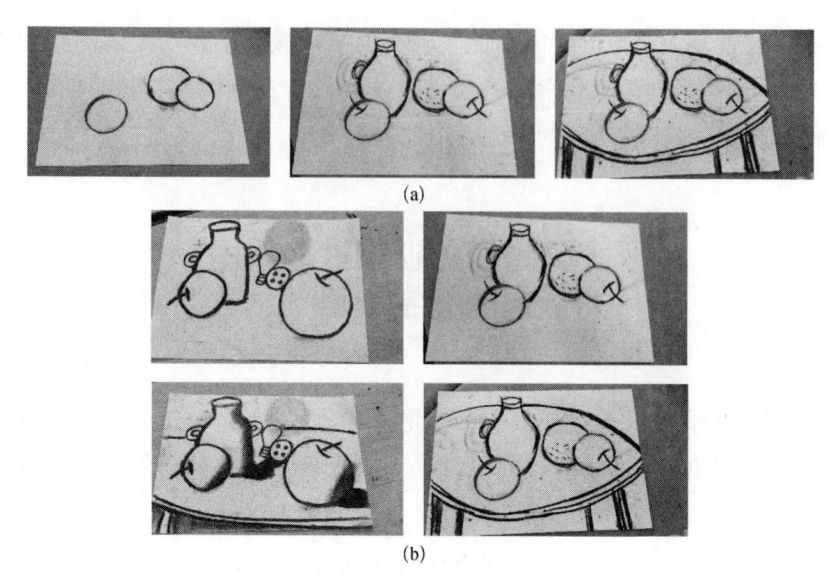

图 1　纵向比较与横向比较

四、总　　结

通过研究、实践构图教学的有效策略,在学生具备更优的美术知识储备和判断能力之前,能够通过直观的方法帮助学生跨过抽象概念的难关,在一步步由浅入深的学习过程中,取得聚焦学习内容、解决难点问题的效果。并引导同学在实践中总结规律,在创作中掌握方法。

构图在绘画中的运用往往具有综合性与多样性,如何科学地归纳以及教授相关知识点,并以有效的形式提升学生对构图的学习效果同时避免固化学生思维,是美术核心素养培养的重要方面,更需要适切的教学策略的支持。

如何有效利用操作活动、绘画实践、微课媒体等手段,实施多样的教学策略,在课堂教学中提升学生绘画表现力以及创造力,从而达到提升美术表现能力这一学科核心素养,对于其他美术门类及美术语言的教学设计也同样具有借鉴性和启发性。

参考文献:

[1] 尹少淳.文化·核心素养·美术教育——围绕核心素养的思考.北京:首都师范大学美术学院,2015.

基于教学有效性的新媒介运用研究

吴雨吉

摘　要：随着信息时代的到来，"新媒体"已经广泛地应用于人类生产、生活的各个领域，这其中也包括中学美术教育领域。一方面，新媒体作为一种辅助教学的有效手段，以其丰富的教学资源，灵活的教学形式，提高了中学美术教学的效率，调动了学生学习的积极性和审美感受，使中学美术教学真正做到短时高效、丰富多彩；另一方面，在新课程改革的影响下，新媒体艺术作为中学美术的一个教学模块，给中学美术教学带来一缕时代的春风，有助于学生加深对科学与艺术的探知和理解，增强学生的创新意识、创新思维及创新能力的发展。

关键词：新媒介　美育　案例分享

一、新媒介融入美术教学的意义

随着信息时代的到来，"新媒体"已经广泛地应用于人类生产、生活的各个领域，这其中也包括中学美术教育领域。一方面，新媒体作为一种辅助教学的有效手段，以其丰富的教学资源，灵活的教学形式，提高了中学美术教学的效率，调动了学生学习的积极性和审美感受，使中学美术教学真正做到短时高效、丰富多彩；另一方面，在新课程改革的影响下，新媒体艺术作为中学美术的一个教学模块，给中学美术教学带来一缕时代的春风，有助于学生加深对科学与艺术的探知和理解，增强学生的创新意识、创新思维及创新能力的发展。

随着新媒介技术的深入发展，原本黑板教学逐渐走向多媒体教学，但是在美术学科教学上，新媒介还只是起到辅助作用，美育中更提倡的是学生的亲身感受与体验。如果一味地追求新媒体的介入,易出现"为了多媒体而多媒体"的形式主义教学现象;如果教学中忽视教学主体的存在,则易扼杀教师的个性和学生的主体特征,限制师生的交流,束缚学生创新思维能力的培养,不利于对学生人格的培养。反之,新媒介技术若在美术教学中得到适切运用,则有利于拓宽学生的学习视野,使学生的学习更"到位",并发挥其最大的功效。

21世纪是信息化的时代,是知识经济的时代,也是视觉化、体验化的时代。将新媒体有效应用于中学美术交互性教学之中,是我国基础艺术教育走向国际化的必由之路。就美术教育领域来讲,新媒体的介入将在两个方面给交互性教学带来便捷与发展:① 新媒体有着网络化的巨大后台空间,通过借助互联网通信技术,将使更多的新媒体形式进入中学美术教育领域,有利于美术交互性教学理论结合实践的研究;② 新媒体技术终端的嵌入化和智能化大大提高了信息化教学设备软件系统和硬件本身的传播性能,有利于开发出专用于中学美术交互教学的智能化教育设备。信息化进程的加快将使教师的教育观逐渐发生改变,带来的不仅是学生艺术思维的解放,也是一个推动艺术教学实践不断深化的过程。

二、新媒介运用的实践探索

(一)实践探索一:强调分享与交流效果

在没有采取新媒介介入美术之时,对学生的作业分享问题一直是教师的困惑之处。在美术课堂中,一般最后都会让同学上前来分享各自的作品,并且进行张贴和比较,以期获得分享与交流的效果。但当发现同学们把他们的作品都贴到黑板前面时,就会发生一个问题,由于美术教室一般比较大,然后黑板的面积又比较小,当同学们的作品密密麻麻的贴在前面,就会导致很多坐在后面的同学不能清晰地看到前面同学们作品的全部画面,这会明显降低学生自主评价的效果。面对产生的问题,我思考着是否可以介入新媒体的帮助和支撑。

基于问题的思考,在美术教学过程中,我尝试实践了介入手机拍摄与电脑同步连接这样的一个新媒体技术。即手持手机这样的拍摄设备,然后通过跟投影仪大屏幕的同步连接,由各位学生分别进行拍摄,把他们的作品投影到大屏幕上,让同学们可以挨个清楚的进行展示,并且能够通过放大画面进行欣赏、交流。经实践,通过新媒体技术的运用,可以较好地解决学生在学习活动中如何有效分享与交流这一难题,真正实现师生互动评价与交流的学习目标。

(二)实践探索二:重视欣赏与导入环节

在美术教学中使用新媒体辅助技术较多的环节是欣赏与导入环节。在中学美术交互性教学中,创设情境、深入体验是有效提升教学效果的重要方式之一。为此,通过运用新媒介设备功能,我向学生展示了提前制作的课件,让学生通过图片、音乐、动画、游戏、故事、竞赛等形式,快速进入美术创作的情境。同时,我通过问题引导,引发学生的"头脑风暴",激发学生的好奇心和求知欲,让学生带着兴趣与激情去思辨和感悟,从而掌握知识要点,解决疑难问题。

众所周知,美术教育是需要靠视觉来进行感受的一门学科。因此美术老师上课之前需要查阅大量的资料,包括视频以及图片,并且把需要的图片视频这些信息整合在一起,给同学们进行欣赏与分析比较。由于在网络上的信息既是丰富多元的,但需要有针对性的进行处理。比如一个视频,它需要播放 15 分钟,但是由于上课时间并没有那么多,而且需要采用的只是一个导入环节。于是,我关注的是如何把所需教学视频的最精彩内容进行提炼和采纳,则采用新媒体技术进行操作优化。比如:利用 PR 软件或其他一些视频编辑软件,进行适切的视频剪辑与添加合成。同时也将不同视频放在一起进行比较,让同学们更能轻易地分辨出教师的教学重点是什么。这些处理环节都需要教师采用新媒体技术的介入,把视频进行精心编辑。此外,有很多图片拿来不能直接使用,比如说有水印或者是有某些部分不需要作为教学内容,我就利用 PS 等图像编辑软件来进行图像的处理。实践证明,借鉴新媒体功能作用,能提炼出适切于美术课堂中使用的信息内容,从而促使学生的学习过程更加快捷、高效。

(三)实践探索三:关注展示与评价作用

结合美术教学的实践探索,我又关注了多媒体教室设备的功能发挥。

比如,让学生实现每人一台电脑或者是平板电脑,通过自己的自主设计和实践,利用电子设备进行绘图。学生可以将自己的作品上传至资源共享平台,便于横向对比和共同阅览,展示学生的自主创意能力和表现手法,并开展自我评价和同伴评价。所以,美术的课堂也离不开新媒体的介入,有了新媒体的辅助、支撑,可以使美术课堂更加充满活力。

三、总结与展望

"新媒体"是信息时代的产物,随着数字技术的飞速发展,"新媒体"逐渐被引入中学校园,为中学教学带来了时代的新气息。美术教师逐渐融入当代先进的教学理念,重建一种具有多重交互、教学主体活动与现代信息技术有机交融的全新的中学美术教学体系,从而推动中学美术教育尤其是新媒体艺术教育的发展。中学美术教学体系的重建,促使中学美术课堂教学模式由单向性逐步向交互性转变,增强了课堂教学的生动性、趣味性、反馈性,激发了学生认知的积极性、主动性、参与性,使教学交互更加人性化、教学内容更加时代化、教学过程更加体验化,有利于塑造当代中学生在信息时代所必需的品格、能力、思维、习惯与审美方式。

新媒体技术与中学美术教学的有机整合,给美术交互性教学带来了无限生机,也给美术教师带来了巨大的挑战。因此,中学美术教师需要打破原有的思维定式,不断学习、充电,利用新媒体技术制作出优质课件,将知识与技术进行整合,紧跟新时代教育改革的发展态势。

我国的新媒体教育初露锋芒,在此基础上进行的交互性教学还有许多值得深思的地方。新媒体技术与美术交互性教学的整合,并非意味着抛弃传统美学观念和传统美术教学方式,对于传统的绘画技巧如线描、素描、色彩、速写等的练习同样不可忽视,应做到知识、技能、情感与创意并重。在对新媒体的认识与理解上,不能把技术等同于艺术,忽视了新媒体艺术的内涵,使学生的独特性和创新性逐渐退化。在交互性教学上,媒体交互是为了让学生在轻松的氛围中拥有更多主动思考与感悟的空间,而不应该把它当做一种能够与时代接轨的炫耀。未来的中学美术教育既应该有对传统优良文化的传承,也应该体现时代性、国际性的创新发展。

作为一名中学美术教师,应该紧跟时代步伐,不断更新自身的教育教学理念,从根本上提升教学水平和课程研究的能力,促进自身专业化发展。我们应该深度关注当前日新月异的新媒体环境中艺术教育的人文性和独创性,重视中学生情感、态度、价值观的培养,使中学美术教育不断注入鲜活的生命力。

新媒介环境下教研活动面临的
挑战及对策思考

张小妹

摘　要：随着"互联网＋"行动在教育教学中的推进和新媒介工具的不断普及，传统的教研模式已经不适应时代发展，教研活动正面临着新的挑战和发展机遇。本文首先对教研活动的现状进行了分析，然后提出教研组长需要转变管理思路，创新教研方式，最后结合新媒介特点给出面临挑战的应对策略。

关键词：新媒介　教研组　教研活动

自李克强总理在2015年政府工作报告中首次提出"互联网＋"行动计划以来，传统教育在新媒介环境向"互联网＋教育"的态势得以呈现，创设了新的发展空间。学科教研活动一直被认为是基于教学问题，加强研讨探究，优化教学评价，提升学校整体教学质量的有效途径。随着新媒介功能的不断普及，学科教研活动也正在面临着新的挑战和发展机遇。

一、传统教研活动现状

教研活动是以教研组或备课组为单位，在组长的组织与指导下，召集同学科任课教师针对某一主题进行的教学研究活动，是教师日常教学活动的重要组成部分，也是教师专业成长不可或缺的重要方式。有效的教研活动能够引导教师总结教学经验、发现教学问题、研究教学方法，从而提升教学质量。而无效的教研活动则耽误时间、浪费精力、增加教师负担，使教研活动流于形式。

（一）教研组教师结构比例尚显不合理性

学科教研组管理制度的健全及教研质量的有效度，直接关系着学校整体教学质量的高低。随着我校新进青年教师的持续增加，教研组内成熟型老师比例的明显减少，往往是一位有经验的教师带教多名青年教师的状况。虽然各学科备课组已经基本组建到位，但由于教师结构比例的失调，不论是备课组集体备课、集体作业设计活动，还是教研组教学研究活动、校本课程建设等，仍然显示出弱化的趋势。不同教研组的发展呈现不均衡的势头，有些教研组内教师积极参与各类活动，主动参与教师专业技能培训，有些教研组教师参与度不高，自我发展意识不强，在一定程度上影响了学校整体教研活动质量的提升。并且，学校对教研组建设的指导也过于依赖组长个人的自主性，多靠管理者的人际关系来带动工作。

因此，基于教研组结构比例不合理的特点，学校管理者应该思考的问题是：如何根据不同学科教研组的教师专业特长，针对不同成长阶段的教师，借助新媒介创新教研组管理方式，以便更好地满足教师专业成长的需求。

（二）教研组长的管理指导能力有待提高

教研组、备课组工作的有序开展，离不开教研组长的合理筹划；教研组浓厚的研究氛围，离不开教研组长的精心指导；教研组"组本研究"的顺畅推进，离不开教研组长的科学引领。因此，教研组长在促进学校发展、引领教师专业成长等方面起着举足轻重的作用。由于各教研组长工作态度和个人能力的差异，不同学科的教研组发展尚显不均衡。薄弱的教研组有时连常规教研工作的效果都无法保证，更谈不上新媒介环境下创新教研方式，提高教师参加活动的获得感。因此教研组建设是一个研究团队的建设，要真正实现团队协作，则需要通过教研组长的有效管理和悉心指导，充分调动组内教师参与教研的积极性，增强他们的使命感和责任感，使他们自觉、全心地投入教学研究活动，这是提高学科教研质量的基础保证。因此教研组长不仅应是一个业务能力较强的教师，更应是一个善于组织、善于指导、善于协调的教学研究带头人。

（三）传统教研活动往往受到时空局限

传统教研活动主要有两种形式：① 以专家讲座为主的理论性研习活动；② 以课堂为载体的听评课活动，并就课堂教学实际情况组织研讨与评价活动。前者由名师专家高屋建瓴地诠释先进的教学理念、方法、策略等，旨在提升教师的教学能力和教学水平；后者以"教学公开课"为研究载体，组织听评课的教研活动，为教师提供学习、交流、探讨的平台，也是深受教师欢迎的教研方式。多年来，这样的学科教研活动得到广泛的开展，并取得了一定的成效。但是这两种传统教研方式都会遇到教研时间短、周期长、成员多及教研组长无法一一进行细化点评、指导等问题。

二、新媒介环境下教研活动面临的挑战及对策思考

随着互联网的发展，新媒介环境的价值功能得到充分显示，从传统教研活动现状分析中可以看出，传统的教研方式已无法满足新时代课堂变革与教师专业成长的需要。现就新媒介环境下教研活动面临的挑战及对策展开思考，谈及自己的看法。

（一）必须转变教研组长的管理理念

学校一般按学科至少分为7～8个教研组，又按年级可分为不同的学科备课组，备课组则服从教研组的管理。作为教研组长必须更新管理理念，应依据学校教学研究的总体思路，对教研组的各项研究活动做到有目标、有思路、有措施，重视通盘管理。在新媒介环境下，教研组长必须积极吸取新信息、拥抱新技术，有强烈的现代化学科建设的使命感，有效借助新媒介环境功能，创新教研形式和内容，促进教研质量的持续提升，真正发挥组长的灵魂作用。

教研组长的管理理念及管理能力对于教研组建设起着至关重要的作用，因此学校首先应当对教研组长加强信息化管理和培训，提高教研组长自身的信息化运用能力。对如何借助新媒介促进课堂教学变革必须持有正确

的态度和做法，要敢于尝试新媒介技术，善于运用前沿的信息技术来切实改进、优化教研活动，打造一个具有较高信息技术素养的教研团队。

（二）教研思路及教研方式必须追求创新变革

新媒介环境下的教研活动不仅仅是把原有的业务流程搬到互联网上那么简单，它涉及教研工作思路以及教研方式的全方位变革。转变的关键首先是思想观念的更新，必须以追求高效的教研质量为目的，将新媒介诸要素融入并贯穿于整个教研活动过程中。

传统思想观念指导下的教研活动主题往往是自上而下的，参与教研活动的教师往往易被动接受，收效甚小。而对于教师来说，教研活动必须满足教师专业成长的需要，能够帮助教师解决教学过程中的困惑问题，因此自上而下的确定教研主题并不能达到有效教研的目的。在转变教研管理思路的前提下，教学管理者可以通过网络问卷、座谈、访谈等多种方式，了解教师对教育教学的瓶颈问题，然后自下而上的提炼有价值意义的研讨主题，使教研活动符合教师的发展需求，进而提高教研实效。

（三）借助新媒介功能转变固有单一的模式化教研

传统教研活动一般都是几位教师限定在一个固定的时间和空间进行面对面的交流，需要解决的问题往往因时空的限制而不能有效解决，教研活动的流程呈现固有化、单一化，缺乏创新性，较少关注参与活动教师的体验感和获得感。特别是以专家为核心的教研活动，大多数教师把自己定位于旁观者的位置，积极性不高。在当今新媒介环境下，教研工作组织管理者可以把互联网思维功能应用于教研活动之中，为教研形式注入新活力。互联网思维中最核心的就是"用户思维"，即在教学活动的各个环节都要"以用户为中心"去考虑问题，深度理解"用户"需求。就教研活动而言，"用户"就是"一线教师"，即深度理解教师的需求，坚持"以教师为中心"，有针对性的组织开展多元形式的教研活动，提高教师参与教研活动的体验感和获得感。

教研活动可以借助新媒介平台，采取"线上"和"线下"相结合的方式进行。教研组可以把工作通知、计划交流等教研组常规工作在线上落实，备课组可以把"集体备课、集体作业设计、阶段质量分析"等常规备课组活动在"线上"合作分工完成。线下活动时，针对"线上交流"中的遗留问题和难点问题进行面对面沟通，快速解决教研过程中的重难点问题。

在校本资源库的建设方面，传统教研模式的资源库建设显得十分缓慢，即使分工到人，因时间、空间的限制，教师们也都是单打独斗，最后到了交稿日期，组长就只能剪切拼装，使资源库内容出现冗余、交叉甚至重复的情况。这种只有分工没有合作的教研工作方式，可谓事倍功半。而在新媒介环境下，互联网平台、系统、软件的现代信息技术，能使我们多人同时完善知识体系，打破时空的限制，任何时间，任何地点，只要进入平台就可以对知识内容进行充实，使校本资源库内容更加系统、丰厚。由此可见，新媒介环境下的教研活动完全可以由一元向多元转化，能使不同主体各尽其职，构建更加完善的资源库共建共享机制。

（四）基于数据和视频功能改变全景式经验型评课

基于课例研究的听评课教研活动是最常见也最受教师欢迎的活动内容。但是，传统的听评课活动常常变成经验主义泛滥的现场。有时候为了提高听评课的科学性，即使听课教师使用了精心设计的量表进行观课记录，但常常因拘泥于教师的个性、情绪、喜好等无法控制的因素而缺失重要的真实数据信息。在智能手机普及的今天，依托"网络观课互动平台"则可以实现观课数据随时随地的真实采集与统计。教师不用手写记录，教务人员也不用汇总统计，听课教师只需要带着手机观课，在观课平台上选择适当的量表进行填写和提交，听课结束数据由后台自动汇总和分析。教研组从平台提供的观课分析报告中就能够及时发现问题，并针对问题进行研讨，提出改进策略，明显减少了全景式的经验主义评课弊端，提高了基于数据的科学评课效度。

随着移动终端和摄录像设备的普及，视频也是记录课堂数据最好的形式。学校自行组织的课堂视频录制、录播教室的自动化视频录制和互联网上的各类教学实录视频，能够形成一个数量巨大的视频课资源。但面对大量的视频，教师没有多余的时间和精力去筛选，导致很多优质的视频资料被埋没。如何筛选出优质资源，避免教师操作多余、低效的重复劳动，则需要学校组织专门团队对学科资源进行筛选、整合，从而使教师在进行教学研讨时能直接从优质资源中进行自主选择，避免因为繁杂、无用信息而加重教研不必要的负担。另外，借助视频剪辑技术，还可以对优质课例视频进行切片研究，比如，从学科知识、教学法知识、技术整合知识等不同维度，精选视频资源中的特色片段，组建专题资源库；再如，可以依据教学法维度重构教学组织片段库、教学环节片段库等，依据教学内容重构事实传授、概念理解、原则提取、问题解决等片段库，依据新媒介技术整合各维度，重构交互式一体机应用、电子书包应用、网络教学平台应用等片段库。多样化片段库的重构是对视频课例的升华再造，能够为不同层面教师的专业成长项目及教研活动提供有力支撑，为更多的教师创新性地使用信息技术奠定基础。

借助新媒介环境功能改变传统的现场听评课研究形式和低效的课例视频研究工作，基于数据客观分析课堂中的学生学习状态，捕捉现场授课中容易忽略的差异化资源，能够为教师更好地进行课例教学研究提供实证，促进教师课堂教学形式和方法的变革，有助于促进教师课堂观察能力和课堂教学能力的持续提高。

参考文献：
［1］张鸿雁."互联网＋"对语文学科教研活动影响的研究［J］.中小学电教，期刊2019(1).
［2］张德利，郑世忠."互联网＋"背景下教研与培训工作转型发展的实践与探索［J］.吉林省教育学院学报，2016(1).

新媒介环境下提高教研组听评课实效性的研究

须纯佳

摘　要：传统听评课普遍存在评课肤浅，课后缺少深层次研讨，督查措施不到位的情况。听评课随意性比较大。通过使用"课堂观察"平台，教师能够更加精准地进行课堂分析，能够更加直观地观察教师和学生的课堂表现。

关键词：听评课　精准　量表

听评课主要包括两层含义：① 听课，它是一种对课堂进行仔细观察的活动；② 评课，它是在听课活动结束以后，对课堂教学情况做出评价的活动。听评课需要听课者依据由观察所获得的课堂信息，对执教者的课堂教学表现及教学效果做出客观公正的评定。

一、传统听评课的弊端

传统的教研组听评课常常被作为教师的单项考核，刻板而被动，普遍存在评课肤浅、课后缺少深层次研讨、督查措施不力、任务取向不明确、听课者无合作等问题。比如，所有的评课均采用同一张评课量表，评价内容不够细致，如何评分模棱两可；再如，教师打分随意，部分教师把评课当做负担，采取敷衍甚至作假的方式应付，以点概面，忽视潜在问题，评课过程流于形式。

二、强调听评课本质，提高听评课实效

听评课的过程实际上是一种课堂观察。是观察者借助相应工具直接或

间接地从课堂教学中获取信息的技术手段,不同于无意识或潜意识的生活中的观察。课堂观察遵循"记录——诊断——评价"的技术路线。有了路径,如何完成记录?是否所有的数据都记录?诊断什么?怎么评价?应当是教师重点关注的问题。因此我校一直采用"五梯次研课"教研活动范式,以强调听评课本质为前提,落实组织分工,通过课例研修活动,完善评价方式,切实解决课堂教学中的真实问题。

"五梯次研课"流程为"拟订方案→集体备课→观课研讨→课例写作→观点分享",如图1所示。

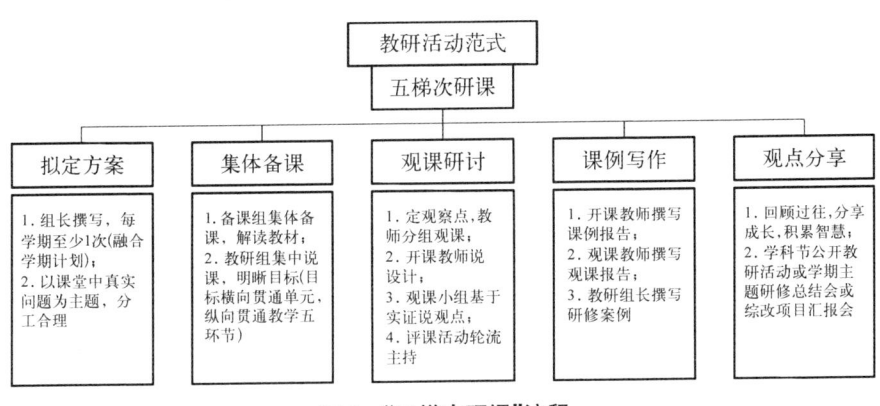

图1 "五梯次研课"流程

在每一次听评课中,教研组均采取课前会议、课中观察、课后会议的形式落实观课评课研讨。

(1)课前会议。听课前由授课者先说课,陈述内容主题、学情分析、教学目标、教学环节、检测手段等,使观察者熟悉了解课题内容,然后观察者与授课者集中商讨,确定课堂观察的重点和各个观察点,并落实合作分工。

(2)课中观察。根据组长分配好的工作,完成所需信息的记录。

(3)课后会议。课后教研组长主持会议,由执教者先行说课,自我反思,各组组员报告观察结果,分析探讨,提出改进建议。自我反思的重点围绕学习目标达成情况、主要教学行为的有效性、预设和生成情况分析。通过组员交流、讨论,提出改进意见,为完善下一次上课提供依据。

三、利用新媒介平台，提升听评课效益

为了帮助教师提高听评课的效益，我校采用了南京师范大学开发的"课堂观察"APP。该平台是指导教师对课堂教学行为进行观察、反思、评估的服务系统。它将可预设、可调节的各类专门化观察量表嵌入数字平台中，采用行为编码的思路，在听课过程中采集"教"与"学"的行为数据，通过后台计算与图形化处理后，为评课结论提供客观的量化证据，以实现科学的课堂诊断。

（一）发挥新媒介功能，提高观课效度

在课前会议后，教研组长或备课组长对讨论后的观课任务进行平台分工，该平台上设有教师教学行为、学生学习行为、核心素养培养行为等观察量表，组长根据具体要求进行分配。在观课中，教师带着手机进行现场观课，填写相关数据。

（1）聚焦主题数据。课堂观察是为诊断并解决教师课堂教学的实际问题服务的，因此观察前不仅要与上课教师协商确定观察主题，而且要对主题进行任务分解。课堂观察数据必须实事求是，不能追求标新立异，若脱离实际需要就会偏离主题，加重教师的工作负担，不能切实解决课堂教学中存在的问题。

（2）保持观察情景的原生态。观察者在进行课堂观察的时候，应尽量不去打破课堂原来的自然状态，保证记录到的课堂情景是真实发生的事件。若所观察到的是一节作秀课或作假课，也就失去了课堂观察的价值。

（3）抓住典型情景。课堂上充满丰富的情景，但并不是每一个情景都具有研究价值，如何敏锐地捕捉情景、客观地重现情景、深刻地分析情景才是关键。

（4）注重情景分析。远离情景的空头议论不可取，但囿于情景、只谈情景，没有专业解读也是不可取的。

（二）依据平台数据，提升评课精准度

在评课中，执教者利用平台生成的饼图和条形图进行反思和评课。观察者要基于数据进行评课。基于证据和实际情景进行课堂观察是一个专业

的判断过程,需要深入理解量表的理念和目的,更应该结合"此人、此事、此景、此课"进行,不能夸大或缩小单个证据的作用。应该把定量的课堂数据和定性的课堂情景相结合,形成证据链,用整体性的思想去评价和改进课堂。同时,在课堂数据和课堂情景的使用过程中,要抓大放小,突出重点,切勿面面俱到。否则看似解构了课堂,但却脱离了对实际数据的解读和情景分析,难以为教师提供实质性帮助。

四、依据典型课例,完善听评课活动

各个教研组利用"课堂观察"APP进行观课。以科学组为例,A老师在观课会议中进行对《生态系统的结构和功能》这节课说课,该课的教学设计,见表1。

表1 《生态系统的结构和功能》教学设计

课题	生态系统的组成和稳定性		学 科	生命科学
授课班级	八(1)班	授课人　　A	授课时间	2019.5.29
教学目标	1. 初步了解生态系统的组成及相互关系,能解释食物链及食物网中各生物间相互依赖、相互制约的关系,理解食物链及食物网各环节对维持食物网稳定性的重要作用; 2. 通过小组活动能,能"组"简单的食物链,"织"较复杂的食物网,解释"网"中生物间关系,培养综合分析能力和团队合作精神; 3. 通过创设猎人活动情景,探究食物链和食物网中各环节对维持食物网稳定性的重要作用; 4. 通过"组链""织网"活动,体会生物间相互依赖、相互制约的关系,进一步感悟生物多样性对维持食物网稳定性的重要作用,通过对猎人等人类行为的讨论,认识到人类是自然界的一员,人类生活离不开生活环境,进而关注其他生物的生存,感悟人与自然和谐发展的意义			
教学重点与难点	1. 重点 (1)生态系统的组成及相互关系; (2)解释食物链及食物网中各生物间相互依赖、相互制约的关系 2. 难点 理解食物链及食物网各环节对维持食物网稳定的重要作用和保持生态稳定的重要意义			

(续表)

教学资源	软白板,白板笔,多媒体资源		
教学过程	教师活动(创)	学生活动(联)	创联式教学设计说明
	引入 展示:生态瓶 问题:为什么生态瓶中的小鱼不用喂养就可以生存? 导语: 生态瓶中所有的生物与它们赖以生存的环境就构成了生态系统。	观察 回答:生态瓶可以在一段时间内自给自足。	创设生活情境,联系经验。 根据生活经验,学生或多或少都见过商场中的生态瓶。通过生态瓶的展示引入课题生态系统。
	生态系统的组成 问题:生物赖以生存的环境条件是什么? 概念:在一定自然区域内,所有生物与环境所形成的统一整体。 转折:在一个生态系统中生物与生物之间有着怎样的联系?	回答 阳光、空气、水分等。 思考	从情境分析引出生态系统的概念及组成。 启下文
	食物链和食物网 动画:螳螂捕蝉 设问:动画中各生物间最直接的联系? 请学生将各生物连线并描述概念。 图示:谚语情景 引导:从营养角度分析生产者、消费者、分解者 情景:草原生态系统中的几种生物。 指导:学生活动"组链""织网"。	观察 说出谚语。 思考、回答 组"链"、归纳描述概念。 师生互动讨论 小组讨论(2～3分) 根据动物间食性关系"组链""织网"。 归纳、描述概念。	创设知识情境,联系旧知。 从日常生活谚语入手,联系学生本体知识,调动学习热情。 行为设计,合作探究。 通过图片创设活动情境,学生活动、分析"组链""织网",形象生动表述并理解食物链及食物网。

教学过程	分析学生"组链"情况。 设问：食物链与食物链间是不是孤立的？在上述食物网中加入蝗虫、蜥蜴会出现什么变化？ 归纳：食物网概念，指出网中生物越多，"链"越多，"网"越复杂。		感受并体验生物多样性对食物网的稳定作用。
	食物网的稳定性与人类的过度活动 情景：在食物网中增加猎人角色。 设问：猎人的出现会使食物链发生什么情况？说明什么？ 追问：对食物网有什么影响？为什么？ 猎人的活动对我们有什么启示？	思考、讨论 感受大自然的自我调节能力及人类过度活动造成的后果。	创设知识情境，联系旧知。 通过创设猎人情景，进一步了解物种多样性对维持食物网稳定的重要作用以及人为破坏的严重后果。
	案例分析 北大荒变成北大仓： 1. 为什么会发生特大自然灾害？ 2. 人类如何与自然和谐相处？ 3. 习题册P18页练习。	主动思考，分析交流	引导迁移，应用外延更深刻体会人类的过度活动对生态系统的影响，感悟人与自然和谐发展的意义。
板书	生态系统 一、组成 　　　　　　　　　　空气 　　　　　　非生物成分　水分 　　　　　　　　　　阳光 　　生态系统　　　　　土壤 　　　　　　　　　　生产者 　　　　　　生物成分　消费者 　　　　　　　　　　分解者 二、稳定性		

在会议过程中,科学组的教师决定从师生交往行为这个观察点进行观课。会后组长对教师们进行了分工。

观课后,平台自动进行了数据分析,如图 2 所示。

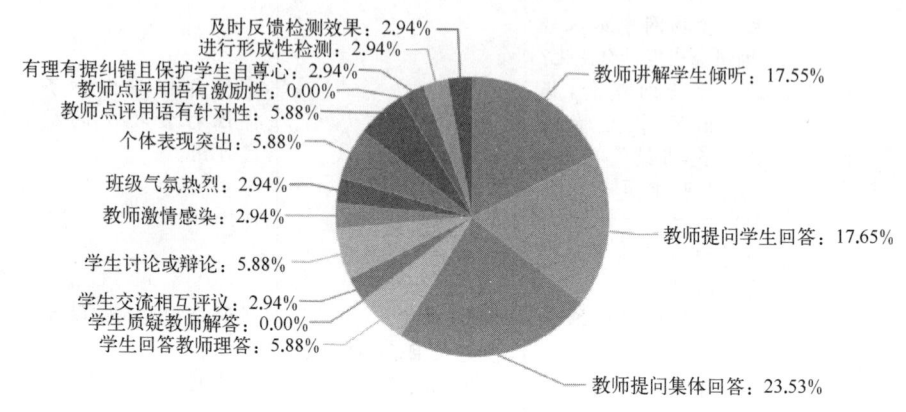

图 2　平台自动进行的数据分析

及时反馈检测效果：2.94%
进行形成性检测：2.94%
有理有据纠错且保护学生自尊心：2.94%
教师点评用语有激励性：0.00%
教师点评用语有针对性：5.88%
个体表现突出：5.88%
班级气氛热烈：2.94%
教师激情感染：2.94%
学生讨论或辩论：5.88%
学生交流相互评议：2.94%
学生质疑教师解答：0.00%
学生回答教师理答：5.88%
教师讲解学生倾听：17.55%
教师提问学生回答：17.65%
教师提问集体回答：23.53%

学生相互评议、教师评议具有针对性,也保护了学生的自尊心。执教者本人对本堂课进行了反思。本课通过联系实际生活,将概念问题化、问题情景化、视频形象化,引导学生进行"组链""织网"等自主探究活动,逐步、逐层分析讨论,理解并体会食物网中各生物间相互关系;通过创设猎人情景,探究食物网中各环节对维持食物网稳定性的作用,感悟生物多样性对维持食物网稳定的重要性,体会人与自然和谐发展的意义。

初二学生的抽象思维能力和理解分析能力都还比较弱,所以在教学中让学生进行互相评议的机会不多。在组内教师点评的过程中,教师们利用量表指出了 A 教师在引导学生提问及回答的次数不多,课堂上教师控制的比较多。如果教学设计能够联系实际创设情境,活动的设计具有趣味性,那么能够引发学生去探究、解决问题的热情,同样也传递给学生有用的学习知识信息。

知识的应用紧扣时代特征和社会热点问题。通过对我国部分地区人类活动和生态系统的演变过程,理性分析人类活动对生态系统造成的利弊影响,科学分析我国局部地区生态环境的现状,有利于激发学生保护环境、保护生态的热情。但是如果教师对学情未能准确掌握,很多问题设计高于学生认知,那么会导致学生不积极提问和回答问题。

五、新媒介环境下听评课研究的反思与展望

通过"课堂观察"APP,教师们对"好"课有了衡量的标准。利用这把尺,能让教师进行有效备课、上课,能让评课教师学会观课、评课。通过观察,了解改善学生学习状况的方法,审议教师"教"的有效性,实现高效课堂。但是一次听评课是远远不能帮助教师实现"教"的有效。这把"尺"我们应当用得更好。策略探究如下。

(一)采用多次同一纬度的听评课,进行"靶向"治疗。可以通过多次同一观察点的听评课,比较同一位教师的不同量表,发现教师身上的固有问题,针对问题进行"靶向"治疗,真正改变教师的教学方式。

(二)比较不同类型教师的量表,分析不同类型教师的成长路径。新教师和成熟型教师的授课方式,身上反映出来的优点和改进点均有相似性和差异性。通过比较新手型教师和成熟型教师的量表,能够发现不同类型教师身上的共性问题和个性问题,从而有针对性地加强教师专题培训,实现"分层辅导",共同提高。

(三)细化标准,"量体裁衣"。现在本校使用的量表均是采用平台统一的量表,体现不出学科特性或者校情。后续,我们还将进一步细化量表,研制出具有本校特色的评价标准,实行"量体裁衣",方便不同学科的教师使用,让真实评价有效落地。

参考文献:

[1]沈毅,崔允漷.课堂观察:走向专业的听评课[M].上海:华东师范大学出版社,2008.
[2]陈瑶.课堂观察指导[M].北京:教育科学出版社,2002.

网络环境下初中语文阅读教学对学科教师成长的促进研究

常丽晓

摘 要：随着社会的发展，网络环境已经成为教师和学生都无法忽略的一个大环境。各种基于网络环境的教学平台，开始影响甚至改变着教师的教学行为。在这样的大背景下，作为语文学科教师，也开始利用网络环境的功能进行语文阅读教学研究。经过一段时间的尝试，我们发现，积极推进网络环境下的语文阅读教学研究，对教师的学科专业能力提升具有较大的促进作用。

关键词：网络环境 阅读教学 教师成长

随着信息化社会的飞速发展，网络环境下的现代信息技术日趋升级，人们的阅读方式也在发生着日新月异的变化。2018年4月18日，中国新闻出版研究院发布了第15次全国国民阅读调查成果，调查显示，2017年我国成年国民数字化阅读方式接触率为73%，较2016年的68.2%上升了4.8%。

伴随数字化阅读而来的，是层出不穷的教学新媒介，"晓黑板""钉钉""腾讯课堂"等持续走进学校，走近课堂。这些基于网络环境的教学平台，开始努力影响甚至改变着教师的教学行为。

在这样的大背景下，我们语文组的老师们，也开始利用网络环境开展语文阅读教学研究。实践证明，深入推进网络环境下的阅读教学实践研究，对教师的专业成长具有较大的促进作用。

一、网络环境下语文阅读教学的范畴

（一）网络环境

网络环境，主要指的是教师进行教学研究活动过程中的网络平台，包括：市级网络学习平台（网站）、学校教学平台——班级钉钉群、教研组、备课组的钉钉工作群等，还包括网络环境下使用的电子教材。

（二）阅读教学

阅读教学主要包括：借助网站、钉钉工作群进行阅读教学的学习，借助班级钉钉群进行的阅读类新课教学和习题讲评的教学，以及相应的以阅读为主题的教研活动。

二、网络环境下语文阅读教学基本环节

（一）备课

不管在何种环境下，充分、细致的备课是必不可少的环节。但是，网络环境下的备课，除了传统教学（教室中，师生面对面的教学）中考虑的因素、关注的重点和流程外，还需要考虑教学过程所呈现的效果。所以，教学的呈现形式（课件、文稿）、语速、甚至是文字的字体、颜色及大小，都需要综合关注，也对教师提出了更高的要求。

（二）教学

阅读教学，主要分为两种类型：① 新授课的教学，包括现代文、文言文；② 相对应的习题讲评课。根据多次试验和学生反馈，我们最终确定了不同课型的不同教学方式——新授课，利用电子课本，配合课件，采用直播形式；习题讲评课，用手机直接对着习题摄录讲解、答题的过程，然后以录播课的形式播放给学生。

（三）教研

教研活动，主要指针对阅读教学的教研。提前两天发布教研活动告知

单,提醒大家教研的主题、具体流程、个人负责的要点。活动以钉钉视频会议的形式进行。要求教师按照流程和分工,在个人进行教学分享之后,以备课组为单位进行思维碰撞,从课程的设计、教学目标的落实、教学流程的连贯、教学板书、教学呈现形式、教学辅助工具等各个方面,提出教学中的优点和不足之处,并提供可借鉴的具体改进方案及措施。

三、网络环境下语文阅读教学的策略实践

(一)学习观摩促成长

1. 观摩一线名师课堂

目前,"一师一优课"平台、上海市教师教研平台、上海微校平台、嘉学院学习平台,以及教师们搜集到的名师经典课堂实录,都已成为教师深化教学研究的学习内容。网络平台上的资料,我们会安排相应的时间段,供教师自主观看、学习和研究,然后组织集中交流、分享,力求充分利用网络平台的多元化信息,学习和借鉴优秀教学经验,引发教师对语文阅读教学的深层思考。

2. 学习理论知识

利用知网等网站,通过组内成员的分工合作,每周从专业论文网站上,推荐优质论文,组织大家一起学习、探讨,把握阅读教学的前沿理论知识和信息,更好地指导教师的语文阅读教学。同时,利用《解读语文》《课文可以这样读》《钱梦龙经典课例品读》《单元教学设计指南》《语文课程标准》等资料,采用人手一本、自主学习、集中交流等方式,确保教学目标、教学过程能紧扣课标,提高教学效应。

历经丰富多元的教学研究过程,我们的教师逐渐明晰了阅读教学的有效路径,为教学实践提供了坚实的理论和认识基础,能够设计、运用问题链,关注单元的教学目标达成。以下是几位同仁的学习体会:

"我们能够在市级课的基础上进行文本的探究,有更多的时间学习并迁移至类似文章中,形成一个学习专题,而不是原来的单篇学习,逐渐靠近群文教学。更加关注单元学习目标如何有效落实于具体的教学过程中,采用引导和运用并进的策略,使教学效果更明显。"

"语文现代文教学讲求阅读思路的贯通和问题设计的导向,上海市'空中课堂'课程在这一点上做得非常出色。自七年级下册第一课《邓稼先》开始,我构建、优化了单篇文章的阅读思路;随着教学慢慢推进,对于同类型文本的阅读思路,我由篇及类,努力拓宽其外延,丰富其内涵,最终形成了不成熟的'多件事写人记叙文阅读思路'并且在后续的教学中,养成了探求不同类型文本阅读思路的习惯。可以说,市级课程以其鲜明的导向,给本不具备宏观眼光的一线教师很大的启迪。"

(二) 教学实践促成长

1. 调试,促技术和思维的提升

网络环境下的阅读教学,由于其公开性、长久保存性特征,对教师提出了更为苛刻的要求——每节课必须扎实、准确、精彩。这就逼迫教师在备课方面必须更加深入细致,并适时进行不断调整和优化。以录播课为例,为了保证录播过程中的顺畅,教师需要提前多次演练,使流程的设计、语言的组织、语速的测试、环境的布置,都经过反复试验,才能有理想的效果。这种类似于公开课的标准,对教师的思维和技术水平的提升,是日常传统教学方式不可企及的。图1所示为圈点批注课堂截图。

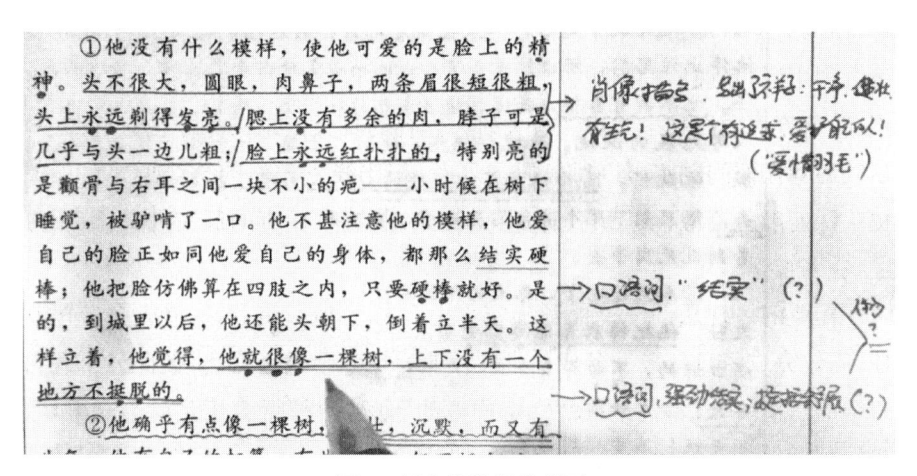

图 1 圈点批注课堂截图

2. 反思,促能力水平的发展

传统教学中,教师在教室里上一节课,听众只有学生,教师本人除了通过课堂教学自我感觉、学生上课状态等不稳定因素来判断自己的教学过程是否精彩外,很少有其他方法来准确评判课堂教学实效。每节课在教室里给自己录视频,不仅不太现实,也对学生有很大的干扰。所以,教师对自己课堂的评价,往往只有一个不太准确的大概判断,这是很多教师非常苦恼的地方,也是阻碍教师研究课堂教学的瓶颈之一。

网络环境下的阅读教学,则打破了这个僵局。由于其公开性、长效性的特点,教师自己可以反复观看。教师可以做自己课堂的听众,所有的判断、感受都有了具体实在的依据,从而使得判断能够更加严谨、准确。同时,还可以把视频与其他同事分享,就其中某个片段,进行针对性讨论,从而帮助教师明确改进方向。同时,做观众能对自己的教态、语言,产生更直观的感受,对自己的震撼性更强。

(三) 相互交流促发展

网络环境的公开性、及时性、持久性特点,也为教师间的交流提供了更准确、更明晰、更客观的研究依据,既提升了交流分享的质量,又促进了教师的专业成长。主要可从两个方面来论述。

1. 备课组内交流

网络环境下,各备课组采用在线集体备课的方式,从课堂设计到作业设计,使沟通更加及时、合作更加高效。以七年级语文组为例,3位组内成员每日利用课间、课后的闲暇,对文本解读、教学设计进行探讨,最终对课时重点、教学流程形成一个共识。有关研讨内容的聊天记录被保存在钉钉群中,后续遇到任何问题都可以反复研读思考,相比线下教研的笔记形式更加便捷。课前准备资源也以PPT、PDF等形式,放置于相应的群文件中,取用方便,成果直观。

作业的呈现从创设模板到确定作业目标、出题、审题,3位成员各司其职,高效完成每日任务。各成员批阅作业后也都会进行交流,彼此分析各自班级的学情,达成对各自班情一定程度的了解,两种行为相互渗透交融,效果恰到好处。通过组内教师的默契、协作与研讨,对于以下问题都有了清晰的认识:课上讲什么?重点是什么?为了落实学习重点应布置哪些课后作业?作业中反馈的问题如何进行下一步的处理?

2. 备课组间交流

语文教研组每周开展一次在线教研,每次教研活动都有具体的研讨主题,并进行备课组之间的交流分享。根据主题与分工,大家各司其职,提前准备,交流分享针对性强、接地气、有成效。在分享环节,各备课组都毫不保留地分享在线教学经验;在自由研讨环节,大家就自己遇到的困惑向同仁们请教,用他人的困惑反观自己的教学;在最后的总结环节,清晰厘清本次研讨达成的共识,未能解决的问题也将在后续的教学中引发大家的关注与思考。

综上所述,通过组内、组间交流,教师们进一步明晰了阅读教学的主要路径、重难点如何呈现等关键问题,并付之于具体的教学实践,有效驾驭课堂。如成熟型教师被逼走出舒适区,不断对教材文本进行更深层次的解读,不断学习新理念、新技术,保证能够站稳讲台。

通过网络环境下不断深化阅读教学研究,语文组教师在区级及以上层面获奖连连,学生参加的古诗文竞赛、作文竞赛,获奖比例高达85%。

四、网络环境下语文阅读教学研究的再思考

(一) 学习共同体——网络环境教学的本质

基于网络环境下的阅读教学,其本质是上课教师、听课教师和学生之间构成一个学习共同体。大家基于阅读的教与学,在一个有一定界限的网络空间中进行沟通、交流和协作。这种共同体,交流分享是基础,反思提升是根本,也是当下网络环境带给所有人的福利。

(二) 情感和互动——网络环境教学的缺陷

虽然网络环境下的阅读教学,对教师的成长有着极大的促进作用,但我们同时也感受到,其在情感共鸣和深层互动方面,存在一定缺陷。

1. 缺乏真挚情感的共鸣

《义务教育语文课程标准》(2011年版)指出,"阅读是运用语言文字获取信息、认识世界、发展思维、获得审美体验的重要途径。"我们的语文阅读尤其如此。无论哪一种文体,最终都要表达的是作者的情感态度价值观。

在传统课堂教学中,教师和学生面对面,教师除了口头表达,还会运用丰富的肢体语言,比如面部表情、动作,来辅助自己的教学,激动的时候甚至

会走到学生跟前,和学生一起激荡情感,容易引发真挚情感的共鸣!陶青认为,教学是一种表演艺术,至少是一种与表演艺术机会相似的艺术众多研究表明将戏剧表演的一些表现手法运用到课堂教学中,不仅有助于教师的传情达意,而且有利于增加教学的生动性与细腻[1]。

卢梭在《爱弥儿》中说,"我将在我的眼睛、声调和姿势中表达我希望对他唤起的热情:到了这个时候,我才开始说,而他也才听我,我心情激动,而他也深受感动。"这其实揭示了成功教育的条件:师生之间要有深层的、真诚的共鸣。

但是在钉钉环境下,教师多数情况下只能坐在电脑前,通过声音的传递,向学生表情达意。没有了传统课堂中的"手舞足蹈",缺失了和学生的动作、眼神交流,这种情感的表达,往往成了教师个人的独角戏,学生所受的感染性明显降低。

2. 深层互动的缺失

"教学的艺术不在于传授的本领,而在于激励、唤醒、鼓舞。"[2]而这种激励、唤醒和鼓舞,在传统的教学中非常明显,教师的思维随着学生及时的互动而迸发新的思维,学生的认识跟着教师的思维而不断改变,整个课堂是动态的、师生双向互动的,是真正的"直播",这种互动往往是思维深层的、基于学生学习经历和教师教的经历而必需的,从而也是有效的。

但是在钉钉环境下,教师绝大多数情况下,只能选择一言堂的教学方式,向学生按部就班地讲述自己已经备好的教学内容,缺失了必要的"课堂意外"这种方式。在知识层面,互动是更高效的,但是在思维碰撞、教学相长方面,就难以实现了。而后者又是更重要的互动——深层互动,长期缺席,则不利于学生的思维发展,也不利于教师的专业成长。

参考文献:

[1]陶青,卢俊勇.论教师教学的"表演性"[J].中国教育学刊,2010(8).
[2]张焕廷.西方资产阶级教育论著选[M].北京:人民教育出版社,1979.

从作业单到协同导学单

——六年级数学在线教学导学单的设计与应用初探

江 佳

摘 要： 在线教学期间，为了解决学生远程学习积极性和辅导有效性的问题，进而提升学生的自主学习能力。作者借助协同导学单的应用，根据学生特点，挖掘教材重点、难易点，对在线教学期间学生的学习进行了跟踪和分析研究。在备课组合作教研中，不断反思协同导学单的不足并实施改进，最终达到教学预设的效果。

关键词： 协同导学单 在线教学 在线教研 数学

一、研究背景

"各位六年级的同学，你们好……"3月2日早上，随着一声浑厚的男中音从电视中传出，来自宝山实验学校的陈纯老师正式拉开了"上海教育空中课堂"数学课的帷幕。

2020年初爆发的疫情"催生"了一个超长寒假。在"停课不停学"的号召下，全国各地纷纷主张"在线学习""居家学习"，孩子们开始了网络学习，老师们纷纷走上"直播台"。在市、区教育行政部门的指导下，我校的在线教学也正式开播，六年级数学备课组也开始了基于在线教学模式的数学网络教研探索。

二、问题的提出

上海采用的在线学习模式是"双师"模式，即一节40分钟的课，由市级统一在线教学(约 20 分钟)和本校教师协同在线教学(约 20 分钟)组成。这种新常态下的教学模式,除了教学内容的大体不变之外,其他大多与传统教学完全不同。首先是教学的空间和环境发生了质的变化,教室和黑板没有了,取而代之的是各种电子设备。其次,师生面对面的互动和交流不复存在,教师难以直接通过观察和提问及时掌握学生的学习情况。原本"情景引入——新知探索——练习应用——反馈和评估"这种比较适合学生学习认知的教学流程被打破,课堂的"完整性"结构缺失,使得学生在建立已有知识与新知之间联系的基础上,在更好地形成自己的知识结构等方面,缺少相应的经验和方案。

教学的主体是学生,但教师的主导却是教学的重要保障。学生对于这种新型的学习方式可能会经历短暂的"新鲜感",然后进入自由倦怠的状态。此时,教师的主导地位就显得格外的重要。如何帮助学生激发在线学习的自觉性和主动性?如何及时发现孩子学习过程中的问题并及时解决?如何利用信息技术功能进一步提高教学的有效度?……这些问题都摆在老师们的面前,亟待解决。就数学学科而言,如果学生没有持续的参与到学习之中,对新知只是"碎片化"的学习,那么数学学习变成了简单的知识记忆,学生的"理性思维""问题解决""批判质疑""勇于探究"等与数学学科密切相关的核心素养,就无法得到培养。

三、在线教学初探——双师云课堂

所幸,2020 年 2 月嘉定区启动了延迟开学期间的"双师云课堂",即区级优秀教师和本校教师相结合的在线教学模式。这为 3 月初正式开播的在线教学做了很好的铺垫。为此,我们也抓住这短暂的"演练"期,对如何提高在线教学的有效性进行了实践研究。

(一) 预设性教研——关注学习评价的作业单

我们备课组进行了首次研讨,主题为"双师云课堂"在线教学的内容与形式,备课组活动记录见表1。

表1　备课组活动记录

活动时间	2020年2月10日
活动主题	☐ 单元备课研讨　　☐ 单元作业设计研讨 ☐ 考试质量分析　　☐ 其他主题:"双师云课堂"在线教学的内容与形式
参加人员签名	江佳、李丽明、陈迪、张赠

研讨内容记录:

"双师云课堂"在线教学的形式与内容

延迟开学期间,考虑到区"双师云课堂"提出不上新课、不增加学生负担的要求。结合学校的课程和课时安排,以及我校六年级学生数学的学习基础和上学期期末质量调研的情况,经过备课组4位教师的商议,确定了教学内容、课型、形式、配套学习资料、课件和作业单分工及作业的批改等相应的要求:

1. 教学内容

   (1) 以第一学期4个章节的内容复习作为教学内容。包括:"第一章:数的整除""第二章:分数""第三章:比和比例"和"第四章:圆与扇形"4个章节。

   (2) 配合区级课程的协同教学。包括:"素数表的制作""利用素因数找因数""将一个分数拆为几个不同的单位分数之和""用百分比看水的世界"和"π的发展简史"5个主题。

2. 课型

   专题复习课。由于区级课程的内容均为第一学期教材拓展内容,故配套区级课程协同教学穿插在复习课中。

3. 形式

   区级课程CCtalk,校级专题复习钉钉直播。

4. 配套学习资料

   作业单。为了更有效地帮助学生在线学习,作业单在设计上除了要注重知识的巩固外,还要注重引导学生学习的价值和用途,以及评估学生学习成效的作用。

5. 课件和作业单分工

   第一章:数的整除——陈迪;

   第二章:分数——江佳;

   第三章:比和比例——张赠;

   第四章:圆与扇形——李丽明。

6. 作业的批改

   钉钉家校本。学生拍照上传,教师在线批阅并反馈学生。

达成情况或活动效果:

通过本次备课组教研,4位教师对延迟开学期间"双师云课堂"授课模式和操作要求达成了共识。

在第一次备课组会议之后,4位教师便开始了课件、作业单的设计和制作,并在备课组内进行交流、共享。每位教师根据班级实际再对课件和作业单进行微调,并正式开始"双师云课堂"的在线教学实践。

(二) 反思性教研——提炼与完善

1. 成效

经过2周的在线教学实践,初步取得以下几点成效。

(1) 按照现行在线教学的模式,教学内容和目标基本能达成,说明这种教学模式还是可行的。

(2) 由于新型学习方式和电子化学习的新鲜感,使大部分学生能较快适应在线学习的模式,与教师的配合度相对较高,课堂互动十分积极。

2. 问题

同时,也发现了一些问题。

(1) 随着时间的推移,学生的新鲜感迅速下降,出现了学生缺课或者迟到早退的现象。不到两周的时间,相当一部分学生出现不能按时完成作业或作业质量较低的现象。

(2) 由于师生互动和反馈的缺失,教师无法及时了解学生的学习状况,加上大部分六年级学生还没有形成良好的自主学习习惯。故此,学习质量下滑,两极分化的情况越来越明显。

(三) 改进性教研——关注自主学习的协同导学单1.0版

我们认为,如果一味依靠学生在线学习的兴趣和自主性,对学生学习过程中的问题不加以干涉和调整,教学效果可能会日趋下降。为此,我们备课组围绕这一问题进行专题商讨,初步达成一个共识,即优化作业单的形式和内容,让作业单成为辅助学生开展自主学习的工具。"协同导学单1.0版"也应运而生。

1. 定位

辅助学习开展自主学习,并能达到巩固课堂所学知识的效果。

2. 基本模型

导学单分为A、B两款,导学单A侧重课前预习和课中辅导,导学单B主要是课后巩固训练。

导学单 A 设置了"学习目标""课前自主学习""课中听课笔记""课中微辅导"4 个板块,板块之间有内在的逻辑关系。为帮助和引导学生开展自主学习提供载体,我们在"课前自主学习"板块设置了"阅读教材"的内容,帮助学生更有针对性地开展自主预习。同时,也将课前自主学习与课中教师辅导进行有机衔接,如下:

5.3 绝对值(1)协同导学单 A

【学习目标】

1. 理解绝对值的意义.

2. 理解有理数的有序性,会比较两个有理数的大小.

3. 在学习过程中,加深对"数形结合"思想的理解.

【课前自主学习】

1. 说出下列各数的相反数:$-3, 2, 0, 6\frac{1}{3}, -\frac{3}{5}, -4\frac{1}{2}, a$.

2. 若 a 是一个正数,那么它的相反数 $-a$ 是一个_____,若 a 是一个负数,那么它的相反数 $-a$ 是一个_____,若 a 是一个有理数,那么 $-a$ 一定表示负数吗? 请举例:_____.

3. 阅读教材 P8~9.

(1) 一个数在数轴上所对应的点与原点的距离叫做这个数的_____.

(2) 一个正数的绝对值是_____;一个负数的绝对值是它的_____;0 的绝对值是_____.

(3) 试一试:(填空)$|+6|=$ _____;$|-9|=$ _____;$|0|=$ _____.

(4) 在数轴上,与原点的距离为 3 个单位长度的点所对应的数是_____;绝对值等于 3 的数是_____.

4. 预习中遇到的问题有_____.

【课中听课笔记】

【课中微辅导】

1. 分别写出下列各数的绝对值:$6,-5,-3.9,\dfrac{5}{2},\dfrac{2}{11},+100,0.$
_____.

2. _____的绝对值是它本身;_____的绝对值是它的相反数.

3. 判断下列说法是否正确:

(1) 符号相反的数是互为相反数;　　　　　　　　　　(　)

(2) 符号相反且绝对值相等的数是互为相反数;　　　　(　)

(3) 一个数的绝对值越大,表示它的点在数轴上越靠右;　(　)

(4) 一个数的绝对值越大,表示它的点在数轴上离原点越远. (　)

4. 填空:

(1) $|-\dfrac{1}{6}|=$____;　　　　　(2) $|+8\dfrac{6}{7}|=$____;

(3) $-|-8|=$____;　　　　　(4) $-(-8)=$____;

(5) $+(-4.7)=$____;　　　　(6) $+|-4.7|=$____;

(7) $|-5|-|-2.89|=$____;　　(8) $|+\dfrac{11}{16}|\times|-\dfrac{8}{22}|=$____.

5. 数轴上到原点的距离等于 3.5 个单位长度的点所表示的有理数是_____;绝对值是 12 的数是_____.

6. 若 $|x|=2$,则 $x=$_____;若 $|x-3|=0$,则 $x=$_____.

导学单 B 延续了原先作业单的设计,主要是课后的巩固练习,如下:

5.3 绝对值(1)协同导学单 B

★【课后达标检测】

一、填空题

1. $-3\dfrac{1}{2}$ 的绝对值是_____,相反数是_____,倒数是_____.

2. 在数轴的左侧,离开原点距离为 5 的数是_____;在数轴的右侧,离开原点距离为 7 的数是_____.

3. 在数轴上,离开原点距离为 4 的数是_____;在数轴上,离开点 1 距离为 3 的数是_____.

4. $-(-12)=$_____. $-|-3\dfrac{1}{2}|=$_____.

5. 绝对值小于 4 的非负整数有_____.

6. 绝对值小于 $4\frac{1}{2}$ 的负整数有_____.

7. 绝对值不大于 3 的整数是_____.

8. 若 $|a|=8$,则 $a=$_____.

二、选择题

1. 如果 $|m|=n$,那么 m 与 n 的关系是( ).
A. $m=n$　　　B. $m=-n$　　　C. $-m=n$　　　D. $m=n$ 或 $m=-n$

2. 绝对值不大于 5 的整数有( ).
A. 9 个　　　B. 10 个　　　C. 11 个　　　D. 12 个

3. 若一个有理数的绝对值等于他的相反数,则这个数为( ).
A. 正数　　　B. 负数　　　C. 非负数　　　D. 非正数

三、简答题

1. 求下列各式中 x 的值.

(1) $|x|=\frac{1}{2}$　　　(2) $|2x|=3$　　　(3) $|x-4|=0$

2. 列式并计算:

(1) -4 的绝对值的相反数;　　　(2) -8 的相反数的绝对值;

3. 若 $|x-1|=2$,求 x 的值;

4. 若 $|a-2|+|b+1|=0$,求 a 和 b 的值.

四、在线多元教研模式的探究

(一) 反思性教研——提炼与完善

1. 成效

协同导学单 1.0 使用一段时间后,师生较快适应在线教学的形式,根据学生的作业情况，发现学生经历在线教学一段时间后，出现以下变化。

（1）基础知识掌握更扎实。在缺乏师生互动的前提下，协同导学单帮助学生养成预习的习惯，在浏览一遍知识内容后，能提升听课效率，注意力进一步集中。

（2）答题规范性和正确率明显上升。数学格式规范对答题的规范性起到一定的作用，完成导学单 A 中的"课前自主学习"，对所学的知识有了初步的掌握。学生在"空中课堂"学习过程中，能够更专注地进行思考和改进。随后，在协同辅导中，经过老师对导学单 A 中的"课后微辅导"的讲解，学生能够进一步重视知识的巩固，从而导致导学单 B 的作业完成正确率上升较为明显。

2. 问题

当然，经历这一次改进后也存在下列问题。

（1）由于缺乏老师面对面的有效辅导，学困生对知识的掌握有一定难度。在线教学缺乏个性的指导，而我们设计的作业缺乏一定的梯度。因此，对于学困生而言，导学单 B 中有许多题目是超出他们能力范围之外，思维量和练习量的不匹配，导致了作业质量低、大片空白或者不交作业现象的产生，这在一定程度上打击了学困生的学习积极性。由于学生之间差异较大，在学困生完成作业较困难的同时，对学优生来说目前的作业面向所有学生，则缺乏提高、拓展的空间，对他们思维能力的提升也是不利的。

（2）过于重视数学技能的训练，缺乏对概念知识的回顾，使得大部分学生上课之后就把教材扔到一边，不再进行知识性的复习和反思，形成学生数学学习的"空中楼阁"，缺乏理论基础的支撑，容易在数学概念的问题上产生混淆。

（二）改进性教研——关注差异教学的协同导学单 2.0 版

基于上述问题，备课组又组织专题讨论，一致认为：在线教学最容易掉队的就是学习能力不足、学习习惯不佳的学困生。此外，数学作业重技能、轻知识的倾向会影响学生今后的数学学习方式，直接导致思辨能力、严谨性、数学表达能力的缺乏，对学优生亦如此。

为此，我们对协同导学单 B 进行一定的分层，以满足不同学生的需求，进一步夯实所有学生的知识理论基础，如下：

6.3 一元一次方程(1)协同导学单 B

【基础夯实】

一、填空题

1. 含有_____个未知数并且未知数的次数是_____的方程叫做一元一次方程.

2. 移项的依据是_____.

3. $x=6$ _____ 方程 $5x-7=8x+11$ 的解(填"是"或"不是").

二、判断下面的方程是不是一元一次方程,如果不是,请简要地说明理由.

(1) $3x+2y=1$ (2) $\dfrac{x}{3}=-1$ (3) $\dfrac{3}{x}=-1$ (4) $x^2-x+1=3$

(5) $x-1=2x+3$

三、判断下列做法对不对,错误的请改正.

(1) 由 $13-2x=5x-7$ 移项,得 $5x-2x=13-7$.

(2) 由 $12x=-3x$ 两边同除以 x,得 $12=-3$,所以原方程无解.

(3) 由 $2x-3=x+5$,得 $2x+x=5-3$.

(4) 由 $2x=1$,得 $x=-\dfrac{1}{2}$.

【巩固训练】

一、填空题

1. 若 $x=1$ 是方程 $2x-a=7$ 的解,则 $a=$ _____.

2. 若 $3x^{2k-3}-5=0$ 是一元一次方程则 $k=$ _____.

二、解下列方程

(1) $\dfrac{x}{2}=3$;   (2) $-\dfrac{1}{3}x=\dfrac{2}{3}$;

(3) $x+\dfrac{1}{5}=\dfrac{4}{5}$;   (4) $5-7x=3x-13$.

三、简答题

(1) 若关于 x 的方程 $(m+3)x^2+5x^{n-1}-3=0$ 是一元一次方程，求 $m+n$ 的值．

(2) 若关于 x 的方程 $8x^{2a-3}+(b+3)y+5=10$ 是一元一次方程，求 $b-a$ 的值．

【拓展提优】

1. 两位数和三位数的表示方法：

(1) 32 可表示为 $3\times10+2$；

(2) 523 可表示为 $5\times100+2\times10+3$；

(3) 一个两位数它的十位数是 a，个位数是 b，那么这个两位数可表示为_____，若把十位和个位上的数字对调，那么新的两位数可以表示为_____．

2. 若方程 $(n-3)x^{n-2}-2=0$ 是关于 x 的一元一次方程，求 n^2-n+1 的值．

协同导学单主要作了如下改进。

1. 目标

知识难度进一步降低，满足学困生需求。

2. 题型

增加一些概念性的填空题和选择题，考察学生基础知识的掌握。

3. 板块

在原先"基础练习部分"和"拓展提高部分"的基础上，调整为"基础夯实""巩固训练"和"拓展提优"3部分。其中"基础夯实"以概念填空和判断为主，面向学习能力不足的学生。对于其他学生而言，也起到了督促其复习回顾当天学习内容的作用。

五、教学研究成效

（一）在线教学凸显学生主体地位

回顾协同导学单的演变过程，经历了关注学习评价的"作业单"、关注自主学习的"协同导学单 1.0 版"，再到关注差异教学的"协同导学单 2.0 版"。我们不难发现：导学单的功能在不断完善，最终的协同导学单 2.0 版，不仅能帮助和引导学生开展实质性的自主学习，做好课前、课中和课后的衔接，也为不同学习能力的学生提供了最接近他们学习发展区的资源，体现因材施教的目标特征。

1. 知识点理解更透彻

数学教材的阅读向来是预习作业中的难中之难，对于比较生涩的语言，学生经常很难静下心来学习理解。而导学单的问题设计可以让学生有目的地去寻找教材中的重难点和知识点，对不理解的地方能够有的放矢地反复阅读，提前理解，为第二天的空中课堂学习做好准备。

2. 答题格式更规范

数学答题格式要求十分严谨，往常不少学生经常因为格式问题丢了一些小分，很是可惜。而通过导学案中模仿例题，完成练习部分，学生在上课前就对答题格式有了一定的模仿和记忆，在课堂和课后的练习中，答题的规范性得到较好体现。

3. 学习自觉性明显提升

以问题形式的导学单，体现了以学生为主体的理念，激发了学生的思维力，促使他们逐渐养成预习、思考的习惯和良好的学习方法，提高了在线学习的效率。

（二）备课组教研促进教师专业成长

作为一个全新的组合，我们全组教师始终互相学习、互相促进，在线教学协同导学单的演变，体现了备课组教研模式不断探索和优化的过程，也让每一位教师通过实践性教研，得到不同程度的专业能力的提升。

1. 备课组新型教研模式得到凝练

目前，我们已初步形成"预设性教研——反思性教研——改进性教研"

的教研模式。即在确定研究问题后,首先进行预设性的教研,通过教研,初步形成解决问题的预设性方案。在实践一段时间后,开展反思性教研,对实践中的成效和不足进行讨论和反思。最后,再进行改进性教研,即对问题解决的下阶段实践提出改进性的教研。

2. 专题教研促进新教师专业成长

我们组的陈迪老师第一年站上讲台,对于教材不熟悉,备课时重难点把握不准,教学的技能储备不足。通过以协同导学单设计为核心的备课组教研,以及导学单的设计和制作,他逐渐能够厘清教学重点,关注学生主体特征,注重精细备课。同时,备课组不定期将直播课作为教研资源,使新教师逐步积累了教学技能,从模仿性教学入手,改进自己的备课和教学设计,教学过程也逐渐得心应手起来。

3. 教师以学定教的能力得到提升

成熟型教师随着教学经验的不断积累,教学的设计能力逐渐增强。但往往过于注重预设,而忽略学生实际情况,在关注到大部分学生的同时,忽略了小部分资优生和学习能力较弱的学生。在线教学,由于隔着屏幕开展教学,教师难以及时掌握大部分学生的学习成效,这就促使教师必须要改进策略,提高教学的针对性和有效性。随着导学单的不断改进,数学组教师厘清了问题的本质,更加关注学生的主体特征。通过学生导学单 A 作业的上传,老师可以发现学生预习中的不足之处;老师从导学单 B 中分层作业的完成情况,了解不同学习能力学生的学习态势。凡此种种,为教师的以学定教提供了改进依据,教师能够及时调整辅导内容和侧重点,让 15 分钟的辅导更加有效。

六、结 语

在线教学具有时间便捷、可重复性、自主性强等特点,相比较日常课堂教学而言,更能培养学生自主学习能力。在线教学期间教学研究的最大成果——协同导学单,成为学生开展自主学习的重要助力,帮助学生在预习、总结、拓展等方面,提供学习支撑,提高学习质量。

备课组初步形成的教研模式,让教师更加尊重学生的主体地位,促进了师生的共同发展;协同导学单的设计与完善,激发了学生的学习兴趣,使学生的学习过程更有持续力、发展力。

回顾在线教学和在线教研的历程,教师的教学理念得到更新,教学方式不断完善,借助导学单这一辅助教学手段,追求更加开放、自主的数学课堂教学模式,将是我们返校复课后的目标。基于后续的发展,我们的思考是:开展协同导学单 3.0 版的设计,在教学过程中充分发挥协同导学单的效能,体现以学定教的特征,指导学生学会学习、善于学习,不断提升学科核心素养。

参考文献:

[1] 王小平.线上教育教学的定位重构与组织实施——浙江省疫情期间线上教学的行与思[J].中小学数字化教学,2020(5):64-68.
[2] 王善强.导学案的编写要考虑"生情"[J].中学教学参考,2011(20):15.
[3] 马志平."导学案"使用中存在的问题分析及改进措施[J].新课程(中学),2012(4):186-187.

基于微视频提升英语教师反思能力的教研组活动策略研究

须纯佳

摘　要：过去认为教师行为才会影响学生思维，但是其实教师的思维也很重要，所以只有通过改变教师的思维才能提升学生的行为。如何去提升教师的思维，其中最主要的是教师的反思能力。对于英语学科教师，利用不同形式的微课通过自我反思，改变教学理念，改进教学设计；通过集体教研反思，针对微视频进行一课多研，提升教师与他人合作交流的能力，促进教学相长；或者利用虚拟的信息交流世界，得到学生、家长、专家的评论从而进行反思。达到洋葱圈效应，一层一层改变教师的思维，最终改善学生的行为。

关键词：反思能力　微视频　教师思维

一、教师反思能力的重要性

　　面对一轮又一轮的"知识爆炸"，促生而来的是信息时代的高速发展，越来越多的高科技手段让教育者应接不暇，以多媒体和网络为核心的现代教育技术已经渗透到教育教学的方方面面，成为教学改革的助推力。在针对教师发展教育的教学改革中，教师行为与学生思维之间的关系是教师教育研究的焦点，而教师思维因素则往往被忽略，教师的思维过程在其教学行为中的作用显然缺失。教师的教学行为通过学生学习的效果来进行评价，因为研究者们相信教师在组织教学的方式、所使用的教学方法和教学材料以及他们与学生的互动方式上的不同将会对学生的学习产生不同的影响(Shulman,1986)。教师思维与学生行为关系图如图1所示。

过去，教师教育者致力于总结有效的教学模式与行为并应用于教师教育工作中，帮助教师掌握他们所要教学的内容，并以有效的方法进行知识的传授，从而使学生获得更好的学习效果。但是随着语言学领域中乔姆斯基生成语言学理论带来的认知革命，认知心理学对行为主义形成了巨大的挑战。人们开始批判过去将教师教育视为提供一整套教学理论与教学技能的传统观念，教学不再被看成是一套简单的外在行为，而是一种复杂的、具有个人解释性质的认知活动—"教学即思维"（Freeman，1996）。在思维的过程中，就是通过不断地反思进行改变，完善教师自身的教学能力的提高。随着研究的转变，国外第二语言/外语教师教学在模式上也经历了从匠才模式、应用科学模式反思模式到加强式反思模式的发展过程。武继红指出，在教育领域，反思是教师对自己的教学实践进行深入思考，主动审视、分析自我的教学行为、教学决策以及由此带来的教学效果，并采取相应对策改进教学的过程，是一种通过提高参与者的自我监测能力来促进专业发展的途径（武继红，2003）。

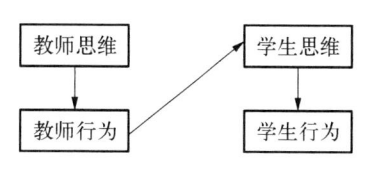

图1 教师思维与学生行为关系图

二、不同微视频的研究

（一）同课异构微视频研究

一般所指的同课异构是对于同一部分内容，不同教师自我开展不同的设计然后进行教学。对于微视频来说，同课异构就是把教学变成了视频。

典型案例

上海英语新世纪版六年级上中有比较级的用法这一课时。两位教师针对这一内容进行了同课异构的微视频，其中一位是用一个关于比较的故事引入比较级这一概念，再针对故事中不同的句型进行比较级用法的讲解。另一位是开门见山，直接讲解比较级的用法。

(二) 名师微视频研究

中小学一线名师的课堂教学微视频课例具有"真实性、丰富性和互动性"的特点,它是高技能教学的经典范本,是高端教师技能的成功范例,是一种重要的教师技能教学资源,在对名师课例视频进行赏析、琢磨、领悟的基础上才能深刻掌握其背后的教学思维、教学灵魂及其表达方式,才可能实现对名师教师技能的完整学习。换言之,对名师课例的组成元素——教师技能的学习是思维学习与行为学习、模仿学习与创造学习的统一。

> **典型案例**
>
> 在华师慕课(http://home.c20.org.cn)这个网站上有非常多优秀的中小学一线名师的课堂教学微视频课例。其中一节关于人称代词的讲解十分精彩。在一个家庭中有你我他等人称代词,通过对一家人的介绍,让学生掌握不同的人称代词。

(三) 专题微视频研究

在英语教学中,有不同的专题可以进行讨论。如导入方法专题、语法详解专题、阅读技能专题、听力策略专题等。对于一个系列的微视频进行整理,形成专题。

> **典型案例**
>
> 上海市中考英语中阅读部分分为选择题,完形填空题,首字母填空题和回答问题4种类型。针对不同的题型,教师录制选择题的阅读技能,完形填空的阅读技能,首字母填空的阅读技能和回答问题的阅读技能,最后形成一个专题。

三、提升英语教师反思能力的教研组活动策略

教师的反思能力可以通过自我学习、教研组活动、多元评价等方式进行

提高。

（一）自我学习促反思

在微视频的录制过程中、在备课过程中、在观看他人的微视频中，会发现一些自己或者别人的亮点和不足，通过自我学习，进行反思，纠正并提高自己的教学设计，改善教学行为。

同时在多次"施教—改进"微课堂过程中，通过每次施教后的反思，改进教学设计方案，学会关注学生，从学生的认识规律出发，尝试将课堂还给学生，通过"学生预习、发现问题——学生探究、小组学习——学生汇报——教师纠正补充、总结评价"这样先学后教的方式进行教学，培养学生的自学能力。不断发现教学设计与实际课堂存在的差距，改善教学行为，提高了教学水平。

比如，在同课异构的微视频课例中，教师通过观看其他教师同课异构的视频，反思自己视频中的不足之处。在典型案例中，明显学生在观看了第一个微视频后，思维更加积极，说明这种教法更利于学生掌握语法规则。而采取第二种上法的班级学生显得沉闷，掌握了老师交给的知识，但课后反馈练习上明显不如观看第一个微视频的学生。通过对比，教师反思教学设计，改进教学方法。自我学习促反思的示意图如图2所示。

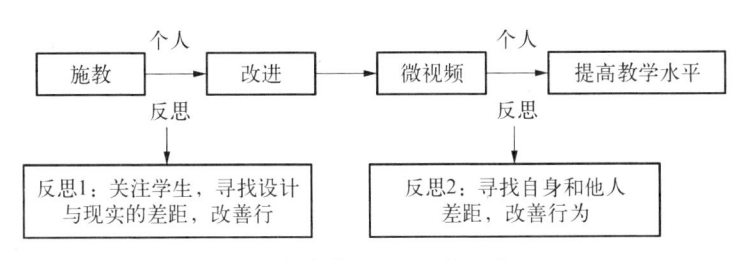

```
                个人                    个人
施教  ───→  改进  ───→  微视频  ───→  提高教学水平
       ↓反思              ↓反思
  ┌──────────┐         ┌──────────┐
  │反思1：关注学生，│     │反思2：寻找自身和他人│
  │寻找设计与现实的│     │差距，改善行为      │
  │差距，改善行为 │     │                  │
  └──────────┘         └──────────┘
```

图 2　自我学习促反思的示意图

（二）集体教研促反思

在一般的集体教研活动中，如果要针对某一个课堂教学进行教研，需要教研组所有老师同一时间同一地点去听一节完整的课，课后再通过评课来达到集体教研活动的目的。但是通过微视频，大大改变了教研的模式和方法，更具有针对性和实效性。通过网络，教研组内教师可以随时观看某一位教师的微视频,然后进行评论,分享他人的教学经验,借鉴他人的实践性智慧,教师互相讨论,碰撞思想,引发共鸣。

比如,在名师微视频课例中,虽然微视频已经制作得非常精良,但是也可以提出以下改进措施,大家集思广益,如此往复,一课多研,教研组的教学观念不断改变,教师的教研行为不断增强,整个教研组的专业发展得到了加速。集体教研促反思的示意图如图 3 所示。

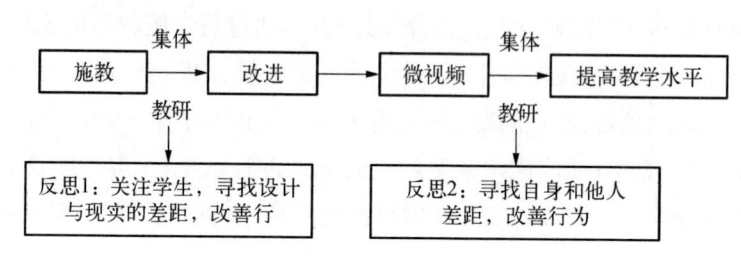

施教 →(集体)→ 改进 →(集体)→ 微视频 →(教研)→ 提高教学水平

反思1:关注学生,寻找设计与现实的差距,改善行

反思2:寻找自身和他人差距,改善行为

图 3　集体教研促反思示意图

(三) 多元评价促反思

新课程倡导多主体评价,强调教师、学生、家长、管理者甚至专业研究人员在评价中共同参与的交互评价模式(王少非,2005)。微视频这一网络平台覆盖了教师,学生,家长,专家。家长与学生的评论比较简单,缺乏深意,比较关注课堂氛围。教师的评论较为专业,通过评论可以实现教学相长。专家的建议则会大大缩短专业成长所需要的时间。教师利用网络,以微视频为依托,可以越过常规的成长阶段直接与名师、专家对话交流,接受、参与各个层次专业人员的专业引领。

微视频的评价从不同的角度关注教师,多角度反馈信息,集思广益。同时,在网络平台中,每一位执教者与评论者都是平等的,双方用平等的态度去表达自己的思想,去评论他人的观点,去接受他人的评论,交流思想,引发共鸣,实现真正的平等、自由的对话。

比如在专题微视频课例中,对于阅读部分的微视频,学生和家长可以评论是否理解了其中的解题技巧;教师可以评论是否有更好的解题方法;专家可以评论教师讲解得是否到位,每种题型的解题要点是什么;等等。多元评价促反思的示意图如图 4 所示。

在这 3 方面中,集体教研促反思是我们经常采用的一种方式。在实践

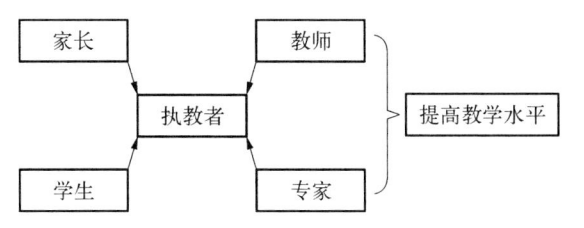

图 4　多元评价促反思示意图

过程中,也取得了较好的成效,很多教师都通过此途径获得了同伴的帮助,在区及市级课例比赛中取得了不俗的成绩。我们认为,在集体教研中,需要提前向老师们提前提供微视频及评价标准,在教研过程中基于问题进行集体研讨达成共识,为之后的教研做好准备。在教研过程中,教师个人的反思、观看他们课例的反思、集体的反思都是不可多得的宝贵财富。

四、总　结

新媒介环境使得微视频的制作分享评价成为了可能。利用不同种类的微视频,教师可以在不同的课型上进行反思。通过自我反思,改变教学理念,改进教学设计;通过集体教研反思,针对微视频进行一课多研,提升教师与他人合作交流的能力,促进教学相长;或者利用虚拟的信息交流世界,得到学生、家长、专家的评论从而进行反思,可以克服传统教研流于形式、碍于情面的弊端,跨学科、跨时空地与教师、专家、家长等其他社会人士进行平等交流,相互促进,提升教师教育教学评价的能力、与他人合作交流的能力、教学研究的能力。过去一味地对教学方法进行培训,希望借此来改变学生的思维这是不现实的。只有通过反思,促进教师的思维,真正从转变教师思维来转变教师行为再来改变学生的思维,进一步改善学生的行为。在微视频网络平台中,每一位执教者与评论者都是平等的,双方用平等的态度去表达自己的思想,引发共鸣,实现真正的平等、自由的对话。真正是全方位立体地提高教师的反思能力,促进教师专业成长。

参考文献:

[1] Shulman, L. Paradigms and Research Programs in the Study of Teaching [A]. M.

Handbook of Research on Teaching, 1986.
［2］Freeman, D. The "Unstudied Problem": Research on Teacher Learning in Language Teaching [J]. Teacher Learning in Language Teaching, 1996: 351-374.
［3］武继红.英语教师反思型教学实践初探[J].外语界,2003,(1):60-66.
［4］王少非.新课程背景下的教师专业发展[M].上海:华东师范大学出版社,2005:41.

新媒介环境下的教研

——初中科学类学科课堂"学习流程再造"的实践研究

刘晓伟

摘　要：本文主要介绍了新媒介环境下我校教师以教研组为平台开展教研活动的相关情况，阐述了我校科学组的先进教研模式，提出了"新媒介＋教研"的有效策略和实施路径。

关键词：新媒介　教研模式

一、明晰科学类学科教研的职能

开展教学研究是教师改进自身课堂教学，提升自身专业技能、促进专业成长的必经之路，也是每一位老师的职业必修课。学科教研组是教师开展教学与研究的合作团体，它具备学习与培训、教学与研究、管理与评价等职能。加强学科教研组的建设、推进教研组教研模式的持续改进，对提高学科教学品质、推进课程改革、促进教师专业发展和提升学生学科核心素养具有重要意义。

学科教研组教研模式是否科学、有效，主要取决于教研组成员能否围绕选定的教研主题开展真实的教研实践活动，并在确保研究顺利、有效开展的同时，提升每一位组员的参与度，让所有教师在研究中获得锻炼，在锻炼中获得成长，在成长中获得快乐。而随着新媒介技术的不断开发和应用，当前我国基础教育课堂教学生态发生了巨大变化。为顺应新时代教育的需求，开展新媒介环境下的教学研究，推进教研形式不断变革、持续改进，成为了我们必然的选择。

二、探究科学类学科教研新模式

德富路中学科学教研组围绕"创联式教学"开展实践研究已 2 年有余。在这期间教研组长带领组员们不断学习、实践,摸索出了适合本教研组实际情况的研究路径和实践方案。我们围绕"创联式教学"开展实践研究主要尝试采用"主题式课例研修"这样一种新模式,该模式主要分为:拟订方案、集体备课、分工观课、集体研讨和课例写作 5 个环节。现就每一个环节实施要点作简略介绍。

(一)拟订方案

开展教学研究,首先需要做好的就是拟订研究方案。拟订方案并不是简单的排个开课时间表而已,而是必须对研究的主题、内容、方式等进行全面的规划和安排。

在确定研究主题时,主题既要与教研组的教学研究项目有关,同时也必须是学生课堂学习过程中存在的真实问题。以我们科学教研组围绕"创联式教学"开展的实践研究为例,在"探究"要素(探究要素指的是学生围绕核心问题,开展主动阅读、辨析、操作、实验等学习活动)的实践研究方案拟订过程中,我们结合学生课堂学习活动过程中的实际情况,发现学生在参与活动的主动性、活动中协同配合的习惯、团队合作的意识、对于活动设计、活动现象结果的质疑、反思性等方面存在明显欠缺。于是,围绕"探究"要素,将开展实践研究的主题确定为"关注""主动""合作""反思",旨在切实提升学习活动的实际效果。

在确定研究的内容时,应确保所选取的实践研究的课型、课题能够凸显研究主题,关注预期效果的达成。以我组围绕"探究"要素开展的实践研究为例,我们选取了学生学习活动较多的科学新授课作为研究的载体。从物理和化学知识的角度,分别确定了"食物中主要成分的检验"以及"拓宽视野的方法"这两堂课作为开课的内容,从而保障研究结论的科学性和普适性。

(二)集体备课

研究方案的确定为我们指明了整个研究的方向和路径,而要开展具体的实践研究,我们对研究主题进行更加深入的学习,并梳理出研究主题的细化目标。以"创联式教学"中"探究"要素的研究为例,学生学习活动中的主动性、合作性、反思性是我们要重点研究的3个方面,但具体到课堂教学实践中,学生的主动性分为哪几个层次?分别有哪些表现?学生的合作哪些是浅层次合作?哪些是深层次合作?教师引导学生进行反思,引发质疑的方式有哪些?这些都是我们需要深入思考的问题。只有通过理论、文献学习,反复讨论、论证,才能对研究主题有更加深入的理解和认识。通过对教研主题的不断细化、梳理,最终制定出"探究"要素课堂观察量表,并以此来指导开课教师围绕主题进行有针对性的备课,组织有备而来的教学过程,并形成有效的听课、评课、反馈、改进机制。

在授课教师人选的安排上,我们充分考虑到组内教师的专长,并依据利于研究开展的原则进行选择。以我组围绕"探究"要素开展的实践研究为例,根据课题研究的需求,确定了由我校区科学学科教学新秀一等奖获得者陈惟肖老师以"一人同课多轮"的形式开展课堂实践,以保证实践研究效果的前后一致性、协同性。

同时,在量表的指导下,我们以备课组为单位,围绕教研主题,以上课教师为主体,在充分理解教学内容、了解学情的基础上,从教学目标、内容、方法、活动、资源等多方面开展集体备课活动,取得了较显著的效果。

(三) 分工观课

进入到上课、听课、评课、研讨阶段,为便于让全体组员明确每一次教研活动的目的以及各自需完成的教学任务,我们事先在组内下发教研活动告示单。告示单详细记录后续研修活动的时间、地点、主题、形式以及任务分工,以确保各位教师为教研活动做好充分准备。

在制定观课小组名单时,充分考虑到每位教师的专长和特点,确保各位教师能够依托各自擅长的专业领域知识,参与观课、评课活动。这样更利于让教师从课堂教学的细节实施中,捕捉亮点、发现问题、提炼经验,并提出有针对性的改进意见。在组织组内听评课任务分工时,应依据课堂观察量表,从教师的"教"和学生的"学"两个层面进行划分,以学生即时的学习状态情况来反馈教师"教"的实际效果。

(四) 集体研讨

在集体研讨开始之前，首先由各观课小组组长组织组员围绕观课点开展组内小范围讨论，统一组内意见，得出初步结论，提出改进方法。教研组长作为活动的主持人，则需把握好研讨的范围和内容，引导组员进行聚焦观点，开展专题研讨。组内教师在研讨过程中若出现思维定式或思维僵化的现象，必须充分发挥教研组长的引导、指导作用，及时激活大家的思维空间。

(五) 课例写作

作为主题式课例研修，成果之一就是教学案例、教研案例、观课报告等材料。所谓凡事预则立，不预则废，在实践研究过程中，应有意识地对研修材料进行梳理和积累。撰写案例的目的并不在于案例本身，而在于通过案例的撰写、交流和探讨，最大限度地还原真实的教学研究过程，促进教师的教学反思，强化实践研究效果。除此以外，对于"创联式教学"的"探究"要素而言，我们还应该从促进学生学习活动的主动性、合作性、反思性3个方面，总结出相关的课堂教学策略与实施要点，以便于组内教师将创联式教学的相关研究成果在平时的教学实践中进行有效应用。案例的写作、策略的归纳总结应伴随整个实践研究过程同步进行，并不断完善，这样才能起到及时调整研究策略、梳理研究方法、归纳总结经验的作用。

三、拓宽新媒介＋教研的应用空间

(一) 资源共享，提升教研起点

学校教研团队的相对固定及教学资源匮乏的问题，在一定程度上局限了教研组内教研活动的开展，形成了各自为战、闭门造车的困局。但随着互联网技术的不断发展和普及，网络资源的不断丰富和共享，现如今互联网已经成为了教研组汲取优秀教研经验、学习先进教学理论的重要渠道。以国家教育资源公共服务平台的"一师一优课、一课一名师"为例，它汇聚了全国范围内的优秀课堂教学案例和教研案例，通过互联网向一线教师开放，突破了地域和时空的限制，极大地提升了优秀教学经验与资源的推广、辐射作用,为广大教研组有效开展教研活动提供了经验和依据。除此以外,中国知网等文献在线阅读、下载平台也为一线教师的理论学习、业务提升提供了便捷高效的途径。

(二)虚实融合,拓展教研空间

传统教研模式下,教研组内集体教研时间是有限的,教研空间是相对固定的。教研环境的限制不利于教师间经验、观点的及时分享和探讨。而在新媒介环境下,教师之间的互动交流不受时空的限制,借助电脑、智能手机等移动终端,教师们可以在任何场所、任何时间在云端开展教学研讨,分享经验、观点。以我组的实际情况为例,教研组内依据教研主题细分成若干个听评课研讨小组。组内教师利用课间、午休等碎片化的时间开展小组讨论,在教学实践的同时,开展有效教学研讨成为了可能,大大提升了教研的时效性。

(三)媒介应用,促进有效教研

有效的教研离不开教学实践,教学实践是师生共同围绕学习主题开展的有预设的学习活动。但在实际教学过程中,教师的"教"和学生的"学"需要按照实际的教学情况进行及时的调整和优化,是特定教学环境下的创造性行为。在传统教研模式下,听课教师主要以书面记录的方式来记录课堂教学的过程和教学的细节,这样的方式显然无法真实复现课堂教学的全貌。而采用多机位摄像的方式,可以记录课堂教学实践的全过程,有利于教师基于真实课堂开展教研和学习,有利于促进教师的教研反思。基于视频的自我反思,便于开课教师找出教学实践中存在的问题;基于视频的同伴反思,有利于形成解决问题的改进措施;基于多种视频反思方法的运用,有利于拓展教学研讨的广度和深度。

(四)数据处理,确保精准教研

互联网技术的升级应用,改变着人们的生活方式,同时也改变着教师的课堂教学研究形式。基于课堂教学实践的教学研究正呈现出新的发展态势,其中教研调查和教研评价两方面显得尤为突出。互联网大数据的应用,弥补了传统教研在数据采集、数据使用和效果评估等方面的缺陷与不足。

以我组的教学实践经验为例，利用"UMU互动学习平台""问卷星"等互联网平台和智能移动端APP，极大地降低了教师的工作量和学生的学习量，简化了数据处理、分析流程，为教学研究和评价提供了准确的参考依据，有效促进了精准教研。

基于新媒介的初中化学作业设计与研究

张小妹

摘　要：作业是教师检验学生学习效果的重要手段，是学生获得反馈的重要途径，但是日常教学中"一刀切"的作业设计和布置现象仍非常普遍，如何借助"新媒介"工具优化作业设计，实现作业的个性化布置与批阅反馈呢？本文以初中化学第五章单元作业为例，从"新媒介工具筛选、作业模块划分、作业数据采集与分析、个性化作业讲评策略"四个方面进行了详细阐述，充分发挥新媒介在作业设计、批阅和讲评中的优势，积极探索"互联网＋作业"的新型作业模式。

关键词：新媒介　互联网　初中化学　单元作业

一、问题的提出

随着"以学定教"课堂转型的推进，目前中小学的课堂上很少再有"满堂灌"的讲课行为，但"一刀切"的作业布置现象却没有得到较好的改善。究其原因，面对 40 多人的班级，批作业已经占用了教师大量的工作时间，如果再设计分层作业或者个性化作业，批改作业的工作量将更加繁重。教师的"偷懒"行为，令学生陷入"题海"，重复"刷题"，无法自拔。

作业是教师检验学生学习效果的重要手段，是学生获得信息反馈的重要途径。如果这个环节不能有效落实，再精彩的教学设计也只是表面热闹而已，并不能真正启发学生的学习动机。在班级人数、时间、精力为定量化的前提下，只有切实改变作业评价和反馈方式才能解决真正问题。

在"互联网＋"时代背景下，无线信号全部覆盖的环境已经成为常态，

iPad、手机等成了人人必备的新媒介工具,为优化学生作业创造了条件。恰逢学校聘请专家指导化学导学作业项目,化学备课组教师全都加入开发编写导学作业的项目。在专家的指导下,教师对导学作业进行了模块划分、功能定位和题库建设等基础研究工作。

基于以上两个原因,九年级化学备课组提出了《基于新媒介的初中化学作业设计与研究》这一研究主题。

二、解决问题的过程与方法

该课题研究分为"筛选试用新媒介工具、分模块开展作业设计与反馈研究、平行班数据对比分析、梳理总结有效经验"四个研究阶段。

(一)第一阶段:筛选试用新媒介工具

该研究阶段备课组遇到了较大的困难,备课组成员先后试用了"作业盒子""好分数""微测评""火眼作业"等市面上比较受教师或学生认可的作业批阅或反馈类产品,每个产品各有优缺点,但任何一种产品都不能满足课题研究的需要。经多方咨询,备课组发现个性化定制 APP 产品所需的资金和周期远远超出了该课题研究所能承受的范围,这使得研究一度陷入迷茫状态。经过专家建议和备课组成员的多次讨论,大家决定不再选用某一种工具,而是先把目前的化学校本作业分为不同的作业模块,针对不同作业模块的设计与反馈需求选用不同的新媒介工具,充分利用新媒介工具的优势开展不同模块作业的设计与反馈研究。

(二)第二阶段:分模块开展作业设计与反馈研究

备课组成员选取了初中化学最具代表性的第二章"空气和氧气"和第五章"初识酸和碱"进行不同模块作业的设计与反馈研究。

1. 基于学生对作业的设计和反馈需求选择相应的作业模块开展研究

在备课组成员开展作业设计研究过程中,为激发学生对新知识的学习兴趣,培养学生发现问题的能力,通过视频的形式把与生活紧密相关的化学知识呈现在学生预习作业中。实施下来发现预习作业在评价和反馈上无法做到及时反馈,学生对预习作业不重视,教师精心准备课前预习作业常常流于形式。学生在课堂学习中,一直使用课堂学案作为载体开展学习活动,课堂检测题如何在课堂上及时反馈并留下做题痕迹是研究小组一直想借助新媒介解决的问题。初中的化学知识基本都是以生活中常见的物质为载体呈现的,很多实验药品可以使用家庭用品代替,学生对于家庭实践探究活动也比较有兴趣。为此,备课组教师经常布置周末化学实践活动来巩固化学知识,提高学生的动手实践能力。为保证学生实践活动作业的有效开展,备课组打算借助新媒介工具对学生进行实验指导和评价。

在该研究阶段的前期,备课组成员针对第二章"空气和氧气"单元作业中的课前预习作业、课堂作业、课后作业、单元测试、二次达标作业和周末实践活动作业 6 种作业类型,借助新媒介工具进行作业设计,希望通过"知识点"串联学生作业中的所有题目。通过新媒介工具的数据分析,实现对学生薄弱知识点的精准判断,并在该课题的中期汇报中,体现了相应的阶段性成果。

由于不同新媒介工具都需要教师人工录入题目和对应知识点,工作量巨大。经过多次讨论,备课组决定选择预习作业、课堂作业、课后实践活动作业 3 个作业模块进行更加深入的新媒介个性化设计和反馈研究。

2. 新媒介工具融入不同模块的作业设计

在第二章新媒介作业设计的基础上,备课组成员又开展了第五章"初识酸和碱"的新媒介作业设计。经过多次修改和经验总结,不同模块的作业使用新媒介工具的做法如下。

(1)"预习作业"的设计和反馈,采用"微课之家"提供的二维码服务和个性化评价服务。"微课之家"视频二维码制作功能方便教师为学生作业提供视频指导,把预习作业变成生动有趣的视频,可以方便地查看学生视频预习的进度和次数,同时对学生预习作业问题回答进行汇总反馈。

(2)"课堂作业"的设计和反馈,采用"微测评 APP"的拍照批阅功能或"课堂互动答题板"的客观题快速反馈功能。"微测评 APP"不改变学生的纸质答题习惯,通过制作答题纸的形式进行拍照批阅。"课堂互动答题板"需要布置教室网络环境,则借助硬件实现选择题的快速反馈。两种新媒介工具均在课堂练习中的客观题及时反馈方面显示了明显的优势。

(3)"课后实践活动作业"的设计和反馈,使用了"UMU 互动学习平台"中的视频实验指导,充分发挥学生同伴互评、学生实验拍照上传等功能,取得较好的效果。

（三）第三阶段：平行班数据对比分析

课题负责人张小妹老师在平行班中选择九(2)班作为新媒介作业的实验班,王静老师选择九(1)班作为传统作业对照班,在第二章和第五章的单元作业中进行作业数据分析和对比,增加了课题研究的科学性。在学生访谈中,学生认为新颖的视频预习作业和课后实践活动作业能够激发学习兴趣,认识到化学知识的实用性。在实验班学生和传统版学生作业的数据对比中也发现实验班学生知识掌握水平明显高于非实验班。

（四）第四阶段：梳理总结有效经验

对课题的研究成果进行梳理、归纳、总结,并撰写结题报告,并做好课题的结题工作。

三、研究成果的主要内容

以第五单元"初识酸和碱"为样例：为体现新媒介进行作业的设计和反馈的研究成果,该单元作业仅呈现课前预习作业、课堂作业、课后实践活动作业3个作业模块。每种作业功能不同,对题量和选题要求不同,借助的新媒介工具也不同。为保证实践研究的科学性,备课组成员选取九年级两个平行班进行对照研究。张小妹任教的九(2)班学生使用新媒介作业,王静任教的九(1)班学生采用传统作业。现以第五单元"初识酸和碱"新媒介作业设计对研究成果进行阐述。

（一）单元作业目标梳理

为保证不同模块作业设计与教学目标的一致性,备课组成员参考《上海市初中化学学科教学基本要求(试验本)》设计单元作业目标,每一条目标对应《基本要求》中的一个知识点。课前预习作业、课堂作业、课后实践活动作业3个作业模块中的题目均与单元作业目标对应,也就是与《基本要求》中的知识点对应。第五单元作业的单元目标设计表见表1。

表1 第五单元作业的单元目标设计表

序号	目标描述	目标水平	作业模块
1	知道含氧酸和无氧酸、一元酸和二元酸的分类方法;说出常见酸的名称,并写出常见酸的化学式。	A 知道	课堂作业
2	知道盐酸的主要物理性质。	A 知道	课堂作业
3	知道碱可分为可溶性碱和难溶性碱、说出常见碱的名称并写出常见碱的化学式。	A 知道	课堂作业
4	知道氢氧化钠的物理性质,记住氢氧化钠的俗名。	A 知道	预习作业
5	知道氢氧化钙的物理性质,记住氢氧化钙的俗名。	A 知道	预习作业
6	知道中和反应的概念、放热特征,书写常见中和反应的化学方程式。	B 理解	课堂作业
7	利用多种手段获取信息;客观记录有关的实验现象和数据。	技能	实践活动
8	选用图形、表格等多种形式整理和表达数据,反映数据之间的一些关系。	能力	实践活动
9	知道中和反应的用途。	A 知道	课堂作业
10	知道盐酸与酸碱指示剂、碱性氧化物、碱、碳酸盐反应,并描述反应现象,写出盐酸与碱性氧化物、碱、碳酸盐反应的化学方程式。	B 理解	课堂作业
11	知道硫酸与酸碱指示剂、碱性氧化物、碱、碳酸盐反应,并描述反应现象,写出硫酸与碱性氧化物、碱、碳酸盐反应的化学方程式。	B 理解	课堂作业
12	知道氧化物可分为酸性氧化物和碱性氧化物,并能够辨识常见的酸性氧化物和碱性氧化物。	A 知道	课堂作业
13	稀盐酸、稀硫酸的化学性质探究。	技能	实践活动
14	知道盐酸、稀硫酸的主要用途。	A 知道	预习作业

(续表)

序号	目标描述	目标水平	作业模块
15	知道氢氧化钠与酸碱指示剂、酸性氧化物、酸的反应,并描述反应现象,并写出氢氧化钠与酸性氧化物、酸反应的化学方程式。	B理解	课堂作业
16	知道氢氧化钙与酸碱指示剂、二氧化碳、酸的反应,并描述反应现象,并写出氢氧化钙与二氧化碳、酸反应的化学方程式。	B理解	课堂作业
17	氢氧化钠、氢氧化钙的化学性质探究。	技能	实践活动
18	知道氢氧化钠、氢氧化钙的主要用途。	A知道	预习作业
19	对探究过程的主要环节进行设计,提出探究活动的具体方案。	能力	实践活动
20	运用归纳、演绎、分析、综合等方法认识化学事实和化学规律之间的关系。	能力	实践活动
21	利用多种形式表述探究的过程和结果,通过合作交流与他人分享探究成果。	态度	实践活动

单元作业目标设计中的目标维度和学习水平参考了《上海市中学化学课程标准(试行稿)》和《上海市初中化学课程终结性评价指南》中的相关表述,难度设置符合中考考试要求,既不盲目拔高也不随意降低。本单元需要5个课时完成,针对课时内容,在单元作业目标中做了预习作业、课堂作业和实践活动作业的目标对应,为作业选题明确了方向和要求。题目上的目标编码为新媒介作业设计与反馈提供了知识点分类依据,有助于在反馈数据中按知识点分析学生问题,给学生布置个性化作业,并进行有针对性的个别辅导。

(二) 基于新媒介的不同模块作业设计与反馈

1. 新媒介预习作业的设计和反馈有助于精准学情分析

预习作业主要由复习旧知(与新课内容相关)、视频预习(新课中较简单的知识)、课前质疑(设计引发学生思考或质疑的题目)等内容组成。预习作业设计目的是激发学生对新知识的学习兴趣,为新课学习做铺垫,因此采用

"扫码观看视频并完成问答"的方式进行预习效果反馈。本案例中的第5.1课时预习作业采用了"微课之家"制作视频二维码,帮助学生提前学习酸的物理性质。作业样例如下:

§5.1 初识酸的物理性质及其组成和分类

课前预习:

(1) 我们已经知道,食醋呈_____性,肥皂水和石灰水都呈_____性。他们都是一些物质在水中的溶液,溶液有_____性和_____性之分。酸的溶液具有_____性,碱的溶液具有_____性。酸和碱是两类重要的化合物。

(2) 观看视频,从视频中提到了盐酸和硫酸的哪些物理性质?

盐酸的物理性质:_____。

硫酸的物理性质:_____。

从单元作业目标中可知,盐酸和硫酸物理性质的学习水平属于"知道",级别及要求不高,采用观看视频回答问题的方式设计题目,有助于学生课前了解物理性质。学生看完视频通过拍照提交笔记的方式与教师互动。老师根据"微课之家"提供的学生观看视频学习统计(见图1和图2),可以及时了解学生是否观看预习视频以及观看视频的进度。还可以根据学生对预习问题的回答统计反馈(见图3和图4),对本节课授课重点做出适当调整。

使用新媒介作业的九(2)班学生对新颖的预习作业形式乐于接受,大部分学生能够及时完成预习作业中视频的观看和在线提交预习问题的任务。以样例中的预习作业为例,70%的学生能够正确地从视频中找出盐酸和硫酸的物理性质,20%的学生在线提交的回答有少许错误,经过教师的及时批阅和反馈,能够纠正错误。只有约10%的学生不能按时提交预习作业。借助新媒介进行预习作业的个性化设计和反馈,有助于教师在新课开始前准确分析学情,基于学情开展课堂教学。学生在预习过程中通过微视频提前学习或者复习与新课内容相关的内容,有效节省了新课的课堂时间,师生可以在新课课堂上充分针对重难点开展学习活动。

图 1 学生答题情况

图 2 学习统计

图 3 答题详情 1

图 4 答题详情 2

2. 新媒介课堂作业的设计与反馈有助于学生薄弱知识点分析

课堂作业题型以选择、填空为主,题干描述简单清晰,考查学生对本节课的核心知识点掌握情况,完成时间为 6～8 分钟。由于课堂时间有限,因此"及时反馈"是课堂作业筛选新媒介工具的重要标准。课堂及时反馈最快最有效的方式就是学生自带网络设备如 PAD 或者手机上课,可以在同一时间实现作业网络提交,系统自动批改,教师实时查看分析等效果。随着智能手机 APP 的应用越来越广泛,有些 APP 能够实现拍照批阅功能,这种方式不用配置硬件网络环境,也不改变学生在纸上答题的习惯。

基于以上两周课堂作业及时反馈方式,备课组成员先后试用了"课堂互动答题板"和"门口学习 APP"(也称为微测评)进行课堂作业的新媒介设计。"课堂互动答题板"是通过硬件支持学生课堂作答,学生作答数据会自动记录在相应系统。由于该硬件产品在试用过程中存在系统不稳定,学生不适应等弊端,目前备课组更多的使用"门口学习 APP"对学生课堂作业进行拍照批阅。学生只需要在指定位置填涂答题卡,教师手机拍照就可以完成作业批改和数据统计功能。

课堂作业样例如下:

§5.1 初识酸的物理性质及其组成和分类

讲练结合(基础形成):

1. 下列物质属于酸的是(　　)。3.2.1

A. HCl　　　　B. $NaHCO_3$　　　C. $Cu(OH)_2$　　　D. H_2O

2. 下列酸的性质属于物理性质的是(　　)。3.2.2

A. 浓硫酸具有脱水性　　　　B. 碳酸不稳定

C. 盐酸具有腐蚀性　　　　　D. 浓硫酸具有吸水性

3. 下列溶液敞口放置在空气中一段时间后,溶液浓度减小且质量增加的是(　　)。3.2.2

A. 浓盐酸　　　B. 稀盐酸　　　C. 浓硫酸　　　D. 稀硫酸

4. 下列物质中,既是一元酸又是含氧酸的是(　　)。3.2.1

A. CH_3COOH　　B. H_2SO_4　　C. H_2O　　　D. HNO_3

5. 酸的化学式书写正确且属于含氧酸的是(　　)。3.2.1

A. 盐酸 HCl　　　　　　　B. 碳酸 HCO_3

C. 硫酸 H_2SO_4　　　　　D. 硝酸 H_2NO_3

6. 下列关于酸的说法正确的是(　　)。3.2.3

A. 酸的组成中含有氢元素和酸根,因此 $NaHCO_3$ 也是一种酸

B. 酸中一定含有原子团

C. 酸可以分为含氧酸和无氧酸

D. 酸溶液能使酚酞变红色

7. 关于酸的命名说法正确的是(　　)。3.2.1

A. HNO_3 是一种重要的化工原料,被命名为"硝酸氢"

B. 大量存在于汽水中的是碳酸,其化学式为 HCO_3

C. 人胃液中的酸可以帮助消化食物,胃酸主要成分是盐酸

D. H_2S 是一种有臭鸡蛋气味的无色气体,溶于水形成的酸溶液命名为"硫酸"

请同学们先将填涂好学号,再把上述题目答案填涂在题号相应选项内。

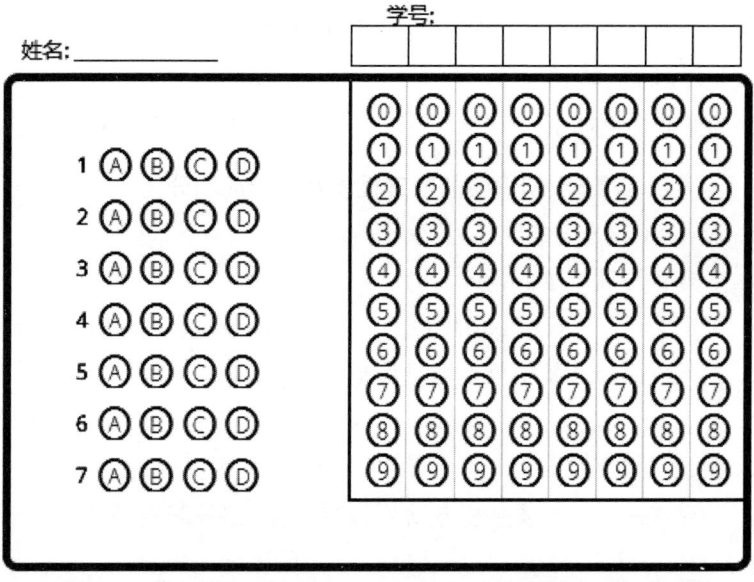

课堂作业中每道题目都与单元作业目标进行了对应,见习题右侧的红色目标标注。学生当堂作答,教师只需要用手机对答题卡拍照,"微测评"后台就能统计出"题目报表""知识点报表"。全部学生拍照需要 1~2 分钟,反馈报表如图 5 和图 6 所示。

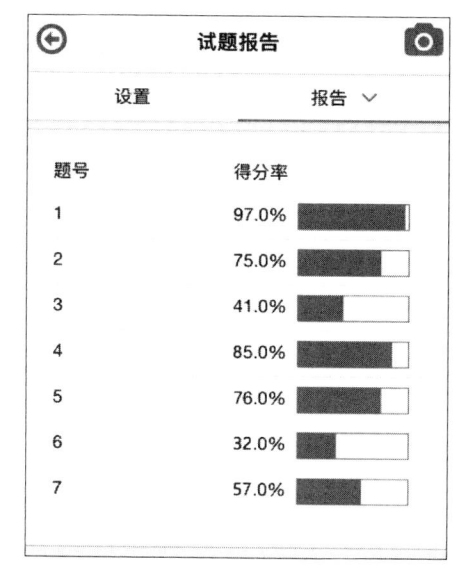

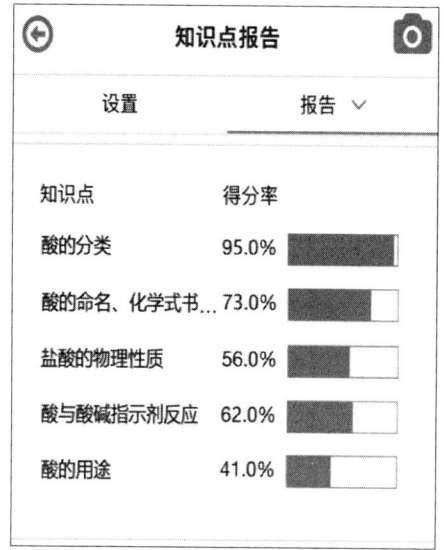

图 5 试题报告

图 6 知识点报告

教师根据学生得分情况,对薄弱题目和知识点进行重点讲解,比如:第3题和第6题得分率最低,这两道题对应的知识点分别是"酸的物理性质"和"酸的组成",正是本节课的重要学习目标。得分率低说明学生掌握情况不理想,教师应重点详细地讲解,并挑选相关知识点的习题作为课后作业帮助学生巩固核心知识。

3. 新媒介实践活动作业的设计与反馈有助于开展多元评价和提升学生实验素养

实践活动作业包含"归纳整理类"和"家庭小实验"两种作业类型。实践活动作业布置频率为2～3周一次,作业形式多样,完成方式灵活。让学生在归纳整理类作业中逐步提升归纳能力、反思能力和自学能力,在家庭小实验类作业中提高实验观察能力、实验设计能力和实验操作技能。实践活动类作业提倡小组合作完成,作业提交多以学生拍照或拍视频到UMU化学家校交流群,采用自评、互评和教师点评相结合的方式进行评价。

第五章共设计了5个实践活动题,包括小调查、小实验等活动。设计目的是延伸和拓展课堂学习、激发兴趣、拓宽视野、活跃思维和培养创新实践能力,体现合作、分享交流的探究能力。本单元实践活动题具有连贯性、整体性、评价要求清晰明确。比如,第二课时需要学生自制"紫甘蓝汁"用于生活中的碱类物质调查。第三课时设计的"中和实验探究"和第四课时设计的"止酸药实验"都需要指示剂,学生可以继续使用"紫甘蓝汁"完成这两个实验。为了完成中和实验探究,学生在第三课时就需要自制石灰水,而剩余的石灰乳可以用于第五课时的"石灰乳变质情况探究实验"。学生在题目的引导下,参与了完整的科学探究过程,在提升科学探究能力的同时,也激发了学生学习化学的兴趣。

实践活动题需要学生课后在家里完成探究活动,这些探究活动需要准备实验试剂。虽然题目中对学生都给予了提示,但每个学生对文字提示的理解能力有高低,为了提高学生家庭实验的成功率并减小准备实验的难度,备课组录制了实验指导视频,制作成二维码呈现在题干中,学生既可以阅读实验指导文字又可以观看实验指导视频,大大提高了学生实践活动的成功体验。

实践活动题属于操作类题目,没有标准答案,为了真正落实过程性评价,需要给予学生明确的评价指导,因此每个实践活动题目都有一份单独设计的评价表,帮助学生根据活动要求完成自评和互评。

"家庭小实验"实践活动作业样例如下:

§5.3 中和反应

"我是化学实验小能手" 实践活动类作业——探究中和反应

在家中找到如下用品:白醋、生石灰干燥剂、透明玻璃杯。利用上节课制备的紫甘蓝指示剂与父母合作完成"白醋与石灰水溶液是否反应?"的探究任务。请按照样例格式撰写实验报告,并将实验过程录制视频上传到班级家校化学交流群。

| 自制紫甘蓝汁 | 食用白醋 |  透明玻璃杯 |  自制澄清石灰水 |

实验提示:可根据下列文字说明或扫描二维码观看视频,自行配制石灰水。

配制石灰水的步骤

(1) 用剪刀将海苔包装袋中的干燥剂包剪开,将生石灰固体倒入玻璃杯中(当心不要溅入眼睛)。

(2) 向玻璃杯中加入常温下的清水,水量约为生石灰固体的 3 倍,用木棒轻轻搅拌,得到一杯氢氧化钙悬浊液。

(扫码看视频)

(3) 静置一段时间,待悬浊液分层后,取上层清液于另一只玻璃杯中备用。

(4) 在装有剩余氢氧化钙悬浊液的玻璃杯外贴"石灰乳"的标签,放在家中安全位置,以备后用。

实 验 报 告

实验目的：探究白醋与氢氧化钙溶液是否反应

实验药品和器材：_____

实验步骤：

1. 取 10 调羹石灰水放入玻璃杯中,向其中加入 2~3 调羹白醋,观察现象。
2. 另加入 10 调羹_____放入玻璃杯中,加入 1 调羹紫甘蓝汁观察颜色变化。
3. 向步骤 2 的玻璃杯中缓慢加入_____。边加边搅拌,至溶液颜色变为蓝色为止。

实验现象：

现象：_____

现象：_____

现象：_____

实验结论：通过_____现象证明白醋与石灰水发生了_____反应(填"反应类型")。

"白醋与石灰水溶液是否反应?"评价表

实 验 设 计		实 验 成 果		交 流 分 享	
实验目的模糊,步骤有误	☆	实验现象有误,结论不完整	☆	按时完成实验	☆
实验目的明确,步骤基本正确	☆☆	实验现象描述记录基本正确,结论基本完整	☆☆	按时完成实验并且完成照片或视频上传	☆☆
实验目的明确,步骤正确、严谨	☆☆☆	实验现象操作完全正确,记录完整,结论正确	☆☆☆	完成实验并及时上传照片或视频,自评互评恰当	☆☆☆
你的评价		你的评价		你的评价	

学生利用"UMU学习互动平台"与老师和同学交流实验心得,分享实验过程,开展互相点评,极大提高了学生学习化学的兴趣,提升了合作交流的能力。实践活动交流如图7所示。

图 7　实践活动交流

师生在"UMU学习互动平台"中通过分享作业和同伴互评,优秀的学生作业具有榜样作用,同学之间形成良性竞争意识,有效激发了学生学习化学的积极性。学生在分享和交流中学会了实验方法,巩固了化学知识,掌握了实验技能,培养了观察能力和实证精神,体现了化学实验的育人价值。

(三)新媒介作业设计与反馈下的个性化辅导策略研究

通过新媒介预习作业设计、新媒介课堂作业设计和新媒介实践活动作业设计,学生的作业完成情况能够及时快速反馈给教师,教师的批阅情况也及时快速反馈给学生,增加了作业的互动性。在新媒介的帮助下,教师比传统的纸质批阅更能精确地掌握学生的薄弱知识点,及时发现个别学生的退步信号,为学生提供最需要的个别辅导。在研究过程中,备课组梳理出如下几条个性化辅导经验。

1. 基于课堂作业知识点报表,进行分层作业布置

新媒介课堂作业设计中采用"门口学习APP"能够在课堂上收集学生的知识点掌握情况,教师基于知识点分析报表进行课后分层作业布置。学生课后作业分为"基础巩固"和"二次达标"两种类型,都采用了"题目对标"的方式设计,其中"基础巩固"作业为全体学生必做作业,"二次达标"作业供学生选做。学生课后作业样例如下:

§5.3 中和反应

基础巩固作业(节选):

1. 根据氢氧化钠与稀盐酸的中和反应填空　12.4.1②

在盛有氢氧化钠溶液的锥形瓶中滴加2～3滴酚酞试液,溶液由_____色变为_____色;写出其中的化学方程式_____,此反应的产物除了有水以外,另一种产物的类别属于_____(填"酸""碱"或"盐")。

2. 写出下列反应的化学方程式　7.3.4③④

(1) 盐酸和氢氧化钾反应_____

(2) 盐酸和氢氧化钙反应_____

(3) 硫酸和氢氧化钠反应_____

(4) 硫酸和氢氧化镁反应_____

§5.3 中和反应

二次达标作业(节选):

1. 蒸发皿中有适量氢氧化钠溶液,向其中滴加无色酚酞试液,现象是_____,再向其中逐滴滴加稀硫酸,并用玻璃棒不断搅拌,反应的化学方程式_____,反应恰好完成后所得溶液的溶质是_____。12.4.1②

2. 下列方法可以解决生活中的一些问题。7.3.4③④、888

(1) 服用含氢氧化铝[$Al(OH)_3$]的药物可以治疗胃酸过多,反应的化学方程式为_____。

(2) 热水瓶用久后,瓶胆内壁上常附着一层水垢[主要成分是$CaCO_3$和

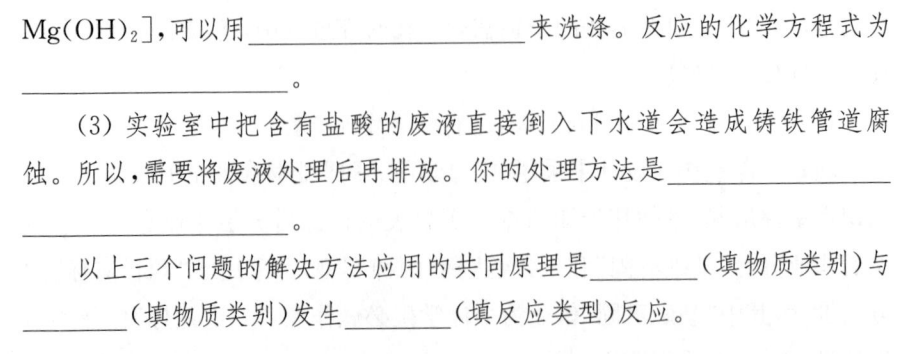

$Mg(OH)_2$]，可以用＿＿＿＿＿＿＿＿＿＿来洗涤。反应的化学方程式为＿＿＿＿＿＿＿＿＿＿。

(3) 实验室中把含有盐酸的废液直接倒入下水道会造成铸铁管道腐蚀。所以，需要将废液处理后再排放。你的处理方法是＿＿＿＿＿＿＿＿＿＿。

以上三个问题的解决方法应用的共同原理是＿＿＿（填物质类别）与＿＿＿（填物质类别）发生＿＿＿（填反应类型）反应。

学生可以通过课堂反馈的知识点得分情况在"二次达标"作业中自主挑选相应知识点的题目进行巩固练习，实现学生作业的自主性。备课组在实施过程中发现：由于学生缺乏主动性，教师缺乏监管，大部分学生放弃了"二次达标"作业。为了引导学生有效利用"二次达标"作业，备课组进行了指定范围的分层作业布置，如图8所示。

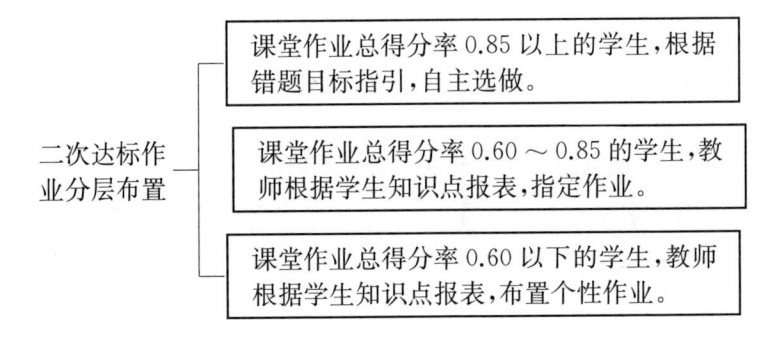

二次达标作业分层布置
- 课堂作业总得分率0.85以上的学生，根据错题目标指引，自主选做。
- 课堂作业总得分率0.60～0.85的学生，教师根据学生知识点报表，指定作业。
- 课堂作业总得分率0.60以下的学生，教师根据学生知识点报表，布置个性作业。

图8 指定范围的分层作业布置

分层作业布置鼓励学有余力的学生自主选做二次达标题目；对于中层学生教师给出作业意见，指定部分二次达标作业；对于学习有困难的学生，教师针对他们的作业报表，重新设计作业，以基础习题为主，采用面批、视频讲解等个别辅导方式，帮助他们达到一般水平。

2. 基于错题视频讲解的个性化辅导策略

对于全班学生的薄弱知识点，教师需要在课堂上统一辅导，而对于有明显知识漏洞的学生，教师对其进行个性化辅导的效果优于全班辅导。传统环境下，教师一般采用的办法是面批作业和面授讲解的办法，但限于精力和时间有限，教师能够个别指导的学生不多。

备课组经过多次尝试，发现"微课之家"提供的微课辅导能拓展个性化辅导的时空,提高辅导的效率。备课组针对学生常错知识点的习题进行了分类讲解视频的分类录制和整理,使用"微课之家"平台为学生进行个别化辅导,达到及时反馈、互动和交流的效果。辅导界面如图9和图10所示。

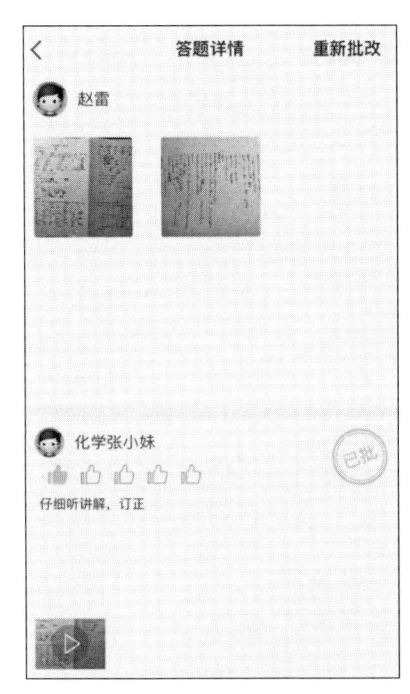

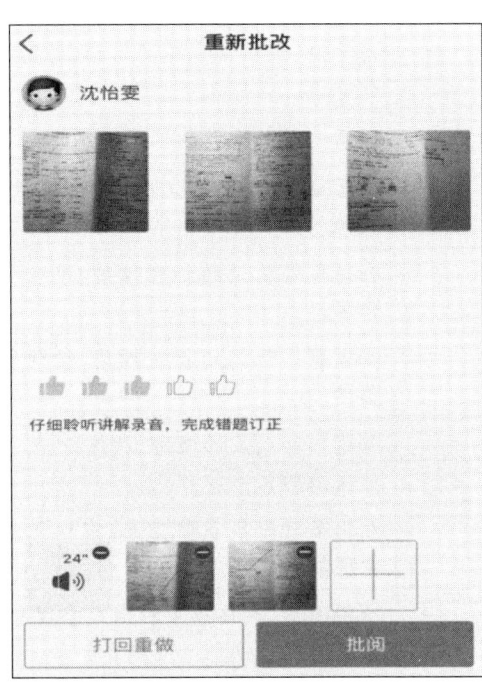

图 9　视频讲解错题界面　　　　图 10　音频讲解错题界面

音视频个别辅导的具体操作流程是学生通过拍照上传作业到"微课之家"平台,教师针对学生答题情况进行在线批阅,发现错误较多或者完全不能理解题意的作业,教师通过录制讲解音频或者讲解视频帮助学生纠正错误。

四、评价与反思

为保证研究成果的科学性,备课组在九年级两个平行班进行了对比研究。九(1)班采用传统作业布置和反馈,九(2)采用基于新媒介的作业设计与反馈、分层布置及个性化辅导。以第五单元《初识酸和碱》的单元测试质量分析数据为例,基于目标的分析表见表2。

表2 第五章单元测试基于目标的分析表

序号	目 标 描 述	九(1)班得分率	九(2)班得分率
1	知道含氧酸和无氧酸、一元酸和二元酸的分类方法;说出常见酸的名称,并写出常见酸的化学式。	95.00%	96.00%
2	知道盐酸的主要物理性质。	76.00%	88.00%
3	知道碱可分为可溶性碱和难溶性碱、说出常见碱的名称并写出常见碱的化学式。	87.00%	85.00%
4	知道氢氧化钠的物理性质,记住氢氧化钠的俗名。	76.00%	86.00%
5	知道氢氧化钙的物理性质,记住氢氧化钙的俗名。	75.00%	82.00%
6	知道中和反应的概念、放热特征,书写常见中和反应的化学方程式。	72.00%	76.00%
7	利用多种手段获取信息;客观记录有关的实验现象和数据。	60.00%	68.00%
8	选用图形、表格等多种形式整理和表达数据,反映数据之间的一些关系。	70.00%	74.00%
9	知道中和反应的用途。	82.00%	86.00%
10	知道盐酸与酸碱指示剂、碱性氧化物、碱、碳酸盐反应,并描述反应现象,写出盐酸与碱性氧化物、碱、碳酸盐反应的化学方程式。	72.00%	86.00%
11	知道硫酸与酸碱指示剂、碱性氧化物、碱、碳酸盐反应,并描述反应现象,写出硫酸与碱性氧化物、碱、碳酸盐反应的化学方程式。	75.00%	88.00%
12	知道氧化物可分为酸性氧化物和碱性氧化物,并能够辨识常见的酸性氧化物和碱性氧化物。	70.00%	75.00%
13	稀盐酸、稀硫酸的化学性质探究。	68.00%	76.00%
14	知道盐酸、稀硫酸的主要用途。	76.00%	77.00%
15	知道氢氧化钠与酸碱指示剂、酸性氧化物、酸的反应,并描述反应现象,并写出氢氧化钠与酸性氧化物、酸反应的化学方程式。	73.00%	76.00%

(续表)

序号	目标描述	九(1)班得分率	九(2)班得分率
16	知道氢氧化钙与酸碱指示剂、二氧化碳、酸的反应,并描述反应现象,并写出氢氧化钙与二氧化碳、酸反应的化学方程式。	68.00%	79.00%
17	氢氧化钠、氢氧化钙的化学性质探究。	82.00%	79.00%
18	知道氢氧化钠、氢氧化钙的主要用途。	70.00%	75.00%
19	对探究过程的主要环节进行设计,提出探究活动的具体方案。	70.00%	78.00%
20	运用归纳、演绎、分析、综合等方法认识化学事实和化学规律之间的关系。	65.00%	68.00%
21	利用多种形式表述探究的过程和结果,通过合作交流与他人分享探究成果。	73.00%	78.00%

通过数据分析发现:九(2)学生的大部分知识点得分率高于九(1),新媒介作业的设计和反馈对于学生学业水平的促进作用在测试中体现出了一定的优势。为了全面收集新媒介作业的有效实施的证据,备课组对九(2)班学生和家长进行了关于新媒介作业的访谈。访谈提纲如下:

新媒介作业的实施访谈提纲

1. 您作为孩子家长,您认为化学新媒介作业(例如网络观看微课、作业拍照提交、错题视频讲解、周末实践活动交流等)是否有助于您的孩子化学学习水平的提高? 能否谈谈您的看法?

2. 作为九(2)班学生,你觉得哪种化学新媒介作业最适合你的学习方式? 能否针对化学新媒介作业谈谈你的看法?

访谈中,大部分家长非常支持在九(2)班开展新媒介作业的尝试,特别是及时批阅和个别化讲解功能,学生能够在当天解决作业问题,减少了学生对于错题的焦虑。也有少数家长表示学生过多使用手机上传作业或者观看视频可能耽误其他作业的时间。大部分九(2)班学生表示喜欢有二维码的作业形式,让枯燥的作业变得生动有趣,还有很多学生表示在周末开展的实践活动作业,能够提高自己观察能力和设计实验的能力。

课题研究成果不仅得到学生和家长的认同,也在测试中体现了一定的优势,这样的成效鼓舞了备课组成员坚定继续研究作业设计的决心,但借助新媒介优化作业设计过程中确实还有一些问题没有找到解决方案。比如,课后作业的数据采集准确度还需要提升;学生的自主选题借助新媒介平台还不能精准推送;新媒介应用于个性化辅导方面的功能还比较有限,需要继续探索更有效的个别辅导策略。

课题研究对化学教师的信息技术素养提出了更高的要求,教师只有不断学习并提高数据分析的能力,加强自身专业知识的储备,才能把作业设计的研究继续深入下去。虽然基于新媒介的作业设计课题研究暂告一段落,但基于学生核心素养的命题研究将是备课组成员继续探索的方向。

参考文献:
[1] 苟永利.基于网络的中学无纸化作业系统的功能设计与优化[D].西南交通大学,2013.
[2] 乔光辉.巧用电子书包系统优化学生作业[J].中小学管理,2015(11).
[3] 丁同新.新课改背景下中学化学作业设计[D].河南大学,2012.
[4] 李菁.基于 Android 的移动 APP 英语错题袋的设计与开发[D].湖南师范大学,2016.

新媒介环境助力基于学生视角的初中历史教研

——以《汉武帝巩固大一统王朝》一课教研为例

斯丹梅

摘 要：在新媒介环境下，适切利用"钉钉"群文件和家校本互动、手机录音、智慧教室录课系统等功能，有助于深化基于学生视角的历史教研，如辅助做好学前预测、学生学习能力评估、课中观察、课后作业反馈和学习目标达成度的评估。因此，新媒介的运用有利于提高初中历史教研的效益。

关键词：新媒介 基于学生视角 历史教研

"教学相长"告诉我们，教学是教与学的交往互动，师生双方通过相互交流、沟通、启发、补充，促进共同发展。这是我国古代教育者从教学实践过程中总结出来的宝贵教学经验和教学原则。新课改提倡教师是学习的组织者和引导者，学生是学习的主体。澳大利亚学者大卫·克拉克（David B. Clarke）引发的"学习者视角研究"中的一个研究视角是通过收集与分析来自学习者的"声音"来揭示教学问题、寻找教学策略，最终提高教学的有效性。古今中外学者都主张重视学生的作用，倾听来自学生的心声。

新媒介有助于我们开展基于学生视角的历史教研。笔者以《汉武帝巩固大一统王朝》一课教研经历为例，浅谈新媒介助力基于学生视角的初中历史教研实践。

一、利用"钉钉"群文件和"家校本"互动，预测学生学习能力，预估课堂教学目标和学生实际的匹配度

学生是教学的对象和学习的主体。在了解学生的基础上设置适切的教学目标、正确判断教学重难点、开展精准有效的教学活动是课堂教学获得实效的关键步骤。上海新课改的课堂教学观察量表在评价课堂教学目标是否达成方面设置了：完成教学准备、掌控教学时间、关注反馈指导、达成预期效果四大观察点。其中"完成教学准备"下设两个小观察点：① 课时目标基于课程标准，符合学生水平；② 依据教学目标设计课堂教学活动和课后练习。

在准备《汉武帝巩固大一统王朝》公开课时，为了解学生的实际能力和水平，促进学生预习新课并了解汉武帝的生平，我让他们上网搜索关于汉武帝的信息并制作汉武帝生平大事或汉武帝巩固大一统王朝的思维导图。在任教班级的"钉钉"群推送了一些关于汉武帝的文章链接，以指导学生上网搜索资料。2/3 的学生能顺利完成纸质版思维导图，有些学生还小窗私发电子版思维导图给我，使我对学生搜索信息、自习课文及完成导图作业的能力有了基本的了解。

第一次备课时，我将该课重点定为"推恩令"和提倡儒术；难点定为"罢黜百家，独尊儒术"的作用、本质和影响。但在试讲课上，我和磨课的老师们看到针对难点设置的几个有思维深度的问题有点偏高于学生目前的能力水平。磨课老师们觉得在课堂的短时间内很难使七年级学生完全理解为何汉武帝要从汉初的黄老思想转向"罢黜百家，独尊儒术"，可以稍微简单化地处理这块内容，让学生们基本理解"罢黜"的意思并掌握罢黜百家、独尊儒术的主要举措、历史影响即可。为何"推恩令"实施后诸侯王越来越多，但却削弱了诸侯王的势力呢？基于学生的视角思考这个问题，发现学生对此倒是确实有疑惑，可以把"推恩令"调整为重点和难点。且学生对于根据"推恩令"故事设计各角色台词表现出兴趣，可以在教学活动上再多花些时间并将之打造成本课亮点。

我反思：在前期备课时，我较多从教师视角阅读和理解本课教材内容，所阅读的参考材料也有点思维深度，设计的问题链偏难了，基于学生视角去预测学生的思维水平和目标难度的准备工作做得不够细致，由此定下的教学目标偏高于一些中下学生的实际。在第二次试讲前，我吸取了教训，事先设计了两个导学单，通过"钉钉群"中"家校本"功能，发送给同年级的非试讲班的学生，以便让学生在预习教材内容时填写，学生完成后通过"家校本"提交给我电子稿。我抽取了一些优秀、一般、后进生等不同层面学生代表的回答来分析我设置的填空难度和学生的接受力，以及学生对设计推恩令故事台词的兴趣和能力。通过文件互动，较真实地预测到了学生在理解古文材料、汉武帝巩固大一统措施和设计台词时可能碰到的难点。后续则及时调整第二次试讲教学 PPT，如减少古文材料引用，选择更加简短易懂的语句，多用历史地图、图片等直观易懂的材料，丰富"推恩令"作业单的情景设计和层次。上课效果证明，调整后的教学目标、教学方法和学生实际更加匹配。

由此可见，适切使用"钉钉"这样的新媒介功能，有助于促进师生互动，深化基于学生视角的教学研究，更详细地了解学生的水平、能力、兴趣和学习难点。在研究学生的基础上，教师得以设置适切的教学目标，正确判断教学重难点，开展精准有效的教学活动，教和学得以趋向"同频共振"。

二、新媒介助力基于学生视角的课堂教学效果评估

在传统的公开教研活动中，一般情况下听课者位于教室后边，和学生相隔一定的距离。课堂教学完成后常常是听课教师和上课教师一起讨论，评估课堂教学效果和教学目标的达成情况。由于学生一般不在研讨现场，因此教师对教学效果和目标的达成情况的评估，往往基于教师的经验和对课堂中教师和学生表现的观察、印象和感受。但是，评估课堂教学的有效与否，不能只看教师教得怎样，还要看学生学得怎样。教师有必要多基于学生视角去观察，去获得实证和数据，更科学地评估课堂教学的效果。

新课改后，基于学生视角的评估正在逐渐得到重视。比如"课堂教学"评价量表中针对"教学目标达成"之"达成预期效果"的观察点主要是 3 条：

① 大多数学生用心学习,专注于学习活动;② 大多数学生能理解并运用所学的概念和技能;③ 学生能感受学习内容和学习活动的价值。在听课时,有些教师也会有意识地靠近学生一点,以便于观察学生在课堂学习中的具体表现,了解个体的学习成果,以更好地评估课堂教学效果。若适切应用新媒介技术,采集更多的实证,可以使得课堂教学效果的评估更精准。具体体现在以下几个方面。

(一) 有利于教师直观了解学生的学习成果

利用手机的摄像、录音功能录下学生的反馈,有利于教师直观了解学生的学习成果、感受和评估目标达成度。

在历史教学活动中,德富路中学综合教研组教师十分重视基于学生视角的预测和评估。对于"能了解并运用所学的概念和技能"这个评价标准,通过传统的方式,比如课中的提问、练习等,能了解学生的大概,但若辅助新媒介,我们教师可能进行点、线、面结合的采集和评估。比如我在《汉武帝巩固大一统》课堂上,为了让学生理解"推恩令"并提高学生口头表达能力,组织了这样一个课堂教学活动:学生根据教材上关于"推恩令"的介绍和教师给的图片,分角色设计、表演人物台词。为了解学生对"推恩令"这个概念的把握程度,更具针对性地观察个别学生在课堂的学习和成果,把握住学生的思维水平和过程,在小组活动时,我对各小组来回巡视,用手机拍下学生的作业或讨论。对于被拍摄对象,我事先做了计划,主要从3类学生中选择:① 拍平时学习比较优秀的,已经基本完成的,主要是拍摄优秀的作品,以便课堂了解或者事后展示用;② 拍平时学习有点困难的,从该课堂上的神情和动作来看完成任务时感觉有难度,主要看其完成的程度怎样,或者看其思维的方向和解题的能力,在难的地方予以点拨;③ 拍平时能力中等的学生,了解占比最多的中等生的掌握程度。手机拍摄收集到的活动过程使得学生的思维过程直观显示。小组合作编写并表演完台词后,再请那些中等学生说说自己对"推恩令"概念的理解,让教师也"胸中有数"。

听课教师在教室后边听课时,注意观察学生即时的学习表现,也会跟进课后访谈。在与教研员、教研组长研讨《汉武帝巩固大一统王朝》第一次试讲课后,我采访了参与试讲课的几位学生,主动向学生了解关于学习效果的相关信息,并用手机的录音功能录了音。

教师:"今天下午我给你们上的这堂历史课你们感觉理解起来难吗?"

学生1:"这堂课前面古文阅读材料多,有些词翻译和理解起来感觉吃力。有很多同学下了课后说有些地方没听懂,比平时的课难了不少。"

学生2:"有些问题回答起来感觉到有点难。"

教师:"我把汉初的积弊先统一提到前面,再学习汉武帝针对汉初弊端采取的措施,稍微改变了教材的逻辑和叙述顺序,同学们觉得能接受吗?"

学生1:"我感觉还能接受。但有些同学可能觉得这样变化后有点难,可能他们习惯于按教材中的顺序来理解,一时难以很快跟上这样的变化。"

教师:"'推恩令'故事台词设计这一活动喜欢吗?对你们来讲难度怎样?"

学生2:"好好看教材和故事,还是能写出台词来的。我喜欢的。"

教师:"对刚开始播放的汉武帝的茂陵、后边的卫青、霍去病等之前有了解吗?"

学生1:"我在电视剧《卫子夫》中听说过卫青和霍去病。但我之前不了解汉武帝茂陵。"

学生的回答印证了第一次试讲课时有些目标确实定高了,离学生目前的知识储备和能力、水平还有点差距。对于学生的"访谈"也进一步坚定了我在修改教案时降低教学目标和更改教学难点的决心,晚上修改教案时,我抛弃固有思维,另起炉灶,根据学生实际,准备新的教学设计。这种教学后师生面对面访谈的好处是直接倾听到学生的心声,且有互动。诚然,也稍有弊端和难处:个别采访比较费时,涉及的学生面相对还比较狭窄。因此通过观看课堂录像,观察学生的反应和表现,研究教师和学生的互动很有必要。

(二)有利于提高基于学生视角的课堂教学效果评估效率

利用智慧教室录课,分析学生的反应和表现,提高基于学生视角的课堂教学效果评估效率。

我校"智慧教室"里安装了自动录课系统设备,一节课结束后就能得到该课录像,便于教师事后全程观看课堂教学情况,引发相应的反思。自动录播时有3个摄像头,一个是从教室后墙中央位置看全场,一个是从教室左前方正面看全场学生的表现,还有一个是聚焦教室前部的讲台和黑板区域重点观察教师教学和板书。3个摄像头会自动来回切换。前两个摄像头捕捉的关于学生活动的画面以便于我及时了解全体学生在课堂中的学习表现，特别是捕捉教师背对的学生活动或者表现情况，也帮教师关注到教室最后边学生的活动和表现，弥补了教师课堂肉眼观察的视野局限和疏漏，为教师评估本节课教学效果是否达成"大多数学生用心学习，专注于学习活动"教学目标，提供了相对完整的记录。录像更是有助于教师定点追踪和特别关注个别学生的学习表现，评估学生的课堂学习参与度和教师的教学吸引力，从而改进针对个别特殊学生的教学策略。

（三）有利于实现课后的有效反馈和交流

利用"钉钉群"文件在线编辑，实现课后的有效反馈和交流。

为了便于评估"学生感受学习内容和学习活动的价值"，我在结束课堂教学活动时，让学生根据汉武帝生平大事和本课已学知识，说说心中的汉武帝人物形象。由于给予学生发言的时间有限，只有一两个学生获得了现场发言的机会。于是我又将之作为课后作业之一，在钉钉群内上传了一个写有此文题的Word文档，让学生通过钉钉文档"在线编辑"功能使学生共享。这样，让更多学生回答问题、分享和交流课上感受的机会得以实现，也利于教师及时了解更多学生的想法，为后续的教研和反思提供了依据。

综上所述，新媒介的便捷、高效、强大的数据储存和实时互动，明显助力基于学生视角的教学研究，提高了初中历史教研的效益。教师适切利用"钉钉"群进行师生间的文件互动，利用手机摄像、录音，利用智慧教室录课系统录像等功能，可以更好开展学前预测和学后能力的评估，合理设置教学目标和教学重难点，促进基于学生视角的教学研究，实现更详细、便捷的课堂观察、课后反馈及基于实证评估学生学习效果的目标。

参考文献：

[1] Kaur B., Anthony G., Ohtani M., Clark D. Student Voice in Mathematics Classrooms around the World. Rotterdam，the Netherlands：Sense Publishers，2013.

[2] 朱国荣.基于学生视角的课堂教学评价[J].上海教育科研,2016(8).

新媒介环境下借助教研活动确立社会实践活动主题和形式

主学清

摘 要：当前,新媒介环境下社会实践活动的形式和内容日趋丰富多样,而主题是社会实践活动的显性特征。本文围绕学生实际需要,借助新媒介的功能和形式,以教研活动为载体,关注学生学科核心素养的培养,并从社会热点事件和在线教研等多个角度,分析我校道德与法治教研组教师围绕主题开展社会实践活动的相关做法。

关键词：新媒介 教研 道德与法治 社会实践活动主题

《关于深化新时代学校思想政治理论课改革创新的若干意见》文件中指出：初中阶段通过开展体验式学习,推动思想政治课教学与学生实践活动、志愿活动相结合,充分发挥政治引领和价值引领,将思想政治课学习实践情况作为重要内容纳入综合素质评价体系。由此可见,在道德与法治学科背景下,社会实践活动被放在了重要位置。在开展社会实践活动中,活动主题是活动内容的集中体现,对活动效果起至关重要的作用。当前,借助新媒体功能,以教研活动为载体,开展社会实践活动的形式和内容日趋丰富多样。基于此,我校道德与法治教研组立足学生实际需要,关注学生学科核心素养,结合社会热点事件和借助在线教研等多个角度,组织学生开展社会实践活动,以求真正发挥社会实践活动的育人功能。

一、组织问卷调研,分析学生需求,激发学生兴趣

学生兴趣是教师组织社会实践活动时必须考虑的重要问题。那么,如

何寻找学生的兴趣点？首先，作为学科教师，在课堂教学中寻找学生的兴趣点是很好的方法；其次，教师可通过专题教研讨论，确定一个大主题或主要方向，让学生自主选择感兴趣的活动方向或内容。比如：为引导学生树立环保意识，教研组老师分年级对学生的实际情况进行问卷调研。通过问卷数据统计，发现大部分学生懂得保护环境的重要性，但缺乏实际的行动落实。于是经过教研组的讨论，老师确立了"环境保护，我先行"这样的一个大主题，让学生结合自己的兴趣和实际，自主选择活动形式和内容，自行分组去发现身边和环境保护有关的内容。有的同学以小组为单位，调查学校周边河流的水质情况，发现河流保护存在的相关问题并提出了保护的建议；有的同学来到附近的公园，随机采访路人，调查关于公园环境和是否存在乱扔垃圾等现象；等等。通过调研和专题教研，分析学生实际需求，引导学生寻找兴趣点进行自主选择、组织活动。这样做可以发散学生的思维空间，在实践活动过程中更好地发现问题、解决问题。

二、实行分年级教研，推行主题分级落实，关注学科素养培养

为了更好地体现学科教学的核心素养，避免实践活动出现脱离学生实际的现象。教研组老师结合当下学科教学内容，关注不同年级学生的思想实际和能力水平，以不同年级不同主题的形式，通过教研组讨论来确定主题，并付之于行动。具体做法如下。

（一）初步选定主题

不同年级老师结合当下学科教学内容实行分年级教研，初步选定主题。部编版"道德与法治"强调学生课堂与社会的结合，特别强调了"探究与分享""拓展空间"等教学环节的有效落实，即必须将教学内容与社会生活有机融合。所以，在教研活动中，各学段的学科教师结合教学中的目标与要求，充分挖掘教材中这两个环节的内容，结合学生实际选定主题。比如：六年级道德与法治第四单元是关于"生命"的内容。在第十课"绽放生命之花"的部分，关于"在平凡中创造伟大"这一内容的学科素养要求为：运用平凡与

伟大的知识,说明在平凡中创造伟大,将个体生命和他人的、集体的、民族的、国家的甚至人类的命运联系在一起,提升生命质量,创造生命价值。为了让学生更好地理解"平凡与伟大",教师结合教材"拓展空间"环节,经过反复研讨,将活动主题细化为"听老人话人生"。活动要求为:"采访身边的老人,请他们讲讲他们 10 岁、20 岁、30 岁、40 岁、50 岁……一路走来的人生故事"。要求学生通过整理采访资料,记录自己通过采访对人生或生命有哪些新的认识,活动结束后组织交流和展示。

(二) 确定不同年级的不同主题

由教研组组织专题讨论,确定不同年级的不同主题。比如寒假课外社会实践作业的方式:六年级的主题为:"平凡中的伟大"。寒假期间,请你采访一位你钦佩的人,了解他们的人生故事,体会他们对生命的热情,感悟平凡中的伟大。七年级主题为:"传统佳节"。在传统佳节的习俗和文化中探求中华传统美德。八年级主题为:"角色与责任"。寒假期间,请你采访你的爸爸/妈妈,走进他们的单位,结合他们在工作中的角色,看看他们一天的工作是什么?他们为这个社会奉献着什么?要求 3 个年级的社会实践作业都是把实践过程中的所见所闻、所思所想,拍摄并剪辑成 4~8 分钟的微视频,或者做成 PPT、思维导图等形式进行成果展示。

(三) 拟定同一主题下的不同侧重点

当不同年级用同一个主题时,根据学生的能力水平,拟定同一主题下的不同侧重点。比如面对当前疫情突如其来而又停课不停学的特殊时期,教研组老师为同学制定了寒假延长背景下的社会实践活动作业。为了符合各年级学生的实际能力,教研组教师经过反复研讨、推敲,最终确定为:六年级以"中学生居家高效学习倡议书——做好自己,以实际行动为抗击疫情做出自己的贡献"为主题;七年级以探究形式,以"新型冠状病毒的认识与防护"为主题。让学生通过资料查找等方式,更好地了解疫情,从而自觉响应政府号召,居家参加线上学习。八年级主题为:致敬最美"逆行者"——为战斗在"新型冠状病毒"疫情前线的人们点赞。确定主题分级的方法,收到了很好的效果,教研组教师充分发挥各自的教学智慧,积累了相应的成功经验,既促进了教师的专业成长,又使大部分同学都能较好地完成社会实践活动的目标任务。

三、结合时政教育,开展多元教研,提高实践能力

结合社会事件开展时政教育有利于让学生们更好地了解国情、世情,开阔学生的知识视野,从而关注社会,提高分析问题的能力,逐步树立正确的世界观、人生观和价值观。对于道德与法治学科,时政教育是本学科的一个重要内容。因此,时政教育也是教学研讨的重要主题。开展时政教育除了通过课堂教学外,课外社会实践活动也是很好的途径。比如:特殊的疫情也是学生一生中特殊的成长经历。作为教育者,教师应该让学生通过对这次公共卫生事件的反思,感悟深刻的教训,习得宝贵的经验。由此,教研组全体教师十分重视,通过多形式的教研活动来关注时政教育主题下的社会实践活动。如通过线上会议与研讨,结合各年级具体情况,分别制定围绕疫情主题的社会实践活动及方案。

六年级围绕"中学生居家高效学习倡议书",具体做法:让学生从居家高效学习的角度进行自主探究,从中学生的角度设计一份倡议书。内容为呼吁全国的中学生都能做好自己,自觉宅在家中,并认真上好网课,保持良好的学习状态,切实提高学习效率。

七年级围绕"'新型冠状病毒'的认识与防护"这一主题,具体做法:由学生自主选择一个探究题目。探究一:如何科学掌握新冠肺炎相关知识?任务1:通过搜索引擎、官方新闻、微信文章、科普视频、相关绘本等途径,了解新冠肺炎的基本知识。任务2:根据全国或湖北疫情发布情况,制作统计图或统计表,并进行数据分析。探究二:如何带领家人做好新冠肺炎疫情的防控措施?任务1:向家人介绍面对新冠肺炎疫情应防控的相关措施。任务2:与家人共同讨论、设计接下来居家生活如何安排等,例如合理安排学习饮食、运动、休闲时间等。探究三:小区物管人员请你协助他们对本楼一位外籍人士进行疫情排查及宣传工作,你准备怎么完成这项工作?任务1:了解不同种类的温度计使用方法及数据读取偏差,给自己和家人测体温,每日做好相关记录工作。任务2:学习相关英文词句,以家人为对象,设

计相关对话,演练对外籍人士如何进行疫情排查与宣传。

八年级围绕"角色与责任"致敬最美"逆行者"这一主题,具体做法:由学生自主选择一个探究题目。探究一:在抗击"新型冠状病毒肺炎"疫情中,一批又一批的"最美逆行者"的"美"体现在哪些方面?探究二:积极声援这些逆行者,支持武汉打好疫情防控阻击战,你会有哪些行动?探究三:请你用一句话为这些最美逆行者点赞。

除此之外,在2019年庆祝中华人民共和国成立70周年活动之际,为了庆祝这举国欢腾的日子,教研组老师组织学生进行以"祖国,我为你骄傲"为主题的社会实践活动。同学们有的用带着国旗去旅行的方式为祖国母亲庆生;有的参观革命纪念馆,回顾祖国成立的激情岁月;有的观看阅兵,用诗歌朗诵的形式歌颂祖国;等等。同学们用各种创新的方式投入到这次活动中,并收获匪浅。同时,有的同学自主组织以"垃圾分类,我行动""我为进博会添色彩"等为主题的社会实践活动。一方面提高了学生参与社会实践的能力,另一方面也激励学生在实践活动中更好地关注、观察和分析社会现象,培养深切的社会责任感和家国情怀。

四、借助网络教研,开展深度互动,创建学科特色

特殊的疫情,开启了网络在线教学,也推动了网络在线教研。网络在线教研不仅方便、快捷,同时也使教研活动形式更加多样,内容更加丰富。教研组围绕"有效在线教学策略"这一主题开展教研活动。教师们针对当前学生居家学习的实际情况,讨论如何借助新媒体功能,明晰实践活动主题,开展深入有效的社会实践活动。除了利用网络教研的形式开展教研活动,教师还通过在线文件共享、在线文库整理,利用"问卷星""好分数""钉钉问卷"等APP,对学生关于实践活动主题的建议等进行在线调研,并帮助有困难的学生进行在线辅导,较好地实现了教师之间、师生之间的深度互动研究。

本文所阐述的只是我校综合教研组道德与法治学科教师在实践活动中总结出的几种做法。当然社会实践活动中主题的确立方法有很多,活动的形式和内容也可以各具特点;但必须特别强调的是,无论社会实践活动的主

题是什么,无论社会实践活动的形式、内容怎样多变,都不能忽略学生思想和能力发展的实际,不能忽略学生核心素养的培养。而借助网络教研,多方式、多角度开展教研活动,既促进了教师的专业成长,又有利于本学科社会实践活动的特色创建。因此,新媒介环境下,借助网络教研开展深度互动应是学科教师需要关注的重要课题。

参考文献：

[1] 侯江林,何雨蔚,林峰.网络教研促进教师专业发展研究[J].中外企业家,2019(35).
[2] 曾艳.华师一附中社会实践活动德育效应问题研究[D].华中师范大学,2011.
[3] 邵春瑾.综合实践活动课程核心素养与评价探析[J].科技创新导报,2017(4).
[4] 李宝敏.中小学综合实践活动课程的目标指向：核心素养发展[J].中小学管理,2017(2).
[5] 吴建明,徐洁.落实课程标准培养核心素养——关于小学综合实践活动课程的思考[J].教育界,2017(5).
[6] 徐曼,侯雅馨.新媒介环境下思想政治教育功能探析[J].思想政治教育,2018(2).

浅谈新媒介环境下教师专业发展评价机制的完善

张 猛

摘 要：随着各种新媒体新传播方式的不断涌现，人们的生活方式、思维方式、交流方式都发生了翻天覆地的变化。新的媒介形式也在改变着整个社会的信息传输方式。教育在这种传播方式的改革浪潮中，正在发生质的飞跃：现代教学媒体和教学装备进入校园，新的教育技术以及以电子传播媒体为主题的现代化、信息化的教学媒体资源越来越多；教师的教学方式也在日益普及的新媒介环境下，走向信息化、多元化和智能化。

作为教学管理的一个重要环节——教师专业发展评价也在新媒介环境下发生转变，力求适应现阶段新媒介环境对教育教学的巨大改变。新媒介使传统的教师专业发展评价方式变得更加高效、准确、简便，也产生了一些与新媒介环境下相适应的新的评价方式。

教师专业发展的评价，是学校师资管理的重要环节。在学校宏观层面上，评价结果对于学校发展战略的制定和调整、师资队伍建设、校园文化建设、班级管理等，都是重要的决策依据；在教师个体层面上，也是个人价值实现、职称评定、绩效工资分配等方面的重要依据。因此，教师专业发展评价对于学校教育发展的重要性是不言而喻的。

一、新媒介环境下，转变教师评价方式的意义

教师专业发展评价从学校管理的角度看，大的分类可以分为与专业相

关的教育教学能力评价、班主任工作能力评价和教育科研能力评价 3 个部分;从评价方式看,又可以分为过程性评价、目标性评价、过程性和目标性相结合的评价;从绩效的角度看,可以分为基础性指标评价和发展性指标评价;从评价实施的主体来看,又可以分为管理层评价、教师互评、学生评价、社会评价等。其中每个部分又包含很多细分的评价角度和方式。

这些评价的基础,是大量的调研、数据处理、信息筛选和有效反馈等环节。传统的教师专业评价环节,学校人力资源部门都要经过前期大量的调查、反馈、数据处理、提取信息等工作才能形成结论。前期调查的广度、深度、信度都往往受到相关部门在人员精力、统计时限和自身水平等方面的局限,一定程度上影响了学校对教师专业发展评价结果的运用。

伴随着教育迈入智能化、信息化的时代,教师的专业发展评价在现代新媒介环境下也得到转型和创新,在新媒介环境的加持下,教师专业发展评价日益变得更加高效、便捷、准确。

二、新媒介环境下传统教师评价方式的优化

教师专业发展评价可有很多角度,但是从根本上说,对于教师的专业发展做出评价的主体还是学校。教师、学生、家长、社会等对教师专业发展的评价,最终都是通过学校评价得以体现。因此,我们要紧紧关注学校这个评价主体。

在现有的办学模式下,学校对于教师专业发展的评价,较多滞留于传统评价方式。传统评价方式有一整套评价体系,评价的各项指标设置也都经过人社局、教育局等专业部门反复论证,有其自身的客观性和必要性,这是传统评价方式的优点。但是传统评价方式要做到准确客观公正,前提是需要处理大量的数据,而数据的处理,正是新媒介的强项。在新媒介环境下,学校人力资源部门灵活运用传统评价方式对教师做出的评价,往往变得更加简便和高效。主要体现为以下几点。

(一) 提升评价统计效率

传统的教师专业发展评价的前期准备工作,学校相关职能部门一般通

过调查问卷、整理过程性档案等形式进行。测评的结果常和问卷的测评广度、档案的调查覆盖面等呈正比,这就导致数据统计环节往往是整个评价过程中最耗费人力资源的环节。

在新媒介环境下,学校职能部门在评价初期,即可将数据调查的途径和载体由纸质转移到网络。在新媒介环境下,可以极大提升评价的统计效率。

比如,如果学校要对教师队伍整体专业发展做出评价,那么教师的公开课、讲座、获奖等是学校评价教师的主要参照物。传统的操作方式是教师将相关资料的复印件交学校人力资源部,人力资源部将信息统计入汇总表格。但是表格受自身表式设计的局限,有其不便性。而借助"钉钉"的开放式应用平台,可以将相关的信息填报设置为系列审批程序(见图1)。将学校对于相关内容的质量要求,直接设计到审批环节中(如举办主体是否为教育主管部门等)。学校可以按人员、按时间、按类别等不同要求随时导出数据备查。

图1 相关信息填报

(二) 提升评价数据信度

教师专业发展评价的准确性客观性和调查对象反馈信息的数据量是成正比的,学校得到的信息越广泛越充分,评价越准确客观。在传统评价方式下,纸质材料限制了信息获得的渠道和广度。在某些不可抗力的限制下(如2020年春节席卷全国的新冠疫情),传统的纸质调查途径就无法实施。

在新媒介环境下,可以充分运用网络新媒体环境,如"问卷星""钉钉""微信投票"等APP,将调查问卷直接推送给教职工、学生、家长甚至是社会。网络问卷填写完毕之时即可生成统计数据。

新媒介环境能够充分发挥数据处理上的长处,明显提高了传统教师专业发展评价的效率,提升了数据评价的信度,优化了传统的教师评价方式。

三、新媒体环境下教师专业发展评价方式的创新应用

在传统的教师专业发展评价途径基础上，依托新媒介环境，学校管理部门可以建立新的教师专业评价体系。新的评价体系，不是为了颠覆传统的评价模式，而是对传统评价模型的完善。

新型评价体系的建构更加贴合目前的教育教学实际，更加准确反映现阶段的教育现状，能从更多维度评价教师专业发展的状态，为学校决策提供更多可信依据，能为教师个人发展规划的目标达成提供有力保障。

（一）将"绿色指标评价"相关内容纳入教师评价

上海市教委基础教育质量检测中心每年都会进行初中学业质量绿色指标综合评价。"绿色指标"中与教师评价主要涉及的是"师生关系指数""教师教学方式指数""教师课程领导力"等，这些指标强调了教师专业发展的现状。

1. 新媒介环境下绿色指标评价的数据来源

2018年，共有645所初中62 591名九年级学生参加了学科测试和问卷调查，其中每名学生参加类型1（语文、数学）或类型2（英语、科学）或类型3（艺术）的学科测试。12 152位教师、1 140位校长、58 587位学生家长分别参加了教师问卷、校长问卷及家长问卷的调查。面对如此海量的调查问卷信息，偏重纸质化的传统调查方式就显得力不从心，这些数据的获得途径只能依靠新媒介环境。

2. 新媒介环境下绿色指标评价的呈现形式

根据调查问卷的反馈结果，依托新媒介环境，可以生成柱状图、雷达分布图、比例图等形式多样的统计表格，显得直观明了，如图2所示。同时，可以从多个维度对统计结果进行分析、对比，呈现出详尽的评价结果。

3. 新媒介环境下绿色评价指标对教师专业发展的指导

绿色评价指标改变了对学生"唯分数"的评价模式，将创新思维、道德品质、身心健康等多元评价体系纳入其中，这就为教师的专业发展提供了一个新的视角，有助于教师改变教学指导思想，既是教师应该秉持的专业追求，也是学校应该重视的教师专业发展的评价依据。

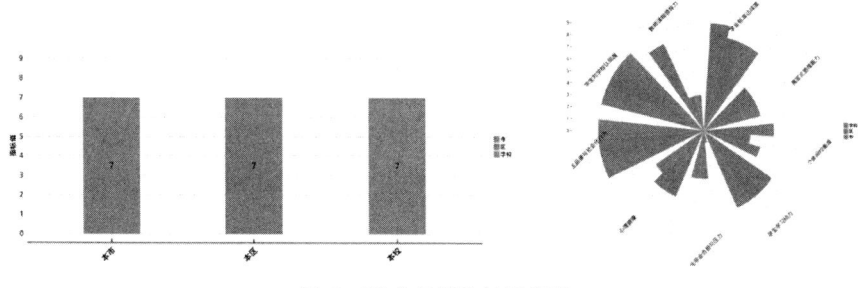

图 2　形式多样的统计表格

（二）建立与学校发展目标相一致的动态评价机制

学校的发展都是为了实现战略目标，提升办学质量，凸显办学特色，而教师专业化发展又是与之紧密适应的。教师将自身专业化发展融于学校的发展中，可以实现教师自我发展的最大化。为了激励教师专业发展与学校发展相融合，可以依托新媒介环境建立起基于学校发展战略目标的动态式教师评价机制。

学校可以围绕自身制定的年度发展目标，依托"钉钉"的应用功能，建立项目群组，设置每月的进度计划，如图 3 所示。设置钉钉的提醒日期，系统就会自动在规定的时间提醒和督促项目组成员按时提交该时间段的项目研究成果。项目的完成情况会每月自动形成报表，向学校管理层反馈，并项目完成情况纳入教师当年的评价中，可以实现新媒介环境下教师专业发展的动态评价机制。

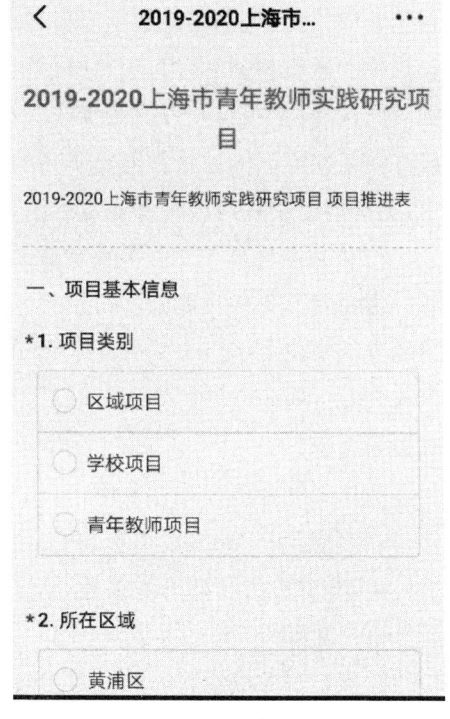

图 3　进度计划

（三）基于教师专业发展的财务报表评价

新媒介环境下，还可以从财务报表的角度对教师专业发展做出评价。

财务报表所呈现的数据是学校发展最基础最真实的标志性指标,它具有一定的滞后性,但是它的客观性是其他评价标准所无法相比的,所以将财务报表评价纳入教师专业发展评价有其现实意义。

1. 依据学校经费支出情况的评价

作为全额拨款的公办初中,学校的经费支出可以直观体现出教师队伍建设的投入情况。现行体制下,学校课程设置、项目申报、师生社团建设等,都是教师专业发展的着落点,学校在此方面的投入既体现出学校的整体发展思路及重视程度,也从一个侧面体现出教师的专业成长状态。教师的课程领导力、科研水平、教学能力等多方面的能力都能在这些课程、项目实施中得到体现。教师的专业发展水平越高,学校在物力财力上投入也相应更大。

在新媒介环境下,借助各种财务软件,可以非常详尽的列出学校支出的各个方面,将大量翔实的数据以各种形式呈现。那些获得投入占比较大、增长较快的教研组、年级组、项目组,一定程度上,会在某一方面的评价中占据相应的优势;学校投入占比较少或者不愿意投入的教研组、年级组、项目组,或许在某些方面的评价常会是不高的。因此,新媒介环境下,学校经费的支出,也折射出学校对教师专业发展的重视程度。

2. 依据教师绩效工资数据的评价

国家对义务教育教师实行绩效工资以来,绩效工资在激励教师专业发展的进程中发挥了巨大的作用。多劳多得、优劳优酬的绩效工资观念已经深入人心。向一线教师倾斜、向骨干教师倾斜也是绩效工资在分配中的明确指导思想。

在教师的专业发展评价中,可以依托新媒介环境下的工资年报统计软件,将所有教职工的绩效工资数据分别按照时间段变化、增量变化、教研组、学科组等信息,按照评价的需要,形成数据表格或者图例。在绩效工资中,增量快的教师,在个人的专业发展中进步一定是较明显的;增量慢或者负增长的教师有很大概率是个人专业发展水平相对滞后;人均增量快的教研组,很有可能是进步明显的教研组;人均增量慢的教研组,也很可能是进步偏慢的教研组。

将绩效工资数据作为教师专业化发展的一个观察点,又利于增加学校管理层了解师资建设状况的维度,也能为学校在岗位聘任、教师招聘等方面的决策提供相应的依据。

（四）新媒介环境下的教师分类评价

随着社会的发展，初中义务教育学校的办学质量稳步提升，各界对社会的办学评价也从简单的关注分数、升学率等变为更加关注教育的内涵发展。实现初中教育的内涵发展，关键在于教师，实施教师分类评价是为了创造更有利于教师们发挥自己优势与特长的工作环境，充分肯定教师不同性质的劳动背后的不同价值，实现教师潜能发挥的最大化，促进教师的专业发展，提高学校的办学质量和办学水平。

1. 新媒介环境下对计分科目教师和非计分科目教师分类评价

随着上海市中考新政的全面推出，在此背景下的教师评价也要与之契合才能充分发挥中考对初中教育的指挥棒作用。按学科分类，分为中考计分科目和非计分科目。针对计分科目和非计分科目，可以依托新媒介应用，为两类教师制定不同的评价标准，明确自己发展的路径，如图4所示。学校可依托新媒介环境，为两类教师建立电子业务档案，将两类教师的业绩分类赋分、分类评价，有利于充分激发全体教职工的工作积极性，营造公平公正的工作氛围。

教学业绩	申报计分科目（语数英理化道法历史）职称评定教师在历次期末考试中，任教班级比值高于1.0，每班每次0.5分，可累计。 申报计分科目(体育)职称评定教师在历次学生体质监测中，任教班级高于区平均，每班每次0.5分，可累计。 申报非计分科目（地理、信息、生科、科学、社会）职称评定教师在历次学业水平考试中，任教班级优秀率高于30%，每班每次0.5分，可累计。 申报非计分科目（艺术、芸技）职称评定教师教学业绩已在辅导学生获奖处体现，不重复计分。

图4 不同的评价标准

2. 新媒介环境下对教学、科研、德育等不同层面教师的分类评价

在一个充满积极向上氛围的教师群体中，要充分肯定教师的专业发展意愿，看到每位教师的长处，激发每位教师的活力，就要设置多元的考核评价机制。在统一的评价标准之外，可依托新媒介环境，建立针对不同特长教

师的电子档案和分类评价机制。对教学、科研、德育等不同领域的教师进行分类评价,要充分肯定每位教师的长处,激发教师内生动力。要将教学成果、科研成果、德育成果等有机结合、有效运用,相互促进。学校可将教学成果考核指标置于指标体系的主要地位,依托新媒介,留给科研、德育一定的权重,从教师的教学业绩与能力、科研能力与成果、立德树人业绩、创新性表现及成绩等方面进行既有区分又有侧重的考核。

综上所述,新媒介环境下的教育改革越来越走向深入,它必将带来学校教育教学模式的巨大变革,也必将带来教师专业发展评价模式的更新。新媒介环境下,学校要不断对传统的教师评价模式进行完善,并且建立与之互为补充的新的评价体系。在评价方式上,要充分利用新媒介功能,不断进行完善和创新,形成动态、双向、多维、客观的评价机制,从而更好地助推教师的专业成长。

参考文献:

[1] 刘中正."绿色指标"与教师的专业发展浅析[J].上海教育科研,2014(8):46-48.
[2] 师亚红.大数据背景下高职院校课堂教学评价体系的构建[J].陕西教育,2019(12).
[3] 文开艳.发展性教师评价探析.内蒙古电大学刊[J],2019(6).

后 记

本论文等是上海市嘉定区德富路中学王冰校长领衔课题"新媒介教学环境下拓展教师专业发展路径的实践研究"的研究成果之一。该课题于2015年立项为嘉定区教育教学重点课题。在实践研究过程中,课题组全体成员结合学校教学发展的实际,以课堂教学模式的转型发展为实践载体,积极探索新媒介环境下教师专业成长的路径,努力提升教师的专业素养和教学品质。

5年来,学校在借鉴国内外相关研究成果的基础上,开展丰富多元的专题研修、实践探究活动。在王冰校长的带领下,各学科教师积极参与新媒介环境下课堂教学的研究活动,积累了丰富的课堂教学案例和专题研究论文。本书作为一项教育教学科研成果,汇聚了全校30多位教师的专题论文、教学案例和教研实例,是德富路中学全体教师多年来潜心参与课题研究的结晶,凝结着全体教师积极参与课堂教学改革的职业精神,体现了教师们专业成长的可喜成果。

在课题实践研究及论文集的编撰过程中,嘉定区教育局和嘉定区教育学院领导、专家予以关心、支持,提出了很多宝贵的意见,在此我们表示由衷的感谢;更要感谢闫引堂博士、施志照老师的悉心指导。另外,对老师们的辛勤付出亦表示诚挚的感谢!

"德富于心,修身于行"。面对教育综合改革的挑战,德富路中学全体教师将以此阶段性教学研究成果为契机,坚持与时俱进,继续追求创新和突破。也恳请读者朋友多提宝贵意见和建议。

德富路中学课题组

2020年4月